国防科技工业质量与可靠性专业技术丛书

六西格玛管理 DMAIC 方法操作实务

杨跃进　主编

赵光玮　郭　锐　副主编

李　莉　主审

国防工业出版社

·北京·

内 容 简 介

　　本书是《国防科技工业质量与可靠性专业技术丛书》之一,是根据多年来国防工业企业六西格玛管理的实践经验编写而成的。本书针对国防产品"技术质量要求高",且"多品种小批量"的特点,充实了适用的工具方法,突出了其在国防武器装备研制生产过程中的应用。本书侧重于六西格玛管理 DMAIC 五步法的实施与操作方面,每个工具均给出了应用示例,并结合案例介绍了五步法每个阶段的主要工作内容和产生的主要结果。本书可作为国防工业领域管理和工程技术人员学习六西格玛方法的简明参考手册。

图书在版编目(CIP)数据

六西格玛管理 DMAIC 方法操作实务/杨跃进主编. ——
北京:国防工业出版社,2011.9
(国防科技工业质量与可靠性专业技术丛书)
ISBN 978-7-118-07446-8

Ⅰ.①六… Ⅱ.①杨… Ⅲ.①国防工业 – 工业产品质量 – 质量管理 – 研究 Ⅳ.①F407.486.3

中国版本图书馆 CIP 数据核字(2011)第 185599 号

※

*国防工业出版社*出版发行
(北京市海淀区紫竹院南路 23 号　邮政编码 100048)
北京嘉恒彩色印刷有限责任公司印刷
新华书店经售

*

开本 710×960　1/16　印张 12¼　字数 214 千字
2011 年 9 月第 1 版第 1 次印刷　印数 1—5000 册　定价 35.00 元

(本书如有印装错误,我社负责调换)

国防书店:(010)68428422　　　　发行邮购:(010)68414474
发行传真:(010)68411535　　　　发行业务:(010)68472764

丛 书 前 言

"质量是企业的生命",是技术水平和管理水平的综合体现。提高产品质量水平,是加快转变经济发展方式的重要途径和必然要求。对于武器装备,质量关系型号成败,关系战争胜负,关系国家安危,"保质量就是保安全、保战斗力、保胜利。"

依靠先进技术和科学管理保证和提升质量,是我国国防科技工业质量工作的基本规律和有效经验。《武器装备质量管理条例》也明确规定,"国家鼓励采用先进的科学技术和管理方法提高武器装备质量"。特别是在武器装备机械化信息化复合式发展的新形势下,装备技术指标更高、系统更加复杂、软件更加密集、风险更难控制,对质量与可靠性技术的需求更大、要求更高。

为促进先进质量与可靠性技术方法在型号中的有效应用,在国防科技工业主管部门的指导和支持下,国防科技工业质量与可靠性研究中心牵头,在2003年编辑出版了包括统计过程控制,软件质量管理,危险分析与风险评价,故障模式、影响及危害性分析与故障树分析,元器件使用质量保证在内的《国防科技工业质量与可靠性专业技术丛书(第一批)》。为适应新形势和新任务的需求,又有针对性地遴选了潜在电路分析、概率风险评价、质量功能展开、六西格玛管理、健壮设计等五种技术方法,编辑形成了丛书的第二批书目。

新出版的这一批书目集中了五项行之有效的质量与可靠性技术方法,凝结了国防科技工业质量理论研究和工程实践的最新成果,对于促进先进技术推广应用、提高全员质量技能具有十分重要的意义,可为国防科技工业广大技术和管理人员开展质量工作提供技术支持,也可作为各类人员学习的参考用书。

考虑到丛书编写时间和资源有限,而且一些技术方法的研究和应用仍需继续深化,所以难免有不足和尚需完善的地方,欢迎广大读者提出宝贵意见。

《国防科技工业质量与可靠性专业技术丛书(第二批)》编委会
二〇一一年六月

V

前　言

六西格玛作为一项高水平的统计质量改进技术,诞生于 20 世纪 80 年代中期的摩托罗拉(Motorola)公司,最初用于有效地改进产品质量。之后,进一步在美国联合信号(Allied Signal)等企业得到了应用和发展,成为改善经营绩效和提升企业战略执行力的有效方法。1996 年,通用电气(GE)公司总裁杰克·韦尔奇(Jack Welch)将六西格玛引入 GE 公司,并将其作为促进 GE 经营绩效持续提升的四大发展战略之一。六西格玛管理的应用成效是非常显著的,1999 年,GE公司通过实施六西格玛管理而获得的收益就达到了 15 亿美元。到了 21 世纪初,实施六西格玛管理的收益达到了 50 亿美元。六西格玛管理在 GE 公司的成功应用,促进了它的普及。世界 500 强企业中,就有 25% 以上的企业实施了六西格玛管理。不仅具有欧美文化背景的企业纷纷引入六西格玛,而且韩国、日本、印度、新加坡等以东方文化为主的企业也开始了六西格玛管理的实践。近几年来,越来越多的中国企业也加入到六西格玛管理实践者的行列中。

在众多开展了六西格玛管理的企业中,有许多是从事国防武器装备研制生产的企业,如洛克西德·马丁(Lockheed Martin)和雷神(Raytheon)公司。2004年,洛克西德·马丁公司在 Titian Ⅳ 导弹项目上,投入了 15 名黑带、146 名绿带,围绕降低项目风险,保证 100% 成功率,开展了 100 余项六西格玛项目,保证了Titian Ⅳ 项目的成功,获得了顾客的高度评价。2006 年,雷神公司在"杜鲁门"号航空母舰防空导弹系统(RAM)的安装过程中实施六西格玛管理,整个安装过程只用了 16 周,比 RAM 的最短安装时间纪录提前 6 个月,部件改装费用比预算降低 12% 。在 RAM 系统的安装中没有出现任何安装问题或错误,从而将工业测试阶段从 6 个月缩短到 3 个月。我国的军工企业也陆续开展了六西格玛管理的实践,早在 2002 年,中航工业集团公司就引入了六西格玛管理,截至 2008 年,全行业共培养了六西格玛绿带 5637 人、黑带 365 人,完成了几千项六西格玛项目,在提高产品质量、缩短交付周期和降低成本方面,创造了显著的成绩,使六西格玛管理推进成为中航工业集团管理创新的一张闪亮的名片。此外,兵器、船舶、核工业以及航天工业的许多企业也已开展了六西格玛管理的实践。

经过二十多年的发展和不断创新,六西格玛管理逐步成熟,形成了一套独具特色的科学严谨的方法论和管理模式。而其应用领域也已突破了传统的生产制造过程质量改进的范畴，成为帮助企业改进质量、降低成本和缩短周期，从而提升企业竞争力的过程绩效改进的管理模式。因而学习和掌握六西格玛方法和工具，成为国防科技工业广大管理和工程技术人员的迫切要求。

本书重点介绍了六西格玛管理的一般概念，六西格玛 DMAIC 五步方法以及支持该五步法的主要工具；在介绍这些工具方法时，把重点放在其应用上，包括这些方法的应用目的、应用原理以及主要应用过程。本书还结合案例介绍了五步法每个阶段的主要工作内容和产生的主要结果，以便读者了解六西格玛方法工具的应用特点。本书还可以作为学习六西格玛方法的简明参考手册。

本书共分为 6 章：第 1 章介绍了什么是六西格玛管理，以及六西格玛管理的主要组织形式和一般推进过程。第 2 章~第 6 章则按定义 D、测量 M、分析 A、改进 I、控制 C 分别介绍了六西格玛方法各阶段的主要工作内容和主要应用工具。

本书由杨跃进主编，第 1 章由杨跃进编写，第 2 章、第 6 章由赵光玮编写，第 3 章~第 5 章由郭锐、赵光玮和郭文雯编写，杨跃进对全书进行了修订和补充。此外，郭文雯为本书的撰写收集了大量资料并绘制了大量图表。

衷心希望本书对国防科技工业以及其他行业的广大管理与工程技术人员学习六西格玛方法有所帮助。

编　者

2011 年 2 月

目　　录

第1章 概 述

什么是六西格玛管理? 概括地回答,六西格玛管理就是在提高顾客满意程度的同时,降低经营成本和缩短周期的流程改进方法。它是通过提高组织核心过程的运行质量,进而提升企业赢利能力的流程管理方式,也是在新经济环境下企业获得竞争力和持续发展能力的经营策略。因此,管理专家 Ronald Snee 先生将六西格玛管理定义为"寻求同时增加顾客满意和企业经济增长的经营战略途径"。美国质量协会将六西格玛管理的定义为:"高度专业化的用于开发和持续交付近乎于零缺陷的产品与服务的过程方法。也是应用统计工具和通过项目工作,实现利润和收益突破的管理战略。"

如果展开来说,六西格玛包含了以下几个方面的含义:①是对缺陷的一种测量评价指标,也就是常说的西格玛水平;②是突破性地降低缺陷的改进方法论,即 DMAIC 过程改进方法和 DFSS 六西格玛设计方法;③是驱动组织经营绩效改进的管理模式。

1.1 什么是西格玛水平

西格玛水平(Sigma Level)是关于过程输出缺陷率大小的一种衡量。西格玛水平与缺陷率之间是一一对应的。表 1.1 列出的是各西格玛水平与缺陷率之间的对应关系。

表 1.1 西格玛水平与缺陷率的对应关系

西格玛水平(σ)	缺陷率/($\times 10^{-6}$)
1σ	690000
2σ	308000
3σ	66800
4σ	6210
5σ	230
6σ	3.4

注:本表考虑了 $\pm 1.5\sigma$ 偏移

1

也就是说,一个过程如果达到了 6σ 水平,那么它的缺陷率仅为 3.4×10^{-6}。西格玛水平越高,过程的缺陷率就越低。

需要指出的是,六西格玛管理所关注的缺陷已不仅仅局限在产品的质量缺陷上。任何过程,包括管理活动在内,只要它的输出或者结果不符合要求,就被视为缺陷。例如,顾客要求供方的服务响应时间不超过 24h。而某供应商在为顾客提供的 100 次服务中,有 30 次超过了顾客要求的响应时间,则该供应商服务过程在快速响应方面的缺陷率就到了 30% 或者 300000×10^{-6},其西格玛水平为 2σ 左右。又如,企业希望设计更改能在 3 个工作日内到达生产现场,而目前只有 31% 的设计更改能够准时到达,那么设计更改及时传递方面的缺陷率就为 69%,其西格玛水平仅为 1σ。

只要能够建立起过程输出应达到的标准,那么按照这样的标准去衡量,就一定会发现存在许多达不到标准的"缺陷"存在,而这些缺陷恰恰是流程改进的机会所在。

在六西格玛看来,识别出缺陷是改进的前提,只有能够测量出缺陷,才能谈得上消除缺陷。当从质量、成本、周期、顾客满意等方面测量出过程的缺陷所在,那么随着围绕减少这些缺陷的改进活动的开展,以及这些缺陷的持续减少,经营绩效必然会持续增长。

那么,为什么要用西格玛水平来度量呢?我们知道,六西格玛管理是依据了众多质量管理大师的理论方法而展开的,特别是质量管理大师戴明等提出的"波动理论"。按照质量管理大师们的观点,波动是客观存在的,它存在于任何事物之中。世界上没有任何两个实体具有相同的测量结果。波动可以是非常小的,以至于你无法感觉到它的存在;也可以是很大的。如果过程的波动较大,超过了其允许的范围,则产生缺陷(图 1.1)。可以这样说,出现缺陷的直接原因是过程输出的波动太大了。

那么,过程波动又来自于哪里呢?任何事物都是某些过程的结果或者输出,而输出的波动来源于过程的输入和过程本身。

戴明先生提出了过程输入/输出及其表征它们之间关系的 SIPOC 模型,即任何过程都是由供方(Supplier,S)—输入(Input,I)—过程(Process,P)—输出(Output,O)—顾客(Customer,C)等要素构成的。而 SIPOC 之间的相关关系告诉我们:过程输出(O)的任何改变都将依赖于一个或多个供方、输入或过程活动(SIP)的改变;如果所有 SIP 是稳定的,则 O 将是稳定的;改变 O 意味着 SIP 必须发生改变;如果 O 与 SIP 之间的关系违背了上述规律,则表明该过程是不完备的,即 SIP 或 O 中有遗漏的因素;这也表明,该过程存在改进机会,以及提升组织对过程认知程度的机会。流程在 SIP 和 O 之间的相关关系,提供了确定流程输

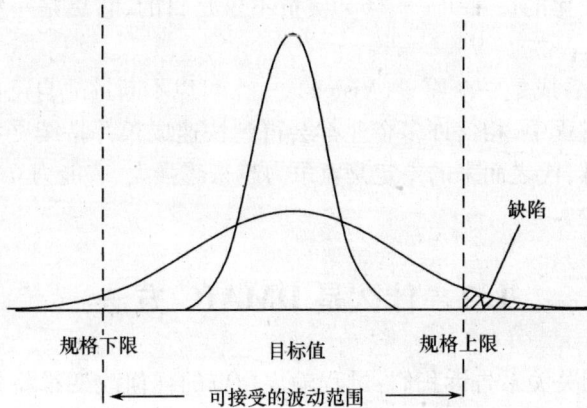

图 1.1 过程的波动与缺陷

入/输出间的相关性以及可能的因果关系的方法。

按照戴明先生的理论,如果过程输出的波动相对于要求来说过大了,产生缺陷了,那么一定是 SIP 存在不完善之处。因此,可以这样说,过程的波动在某种程度上反映了组织对过程在技术和管理上的把握和控制能力,是过程能力的一种表现。因此,可以通过度量过程波动的大小,反映一个组织对过程的掌控能力的高低。

统计学中,标准差 σ 是描述数据波动大小的特征值。σ 表示数据的分散程度,是可以通过实际测量值而统计和计算出来的,σ 越大,数据的波动就越大。而"西格玛水平"则将过程输出的平均值、标准差与顾客要求的目标值、规范限联系起来,并进行比较。这里,目标值是指顾客要求的理想值;规范限(Specification Limits)是指顾客允许的过程输出的波动范围。那么 σ 越小,过程输出的波动就越小,输出落到规范限外的概率就越小,出现缺陷的可能性就越小,西格玛水平就越高。因此,过程满足顾客要求的能力就越强。

如果从狭义的角度来理解,可以将 6σ 看成过程的缺陷率仅为 3.4×10^{-6},是超严的质量目标。对于是否需要或者能够达到这样的质量水平,存在许多争议。其实,是否一定要达到 6σ 质量并不重要。重要的是,需要用超越的目标来挑战自己。"我们已经学会了在一个充满错误和缺陷的世界生活,好像它们是生活中不可缺少的",戴明先生这样说。确实,我们已经太长久地在一个充满了缺陷的世界里生活了,对它们已经见怪不怪了,已经麻木了,已经听之任之了。但是,"全球化和信息化已经改变了我们以及我们的顾客的经营方式,旧的方式已经不再适用了。今天的竞争环境不再允许出现缺陷。我们必须让我们的顾客

3

满意,我们需要不断用新的方法超越顾客的期望。这就是为什么我们选择六西格玛作为我们文化的一部分"[①]。6σ 质量不仅是目的,它更是一种必须应对的挑战!

可以把 6σ 看成是一个愿景(Vision),一个可以不断挑战自己的愿景。在这个挑战自我的过程中,相信许多企业都会得到快速成长并持续受益。随着缺陷的突破性的降低,代之而来的一定是竞争力越来越强大、有能力立足与世界强手之林的卓越企业。

1.2 什么是 DMAIC 方法

SIPOC 的相关关系告诉我们:过程输出(O)的任何改变都将依赖于一个或多个供方、输入或过程活动(SIP)的改变。O 波动大,出现了缺陷,一定是 SIP 有不完善的地方。那么,是否存在一些好的方法,来识别这些 SIP,最终通过流程的改进,达到提高过程能力的目的呢? 答案是肯定的,而 DMAIC 方法正是这样一套科学的方法论。

DMAIC 方法是用于对现有过程进行改进的六西格玛方法。这个方法论帮助我们从 O 的变化识别与之相关的 SIP 的变化,通过这种相关关系,找到对 O 有较大影响的关键影响因素;在此基础上,有针对性地完善对过程的控制,并提升对过程的认识程度。

DMAIC 是六西格玛方法论中被广泛认同和使用的一种方法。它是由定义(Define,D)、测量(Measure,M)、分析(Analyze,A)、改进(Improve,I)和控制(Control,C)五个步骤构成的过程改进方法,也被称为过程改进五步法。

在六西格玛管理中,产品、服务或工作的结果都被视为流程的输出,记为 Y;它受到一系列影响因素 X_i 的作用,记为 $Y = f(X_1, X_2, X_3, \cdots, X_n)$;然而事实上,只有少数 X 对 Y 产生关键影响作用,称为"关键的 Xs"。这些"关键的 Xs"可能是技术上的,如设计、工艺、场地设施、技术装备、原材料、人员的技艺水平等,也可能是管理程序和相关政策等管理上的因素。由于对流程认知上的局限,很多时候并不能从众多的 X_i 中将"关键的 Xs"识别出来,并从根本上了解或把握这些"关键的 Xs",因此出现了过程的输出 Y 与顾客要求之间产生较大差异或者甚至出现缺陷的情况。DMAIC 就是一步一步地通过数据对流程进行分析,揭示"关键的 Xs",并寻求对"关键的 Xs"的最佳改进和控制方案的有效方法。从方法论的角度来看,每一个 DMAIC 过程都遵循了从"数据"到"信息"再到"知识"

---

① 引自 GE 公司对六西格玛介绍材料"什么是六西格玛"。

的科学的认知过程,是识别流程的改进空间,把握流程的改进机会,并最终实现改进效果的严格程序化的解决问题的方法。表1.2所列为DMAIC方法各步骤的主要内容。

为了达到各阶段的工作目标,一系列科学方法与工具被组合到DMAIC流程之中。表1.3所列为DMAIC流程各阶段常用的工具方法。

六西格玛方法中大量用到了概率与统计分析工具。如今,许多计算机软件可以帮助我们比较容易地完成那些复杂的统计计算等工作。最常用的统计分析软件是Minitab,许多六西格玛项目团队都采用了这个软件。

在本书的后续章节中,将重点对DMAIC方法做详细介绍。

表1.2　六西格玛改进方法DMAIC流程概要

阶　段	主要工作
D 定义	(1) 定义阶段 D: 确定顾客的关键需求并识别需要改进的产品或过程,将改进项目界定在合理的范围内
M 测量	(2) 测量阶段 M: 通过对现有过程的测量,确定过程基线以及期望达到的目标,并对测量系统有效性做出评价
A 分析	(3) 分析阶段 A: 识别影响过程输出 Y 的输入 Xi,通过数据分析确定影响输出 Y 的"关键的 Xs",即确定过程的关键影响因素
I 改进	(4) 改进阶段 I: 寻找优化过程输出 Y 并且消除或减小"关键的 Xs"影响的方案,使过程的缺陷或变异(或称为波动)降低
C 控制	(5) 控制阶段 C: 使改进后的过程程序化并通过有效的监测方法保持过程改进的成果

表1.3　DMAIC方法各阶段主要支持工具

阶　段	主要支持工具	
D 定义阶段	(1) SIPOC	(2) 流程图
	(3) CTQ 及分解	(4) 排列图
	(5) FTY/RTY/DPMO	(6) 立项表
M 测量阶段	(1) 时间序列图	(2) 测量系统分析
	(3) 直方图	(4) 过程能力分析
	(5) 描述性统计	
A 分析阶段	(1) 因果图	(2) 多变量图
	(3) 箱线图	(4) 假设检验
	(5) 点图	(6) 方差分析
	(7) 散点图	(8) 回归分析

（续）

阶　段	主要支持工具	
I 改进阶段	（1）试验设计	（2）测量系统再分析
	（3）田口方法	（4）FMEA
	（5）响应面法	（6）过程改进
C 控制阶段	（1）控制计划	（2）SPC 控制图
	（3）防错方法	（4）作业检查单

1.3　什么是六西格玛绿带和黑带

在众多企业成功实践的过程中，六西格玛管理逐渐形成了一套其特有的组织实施模式。通常，组织的六西格玛管理是由最高管理层、倡导者或者领航员、大黑带、黑带、绿带和项目团队传递并实施的。图 1.2 所示的是典型的六西格玛组织结构图以及六西格玛管理关键角色的组织形式。

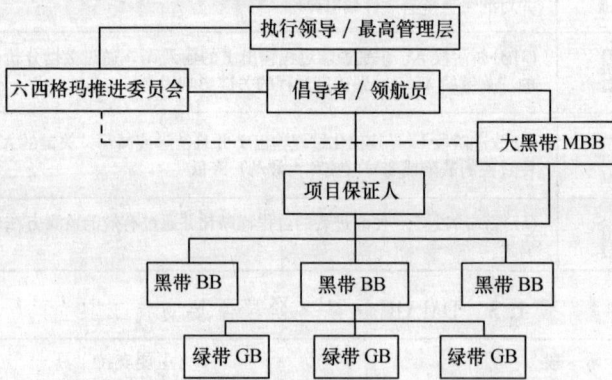

图 1.2　六西格玛管理的关键角色及其组织结构

六西格玛管理的成功源自最高管理层的承诺和率先垂范。显而易见，六西格玛在通用电气取得了如此辉煌的成果是与韦尔奇的强有力的推进分不开的。韦尔奇为六西格玛投入了大量的热情和精力，投入了大量的时间和资源。其中，最重要的资源当属六西格玛黑带和绿带了。

黑带通常是重要的较大规模的六西格玛项目的领导者，他们接受过六西格玛方法的严格培训，同时具有成功地完成六西格玛项目的能力和经历。他们负责带领六西格玛项目团队"走过"完整的 DMAIC 或 DFSS 流程，实现六西格玛项目的预定目标，并为企业获得一定的收益。在许多成功地实施了六西格玛管理

6

的企业中,黑带是专职的,他们来自企业的各个部门,有着良好的工作业绩和经验,具有组织与管理的才能或潜质,通常是企业中最优秀的人才。他们被抽调出来,担当专职六西格玛角色,全力以赴地投入六西格玛项目工作。在通用电气中,黑带任职一般为2年,在任职期间,黑带们每年都要完成一定数量的六西格玛项目,并为企业带来显著的收益。可以说,黑带是关键的"场上队员"。

另一些"场上队员"是六西格玛绿带。绿带是企业中经过六西格玛管理方法培训的、结合自己的本职工作完成六西格玛项目的人员。他们可以是黑带领导的项目团队的成员,也可以是结合自己工作的范围较小的六西格玛项目负责人。他们一般不脱产,一边工作一边完成六西格玛项目。

通常,六西格玛黑带和绿带的职责包括以下方面:

(1)领导六西格玛项目团队,实施并完成六西格玛项目;

(2)向团队成员提供适用的工具与方法的培训;

(3)识别过程改进机会并选择最有效的工具和技术实现改进;

(4)向团队传达六西格玛管理理念,建立对六西格玛管理的共识;

(5)向倡导者或领航员以及管理层报告六西格玛项目的进展;

(6)将通过项目实施获得的知识传递给企业的其他人员。

"黑带"和"绿带"一词来源于柔道运动。是对练功人"功夫"等级的一种认证。对于初学者来说,他们穿的"道服"上只能系白颜色或黄颜色的腰带,这时他们主要是学习和掌握柔道的基本功法,但他们还不具备实战能力。只有到了"绿带"等级,才能在"黑带"的指导下,练习格斗技巧。"绿带"们只有经过若干场实战比赛并取得了一定的战绩之后,才能系上黑腰带,也只有在这时,练功者对如何在实战中运用基本功法有了自己的体验。将"黑带"和"绿带"这个词移植于六西格玛管理中是非常贴切的。六西格玛黑带和绿带不是"学历"等级,而是运用六西格玛方法解决实际问题的"功力"等级。

组织在推进六西格玛管理的过程中,需要通过绿带和黑带们的努力将六西格玛领导力及其对企业文化变革的影响,逐级传递出去,将六西格玛的理念传递到企业的各个层面。绿带和黑带是组织推进六西格玛管理的火种,他们是组织管理变革的代言人。因此,绿带和黑带是组织非常宝贵的财富。

当然,在六西格玛管理的组织结构中,除黑带和绿带外,还有倡导者或称为领航员,以及项目保证人等其他关键角色。相对黑带和绿带而言,领航员和项目保证人是六西格玛管理推进中关键的管理角色,他们负责组织中六西格玛推进工作的部署和规划,他们负责六西格玛项目的选择以及项目实施中的检查和协调,他们负责黑带和绿带的选择并创造条件使他们充分发挥作用,他们为六西格玛管理推进提供资源保障、消除组织障碍,并且不断完善组织的管理基础以支持六西格玛管理持续有效地开展。

1.4　什么是六西格玛项目

六西格玛管理是以实施六西格玛项目为其主要载体的。六西格玛项目是由黑带或绿带领导下的项目团队,运用 DMAIC 或 DFSS 方法,在规定的时间内达到预期过程改进或设计目标的过程。六西格玛管理是通过有组织,有计划地实施六西格玛项目实现过程缺陷的突破性减少的,也是通过六西格玛项目的实施来推进人们观念和行为方式转变的。因此,六西格玛项目的实施不论在获得实际效益还是在变革组织文化上都有着十分重要的意义,可以说六西格玛项目的选择和实施是六西格玛管理中的一个关键环节。

一个好的六西格玛项目应当具有以下特征:

(1)支持顾客满意程度的改善。所解决的问题是从顾客端分解而来的,项目的完成将支持关键顾客要求(Critical Customer Requirements,CCR)的实现。

(2)支持企业战略目标的实现或支持企业的发展重点。实际上,六西格玛管理是企业实现战略目标的一种有效手段,每一个六西格玛项目都应当与企业发展战略相连接;或者说,通过六西格玛项目在企业和未来的战略目标之间架起桥梁。

(3)所解决的问题必须是清晰的、可测量的。六西格玛要解决的问题并不限于产品质量问题,还包括缩短生产或服务周期、改善交付、改善服务响应时间、提高生产能力、提高效率、降低成本、改善销售等。但不论对哪一种问题,都必须清晰地定义什么是"缺陷",也就是说,要清晰地阐明什么是"好"、是"可接受的",什么是"不好"、是"不可接受的",以及测量方法。

(4)有挑战性的目标。一般来说,每个六西格玛项目都要将"缺陷"突破性地减少,例如,将缺陷率降低70% ~80%,因为每个六西格玛项目都要实现过程业绩的突破性的改进。这个目标是项目团队必须努力实现的。

(5)范围清晰、适当。可在4个~6个月的时间框架内完成。在许多情况下,一个问题的改善会涉及若干方面。例如,缩短某种产品的交付时间涉及几个关键加工环节质量的提高,还涉及另一些零部件采购周期的缩短等。六西格玛黑带要有能力将一个大问题分解为若干个关键的小问题,每个问题构成一个项目,可以在4个~6个月的时间内解决,而且这些项目的完成支持企业关键问题的解决。把这些相互关联的项目的集合称为"项目群"。

(6)为企业带来显著效益。这些效益可以是财务上的"硬"收益,也可以是支持企业长期战略实现的潜在效益等。但不论是哪一种效益,均应当给企业带来显著的回报。

(7)项目得到管理层的支持和批准。能够得到适当的资源支持,特别是人力资源的支持。

那么,怎样来选择六西格玛项目?的确,六西格玛项目的选择是一个非常具有挑战性的过程,是企业寻找最佳改进机会的过程,是将六西格玛与企业发展相结合的重要环节。成功地实施了六西格玛管理的企业,都采取了"自上而下"、"上下结合"的系统的项目选择方法,使六西格玛项目的实施融入企业发展需求之中。

当然,仅有这些指导原则对于系统地选择出好的能为企业带来最大回报的六西格玛项目来说还不够。随着六西格玛管理的深入,应当形成战略性改进目标,称为大 Y(Big Y)。例如,将 Y 产品的交付周期缩短 40%;同时将该产品交付时的缺陷率降低 30% 以上,降低库存 20%,将产品的产量提高 10%。由此而实现项目收益 3000 万元/年以上。在此基础上,通过上下结合的方式,可以对潜在的六西格玛项目进行排序,按各个项目对实现战略目标的影响程度以及所具备的实施条件,确定出立项实施的六西格玛项目。

有些企业开发了六西格玛"仪表板",来量化关键经营业绩指标和关键顾客要求。利用这些"仪表板",倡导者或领航员以及企业领导层可以清楚地看到经营业绩以及顾客满意方面的改善状况,指导六西格玛项目的选择,以及监控项目的实施,把握六西格玛管理的实际效果。

当然,确定六西格玛项目选择原则和识别战略改进目标需要有一个逐步完善过程。其中,需要不断完善企业经营业绩测量系统,包括对核心过程的识别以及顾客关键需求和要求的把握。应当承认,我们的管理水平与国际先进企业相比还有较大差距。我们的管理是比较粗放的,不习惯收集和积累数据,包括建立对经营业绩较完备的测量与评价体系。因此在项目选择的基础工作方面,更需要做更多的工作。但是,这并不是说在完备的项目选择体系建立之前,就不能开展六西格玛项目工作。我们的建议是,采用"先粗后细"的方式。先建立项目选择原则的概要框架,明确战略改进方向,再将其落到具体的改进领域,在此基础上,即可着手于早期的六西格玛项目选择工作了。随着六西格玛管理的推进,再逐步建立和完善"仪表板",完善项目选择体系。但不管怎样,需要企业自上而下地对六西格玛项目进行领导,包括指导项目选择过程。

在项目选择过程中,经常会出现一些问题和错误。这里,把它们列出来,供大家在选择项目时参考:

(1)项目欲解决的问题与企业发展重点和关键顾客要求没有联系,因此无法得到管理层的支持和承诺。

（2）项目欲解决的问题不清晰、不具体，目标不明确，或看不到其对企业经营业绩改善的意义。

（3）项目意义不清，企业得不到适当的回报。造成这种情况的原因可能是：项目选择不合理，没有将真正有价值的项目选出；或者，项目收益计算方法不准确，没有把实际能够产生的收益合理地计算出来，为了避免这种情况，需要财务人员参与到项目选择过程中来。

（4）将已经有明确解决方案的问题列为六西格玛项目。应当说明的是，并不是所有改进项目都是六西格玛项目。六西格玛项目适合解决那些问题产生的原因不明，需要通过项目工作找到问题产生的根本原因；或者问题产生的原因明确，但解决问题的方案不明确的问题。其实，企业会有许多改进项目存在，如新设施的筹建、新的技术改造或投资项目等。对已有明确方案的项目，只要按项目管理的方式进行即可，不必再生搬硬套六西格玛项目过程。

在六西格玛项目实施过程中，开展项目评审是非常重要的一项项目管理活动。一般说来，项目评审由领航员或项目保证人、大黑带和业务单位或职能部门的管理者实施。在项目实施的关键节点项目阶段工作完成后，应当开展项目评审活动。图1.3是对六西格玛项目实施过程进行管理的示意图。

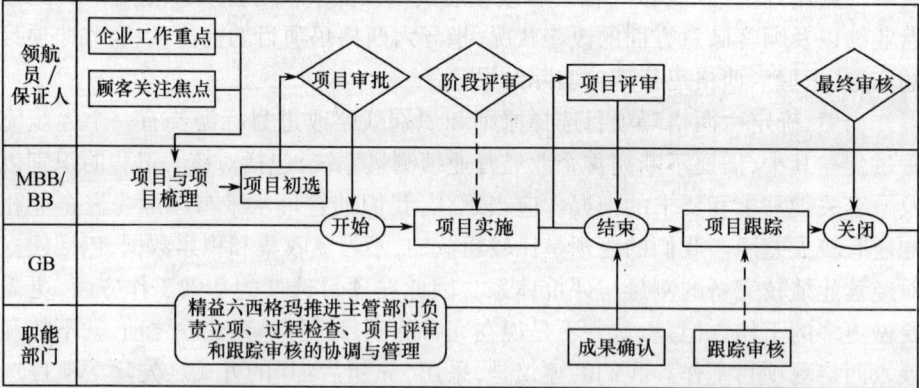

图1.3　六西格玛项目实施过程管理示意图

需要指出的是，项目阶段评审侧重于按时间进度取得的项目阶段性结果和得到的主要经验与教训。在项目评审中，需要问"正确的问题"，来判别黑带或绿带们使用的方法、分析的问题和得出结论所使用的数据是否得当，以及项目工作是否深入到位。所有项目都需要在项目评审中得到反馈，这对于项目及时调整与改进是非常重要的。黑带们希望并且需要反馈，而项目评审是一个重要的反馈形式。而且，这样的评审可以保证在问题产生时及时地发现它们并尽早予

10

以解决。同时,这些评审还像是"助阵的鼓点",敦促项目不断向前推进。实践证明,这样的"鼓点"是非常必要的。

1.5 六西格玛管理的一般推进过程

推进六西格玛管理需要一个不断深化的过程,需要不断完善管理基础,不断在更深的层面上支持六西格玛管理的开展,并且从中获得更大的回报。以 GE 公司六西格玛管理的实践为例,从 1996 年引入六西格玛管理至今,GE 公司的六西格玛管理已经推行了十几年。十几年来,GE 公司不断深化六西格玛管理的推进体系,使之成为其管理战略和组织文化不可或缺的部分,成为 GE 的一种工作方式,成为企业的基因。

六西格玛管理的推进过程由三个方面的工作构成,如图 1.4 所示。

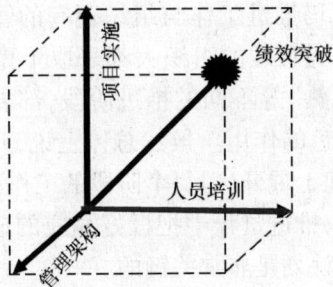

图 1.4   六西格玛管理的三个推进维度

(1)培训培养六西格玛管理骨干。六西格玛管理非常重视人员的培养,特别是六西格玛黑带和绿带的培养。在许多成功地实施了六西格玛管理的企业,接受过完整的绿带培训并能成功地组织绿带项目的人员,占企业管理和技术人员的 50% 以上,接受过完整的黑带培训并能够成功地组织黑带项目的人员,占员工总数的 3% 以上。六西格玛绿带和黑带培训采用了学以致用的方法,培训与项目实施紧密结合。每一位学员不但要学习掌握六西格玛方法,在学习的同时,还需要成功地完成六西格玛项目。

(2)开展六西格玛项目工作。六西格玛管理是通过不断实施六西格玛 DMAIC 项目或者 DFSS 项目,达到改进企业经营绩效,实现企业战略目标的目的。也正是通过不断地实施六西格玛项目,使企业中的每一个人都参与到绩效改进活动中来,实践六西格玛方法,接受六西格玛管理理念,并使之成为一种工作方式。

六西格玛项目采用了项目管理的方式,每一个项目均有明确的项目目标,每

11

一个项目都要组建项目团队,根据项目涉及的范围选择相关人员参加到项目团队中来,六西格玛黑带或绿带则是这个团队的负责人。每一个项目要应用六西格玛方法深入开展项目工作,并在规定的时间内,达到项目预期目标。

(3)构建持续推进六西格玛管理的基础。事实上,企业现有的管理体系并不都支持六西格玛管理活动的开展,包括企业现有的各个管理层面的承诺与领导力,企业的绩效测量体系,支持持续改进活动的奖励与激励机制,人员的技能素养以及对六西格玛方法的接受程度,企业的管理信息系统建设等。因此,随着六西格玛管理的不断深入开展,企业需要不断完善其管理基础,以支持六西格玛管理持续深入地开展。随着这些基础性工作的不断完善,企业收获的不仅是成功的六西格玛项目,同时也是更完善的管理体系。

在推进六西格玛管理的过程中,会遇到许多阻力。而著名六西格玛公式告诉我们:E(实施六西格玛的效果)$= Q$(六西格玛工作质量)$\times A$(组织的接受度)。因此,需要将六西格玛推进工作与组织现有的管理基础和接受度关联起来。成功地实施了六西格玛管理的组织大都采取了稳健的推进策略,通过"导入"、"加速"、"成长"、"成熟"等不同的推进阶段,部署六西格玛管理推进的主要方向、工作重点、关键角色的作用。虽然总体上说,六西格玛管理需要在人员培训、项目实施和基础构建上展开,但每个阶段的工作在各个维度上的侧重点是不同的。因此,在六西格玛推进过程中把握好相应的成熟度转折点并将成功的关键因素准确地纳入推进计划是非常关键的。

因此,在开始实施六西格玛管理的时候,建立一个 3 年～5 年的推进计划,对减少盲目性,增加成功的把握,是十分必要的。

六西格玛管理在一些企业中得到了成功的实施,但并不是所有实施了六西格玛管理的企业都成功了,也存在失败的教训。美国质量协会(ASQ)在调查了成功的经验和失败的教训后,总结出了以下成功推进六西格玛管理的关键因素:

(1)高层管理层的承诺是必备的基础,它是主要的文化转变。

(2)六西格玛必须与现有的方法、战略、测量和实践进行整合,六西格玛必须是企业指导经营的一个完整的部分。

(3)定量分析和统计思想是关键的概念,基于数据进行管理。

(4)必须将持续的努力用于了解顾客和市场上,用知识收集和分析是十分关键的。

(5)六西格玛方法要求在一个合理的时间内得到显著的回报,成本节约需要实际验证。

(6)需要经过充分培训并且由成功的经历证明了他们信任的梯队将领导力扩展到企业的每一个层次。这个梯队由大黑带、黑带和绿带构成。

12

（7）需要建立绩效跟踪、度量和报告系统，监控过程进展。应将六西格玛方法与企业的目标和计划联系起来，一般说来，企业现有的绩效跟踪、度量和报告系统不尽完善。

（8）企业的奖励和认可体系应该在每一层面上持续地支持对成功进行六西格玛的人员进行认可，奖励体系尤其需要进行重新设计。

（9）一个成功的企业应经常在内部庆祝成功，因为"成功滋养成功"。

（10）为了进一步提升企业的形象，增强员工的自信和自尊，一个成功的企业应广泛地宣传六西格玛方法的成就，扩展其可行性，并与其他企业分享它的指导原则和实践。

本 章 小 结

本章重点介绍了六西格玛的三个层次含义以及推进六西格玛管理的三个重要维度。正像本章中指出的那样，六西格玛不仅是过程质量的度量——西格玛水平，也是过程改进或设计的方法论——DMAIC 和 DFSS 方法，更是企业跨越式发展的管理模式和战略。在本书的后续章节中，将重点介绍 DMAIC 方法、其应用过程和主要支持工具，以便读者们对六西格玛方法论有详细了解。

第2章 DMAIC 方法—定义阶段

> **定义阶段(Define Phase)的主要工作是:** 确定顾客的关键需求,识别需要改进的产品或过程,并将改进项目界定在合理的范围内。

定义阶段是过程改进不可省略的一个重要环节。在定义阶段要根据顾客关键要求或企业发展重点,确定过程输出的测量标准,明确什么是缺陷。改进的前提是发现问题,而定义阶段正是强化了这个发现问题和定义缺陷的过程。

定义阶段的一项重要工作,是根据顾客关键要求或者企业发展战略重点,将对流程的要求逐层分解展开,形成关键质量及其测量标准,并明确什么是缺陷。一般而言,在初选出项目时,对欲解决的问题往往仅有比较宏观的考虑。项目团队需要通过定义阶段的工作,明确问题或者流程输出 Y 及其测量标准。项目团队还需要明确项目的关注领域和主要流程,将项目界定在一个比较合理的、团队可以把握的范围之内。在此基础上,团队要建立明确的改进目标。作为一般要求,在 4 个 ~6 个月的时间内,定义的缺陷应该得到突破性的降低,一般应降低 70% ~80%。一个训练有素的黑带或绿带,应具有将顾客需求或企业需求分解定位并将其转变为具体可操作的六西格玛项目的能力。而定义阶段的工作则是这种分解转换工作中的重要阶段。定义阶段使用的主要工具见表 2.1。

表 2.1 DMAIC 方法 D 阶段主要支持工具

阶 段	常用工具和技术	
D 定义阶段	(1) CTQ 及分解	(2) 排列图
	(3) SIPOC	(4) 流程图
	(5) FTY/RTY/DPMO	(6) 立项表(Project Charter)

2.1 关键质量及其分解

【什么是关键质量】

关键质量(Critical To Quality, CTQ)又称为关键特性,是从顾客角度出发,在流程输出结果中最关注的那些特性要求。确定顾客的关键要求,是六西格玛项目工作中重要的一步。整个项目工作是在这个步骤的基础上展开的。因此,在六西格玛项目工作的定义阶段,需要特别关注这一点。当顾客的需求被正确理解并恰当地转换为过程输出的 CTQ 时,项目才具备了展开的基础。

许多情况下,顾客需求需要进一步展开,才可以将其转化为具体可测量的要求,在识别顾客关键需求和 CTQ 时,通常需要通过质量功能展开(QFD)等方法将顾客需求转换成为有清晰定义的、可测量的、有具体的评判标准的 CTQ。

例如:顾客要求产品必须在 30 日内准时交付。

(1)CTQ:交付周期。

(2)定义:从顾客下定单到将产品交付到顾客的时间。

(3)测量:从定货到交付的时间。

(4)标准:不大于 30 天。

【应用目的】

一个过程可能会有许多类型的顾客同时存在。在过程的顾客中,有外部顾客和内部顾客、中间顾客和最终顾客、当前的顾客和未来的或潜在的顾客,以及关键顾客和一般顾客等。在项目定义阶段,需要识别项目需要关注的主要顾客是谁以及他们的要求是什么。如果项目的关键顾客不能识别清楚,可能会误导整个项目的方向,使项目最终误入歧途。同时,顾客关键需求必须要转化为 CTQ,而 CTQ 具有定义清晰、可测量、有具体的评判标准的特点。因此,识别出了 CTQ,则过程输出的测量 Y 即可确定,项目的目标等便可以清晰地界定出来。

【CTQ 分解与 CTQ 树】

CTQ 的确定是以顾客的关键需求为出发点,通过在顾客关键要求与所涉及内部过程之间建立相关关系,从而评价出 CTQ 及其测量。一个特性是否是"关键",首先看它是否是顾客关心的,对顾客来讲是否是重要的。顾客需求是否得到了充分的展开或分解,则可通过观察该 CTQ 的定义、测量及其标准是否清晰来判断。如果某个 CTQ 不易定义和测量,则往往需要对其进一步分解,直到该 CTQ 具体、清晰与可测量为止。而对大型复杂产品来说,也需要将顾客需求展开,形成针对系统、子系统、组件/部件、零件的 CTQ。这些展开的 CTQ,构成了 CTQ 树,如图 2.1 所示。

图 2.1 中,总成级 CTQ 是产品或服务最终须满足的顾客关键要求;系统级 CTQ 是总成级 CTQ 的细化,$CTQ_{总成} = f(CTQ_{系统})$;组件或部件 CTQ 是系统级 CTQ 的细化,$CTQ_{系统} = f(CTQ_{部件/部件})$;零件或要素级 CTQ 是组件部件级 CTQ 的细化,$CTQ_{组件/部件} = f(CTQ_{零件})$;而零件或者要素级的 CTQ 是 CTQ 树的最后一级。

15

顾客关键要求—质量、成本、周期

总成级
（产品／服务）　　CTQ_1　CTQ_2　…　CTQ_n

系统级　　CTQ_1　CTQ_2　…　CTQ_n

CTQ_1　CTQ_2　…　CTQ_n　　　　CTQ_L　CTQ_2　…　CTQ_n

组件、部件级　　CTQ_1　CTQ_2　…　CTQ_n　　CTQ_1　CTQ_2　…　CTQ_n

CTQ_1　CTQ_2　…　CTQ_n　　CTQ_1　CTQ_2　…　CTQ_n

零件、要素级　　CTQ_1　CTQ_2　…　CTQ_n　　CTQ_1　CTQ_2　…　CTQ_n

CTQ_1　CTQ_2　…　CTQ_n　　CTQ_1　CTQ_2　…　CTQ_n

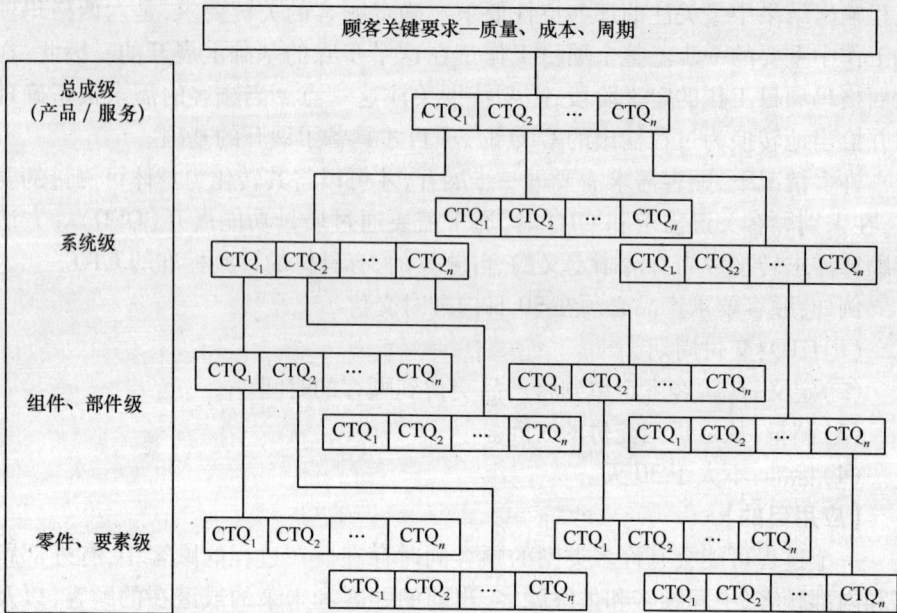

图 2.1　顾客关键要求的分解与 CTQ 树

　　六西格玛项目是在适当的 CTQ 展开的基础上开展的。一般而言,绿带项目针对 CTQ 树中比较低层级的 CTQ 展开,因此,项目范围比较小,一般与绿带所在部门或所承担的业务直接相关。黑带项目则需要有一定的系统性,其针对 CTQ 树中层级较高的 CTQ 展开,其解决的问题需要进一步分解,形成针对下一层级 CTQ 的子项群,而这些子项中的重要子项则由相应的绿带与绿带项目团队完成。

　　【应用方法】

　　CTQ 一般来自于顾客需求调查、售后服务信息、顾客满意评价以及内部流程中上下游顾客中反馈的问题或内部流程中暴露出来的问题。可以采用树图的形式,将 CTQ 展开,在此基础上通过调查以及信息和数据收集,确定六西格玛项目应关注的 CTQ 所在,并在此基础上,确定 CTQ 的定义、测量与标准。

　　【应用示例】

　　下面是某电话服务中心的 CTQ 树图展开示例(图 2.2),以及在此基础上选择六西格玛项目所关注的 CTQ 的过程。

　　在本例中,团队通过对过去 6 个月来顾客满意度调查结果的数据收集,发现顾客不满意主要集中在需事后回复的电话服务不能在 48h 之内完成。则"事后回复电话的时间"即是一个非常重要的 CTQ。在确定了 CTQ 后,要给出 CTQ 的

16

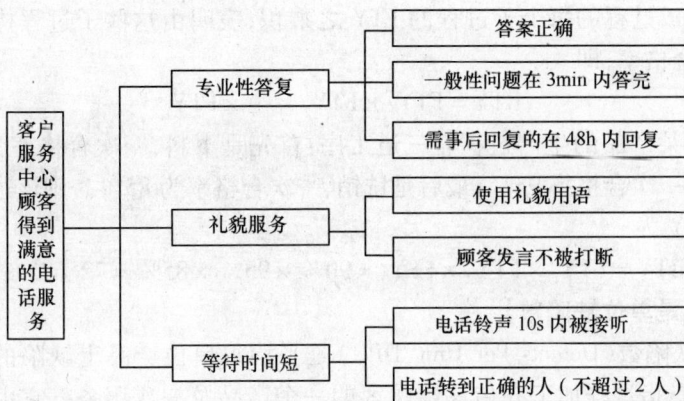

图 2.2 CTQ 树图展开示例

明确定义,即:在什么条件下用什么方法判别这个"特性"。在本例中,"事后回复电话的时间"的定义是:属一般问题之外需要事后回复顾客电话的,从接到顾客电话之时起,至顾客收到电话回复时止为"事后回复电话时间"。通过测量这段时间,可以得到 CTQ 的测量值。根据顾客期望该 CTQ 应小于 48h。即,CTQ 的上规范限 USL = 48h,越快越好。因此,要提高顾客对电话服务中心的满意度,需要重点解决"事后及时回复电话"的问题,事后回复电话的时间 CTQ 不应超过 48h。六西格玛项目即可在此基础上展开了。

2.2 过程绩效的度量指标

【什么是一次合格率】

一次合格率(First Time Yield,FTY),也称为首次合格率、首次产出率或一次交验合格率,是第一次就把事情做正确,符合顾客要求,由没有经返工返修便通过的过程输出单位数而计算出的合格率。它由下列公式计算

$$FTY = \frac{首次通过的合格数}{产品或服务总数} \times 100\% \qquad (2.1)$$

例如:在电话服务中心过去 6 个月内共有 2000 个"需事后回复的电话服务",其中有 1800 个在 48h,即 CTQ 的上限之内回复。其余的 200 次超过了 48h 的规范限,是不合格的服务。因此,该 CTQ 的 FTY 为

$$FTY = \frac{1800}{2000} \times 100\% = 90\%$$

【什么是流通合格率】

流通合格率(Rolled Throughput Yield,RTY),又称为滚动产出率或滚动合格

17

率,是由构成过程的每个子过程的 FTY 之乘积,表明由这些子过程构成的大过程的一次合格率,即

$$RTY = FTY_1 \times FTY_2 \times \cdots \times FTY_n \qquad (2.2)$$

例如,某产品的生产过程有三道工序:首先是下料,一次合格率为 90%;其次是钻孔,一次合格率 95%;最后是铣销,一次合格率为 85%。则该过程的流通合格率 RTY 为

$$RTY = FTY_1 \times FTY_2 \times FFY_3 = 90\% \times 95\% \times 85\% = 72.675\%$$

【什么是单位缺陷数】

单位缺陷数(Defects Per Unit,DPU)是平均每单位产品上缺陷的个数。这里"单位"是指过程加工并传递给顾客的一个产品及一次服务。它由以下公式计算

$$DPU = \frac{检测发现的缺陷数}{抽取的单位产品数} \qquad (2.3)$$

例如:在生产出的 1000 块电路板中,检查出 10 个缺陷,则

$$DPU = \frac{10}{1000} = 0.01$$

【什么是机会缺陷率】

机会缺陷率(Defects Per Opportunity,DPO)是按出现缺陷机会总数统计的出现缺陷的比率,即检出的缺陷数占全部机会数的比例。这里,"缺陷机会"是指:产品上可能出现缺陷之处(缺陷机会与缺陷的度量应保持一致)。它由下式计算

$$DPO = \frac{缺陷数}{缺陷机会总数} \times 100\% \qquad (2.4)$$

例如,前面提到的电路板中,每一个电路板都含有 50 个焊点,就线路板焊接来说,每个线路板就有 50 个出现焊接缺陷的机会。那么,在 1000 个这样的线路板上,缺陷机会总数为 50000 个。若在制造这 1000 个电路板时共发现 25 个焊接缺陷,则该线路板焊接过程的 DPO 为

$$DPO = \frac{25}{50000} \times 100\% = 0.05\%$$

【什么是百万机会缺陷数】

百万机会缺陷数(Defects Per Million Opportunity,DPMO),是以百万机会为单位计算的 DPO,即

$$DPMO = \frac{缺陷数}{缺陷机会总数} \times 10^6 \qquad (2.5)$$

在前面的例中,0.05% 的 DPO 即为 5000 的 DPMO。通常记为 DPMO =

5000ppm。又如,某物料配料过程可能会发生 3 种错误,它们是:配料数量不准;配料项目选错;发错配送单位。则每次配料有 3 个缺陷机会。在 2000 次配料工作中,发生 60 个错误。则该过程的 DPMO 为

$$DPMO = \frac{60}{3 \times 2000} \times 10^6 = 10000ppm$$

【应用目的】

在定义阶段收集过程实际表现的数据并对过程绩效做出客观的评判,是暴露问题和发现改进机会的重要步骤。选择适当的过程绩效评价指标,可以帮助团队更客观、更准确地发现问题。例如,计算过程的 FTY,可以帮助我们准确地判断过程在出现缺陷方面的实际表现并发现改进机会。计算过程的 DPMO,帮助我们发现缺陷所在,当我们以 ppm 为单位时,缺陷的存在让我们警醒。计算过程的 RTY,则可揭示过程中的"隐蔽工厂"。RTY 与传统上使用的最终合格率之间的最大差别在于,RTY 充分考虑了过程中子过程的存在,即隐蔽工厂的因素,比较客观地反映过程运行的实际情况;而最终合格率没有考虑过程的返工返修,因而掩盖了"隐蔽工厂",从而掩盖过程质量缺陷。在实际生产经营过程,不少企业计算的合格率是最终合格率,从来没有统计过 RTY。事实上,"隐蔽工厂"消耗着企业资源、吞噬着生产周期、向顾客传递着不良质量。

正如 GE 公司所说:"六西格玛强调的是测量流程的实际结果与完美之间的差异。它的核心是,如果你能测量你的流程有多少缺陷产生,你就能用系统化的方法去消除它们,并使流程接近于'零缺陷'"[①]。因此,在团队识别了 CTQ 后,要收集数据,计算过程的 FTY、RTY 或 DPMO。由此,团队可以进一步发现改进机会所在,以及定义六西格玛项目要解决的问题。

2.3   SIPOC 图分析法

【什么是 SIPOC 图】

SIPOC 图,也称为高阶流程图或宏观流程图,是识别流程的顾客、供方、输入、输出以及将输入转化为输出的主要过程的图表。

【应用目的】

应用 SIPOC 图可以帮助六西格玛项目团队识别项目关注的顾客和供方,确定项目所关注的过程输出点和过程结果,确定过程的输入点和主要输入,以及从宏观的视角帮助团队识别项目所关注的主要流程,特别是跨职能的宏观流程的

---

① 引自 GE 公司六西格玛介绍材料"什么是六西格玛"。

识别,对项目的有效实施是非常重要的。

【构成与原理】

SIPOC 一词来自于供方、输入、过程、输出和顾客的第一个英文字母的缩写。

(1) S(Supplier,供方):提供输入的组织和个人,供方可以是内部的或外部的。

(2) I(Input,输入):供方提供的输入(信息和资源,包括人员、机器、材料、方法、环境、技术等)。

(3) P(Process,过程):将输入转化为输出的活动。过程是使输入发生改变的一组步骤,理论上,这个过程(由这些步骤组成的过程)将增加输入的价值。

(4) O(Output,输出):过程的结果,可以是一个或一组 CTQ。

(5) C(Customer,顾客):接受输出的人、组织或过程。顾客可以是企业外部的,也可以是企业内部的。

图 2.3 所示的是 SIPOC 图表的构成示意图。

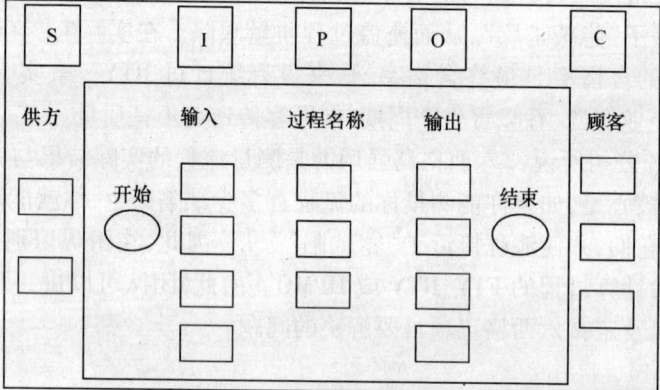

图 2.3   SIPOC 图构成示意图

【应用方法】

为了得到一份宏观的 SIPOC 图表,需要确定项目所关注的过程起点和终点,在此基础上,确定相应的供方和输入,以及输出和顾客(包括组织内部的或者外部的顾客)。

可按下述步骤带领团队来绘制 SIPOC 图:

(1)用一块足够大的墙面或白板,供团队成员用小纸条来讨论和列写过程的供方、输入、过程、输出和顾客,直到最后确定它们。

(2)将写有 S、I、P、O、C 的卡片贴在墙上。在过程 P 两边贴上"开始"和"结束"卡片,以确定过程的起始与结束点。

20

（3）确定过程的名称。

（4）按 OCISP 的顺序和概念填写卡片和作图（过程输出哪些"O"，它们提供给哪些"C"，为了获得成功需要的"I"由哪些"S"提供，"P"是如何将输入"I"转变为输出"O"的）。

（5）团队成员就上述内容进行充分讨论并相应地移动卡片。

（6）识别并确定项目中真正需要关注的过程（P），并确定最终涉及的人员（S、C）和输入/输出（I、O）。

（7）与流程的负责人、项目的保证人或倡导者一起确定项目最终的 SIPOC 图表。

【应用示例】

图 2.4 是一个某产品加工过程的 SIPOC 图表的样例。

过程起点：镀后半成品件进入磨工工序 过程终点：交付内圆磨后零件（入中央库）

供方（S）	输入（I）	过程（P）	输出（O）	顾客（C）
表面处理厂	镀后零件	加工前准备	交付衬套	装配分厂
工具分厂	外径尺寸	确认工艺文件	内径尺寸	
设备中心	长度尺寸		内外圆同轴度	
技术处	镀后内径尺寸	装夹镀后零件	圆柱度	
计量中心	技术条件		表面粗糙度	
	夹具	磨削加工	交付要求	
	磨削设备		数量正确	中央零件库
	刀具	测量特性	时间准时	
	工艺文件		按要求包装	
	量具	交付		

图 2.4 某生产过程 SIPOC 图表样例

2.4 过程流程图

【什么是流程图】

流程图是按照流程顺序展现过程步骤和决策点，以及它们之间的关系的图表。

【应用目的】

绘制流程图可以使流程"可视化"。便于团队讨论流程当前的状况（As - Is），以及流程应该怎样（Will - Be）。流程图可以帮助团队识别六西格玛项目重

21

点应关注的流程步骤和环节。因此,流程图是六西格玛方法中一个非常重要的工具。

【构成与原理】

流程图由一系列图形符号构成,是对流程的图示化描述。典型的流程图符号与意义见表2.2。

表2.2 流程图用符号与意义

符号名称	符号形状	符号的意义
操作,阶段或步骤	矩形	显示流程中的步骤或描述流程中的活动或事件
决策	菱形	显示可能的分支途径,通常有2个或2个以上的去向
端点	椭圆	流程开始和结束的标志
流程线	→带箭头线条	表示流程步骤之间的关系和流程的走向
连接点	○小圆	当分段描述流程时用来表示流程的接续点

【应用方法】

可按下述步骤带领团队来绘制流程图:

(1)按照SIPOC分析所界定的范围("开始"和"结束")确定所关注的流程起、止点;

(2)团队通过讨论识别出过程中需要关注的步骤和决策点;

(3)按照流程各步骤的顺序及逻辑关系用箭头进行连接;

(4)观察与项目所关心的CTQ有关的步骤是否已细化描述;

(5)对完成的草图进行回顾和整理,按照流程步骤"走"一遍,团队达成共识;

(6)与流程所有者沟通、讨论,验证流程图是否真实反映了过程的实际表现;

(7)形成正式文档。

【应用示例】

图2.5是某生产过程流程图的示例。

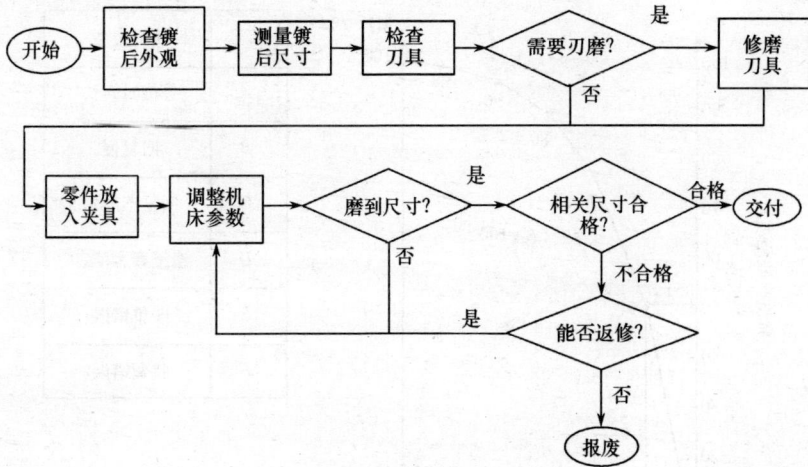

图 2.5　某生产过程的流程图示例

2.5　排列图及其应用

【什么是排列图】

排列图（Pareto Chart），又称为博拉图或帕雷托图，是将研究对象从最重要到最次要排列的图表。

【应用目的】

应用排列图的目的是比较不同的缺陷类型所导致的结果或对顾客的影响，以便找出最重要的、需要优先关注的问题。即，设置优先权并定义问题与改进机会；确定项目关注的 Y。因此，排列图是六西格玛方法中一个非常重要的工具。

【构成与原理】

排列图是建立在帕雷托原则之上的，即 80% 的结果源于 20% 的原因。排列图由横坐标和左右两个纵坐标、从高到低排列的条形图以及一条折线构成，图 2.6 是排列图的样例。

该排列图显示了 2005 年 1 月—10 月某运输服务公司的顾客抱怨统计数据，从该排列图上可以看出，在顾客抱怨中，排在第一位的缺陷是"等待时间长"，其发生的频次为 51 次（排列图左侧的坐标显示），占抱怨总数（即缺陷总数）的 51%（排列图右侧的坐标显示）；其次为"回复慢"，其发生频次为 25 次，将这两项缺陷数累加，达到了缺陷总数的 76%（折线对应的右侧坐标显示）。因此，解决顾客抱怨问题，首先要降低"等待时间长"缺陷发生的频次，其次是"回复慢"缺陷。近 80% 的缺陷源于这两个"关键的少数"。

23

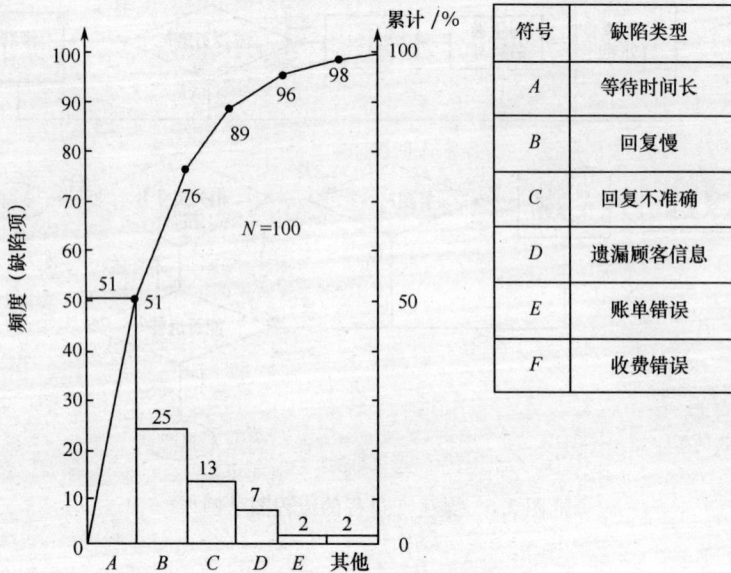

符号	缺陷类型
A	等待时间长
B	回复慢
C	回复不准确
D	遗漏顾客信息
E	账单错误
F	收费错误

图 2.6　排列图样例

【应用方法】

可按下述步骤绘制排列图：

（1）收集过程输出在某时间段内的数据，并确定过程输出中都有哪些是不符合顾客要求的缺陷项。

（2）将各项缺陷发生的频次数按从大到小的顺序排列，计算各自占总缺陷数的比率（％）和累计比率（％）。

（3）将横坐标按从大到小的顺序，依次列出各种缺陷项。

（4）以左侧纵坐标为缺陷发生频次数，右侧纵坐标为比率（％）。

（5）在横坐标上的每个缺陷项处，画出与其发生频次数对应的矩形。

（6）由左至右累加每个缺陷项的比率，画出累计频率曲线。

可以使用表 2.3 所列类型的表格辅助完成排列图的绘制。

【应用示例】

在六西格玛管理中，通常使用软件，如 Minitab 等辅助作图或进行统计计算。使用 Minitab 时，排列图的作图过程可以极大地简化。图 2.7 是六西格玛项目团队用收集的某铸造产品过去一段时间来发生的缺陷数据绘制的排列图。从排列图上可以看出，该铸造过程的主要缺陷为"气孔"，大约占缺陷总数的 45.1％，其次是"夹渣"，大约占缺陷总数的 37.3％，两项之累积百分比为 82.4％。因此，这两项缺陷应作为主要改进机会，通过六西格玛项目的实施加以改进。

24

表 2.3　某顾客服务过程输出缺陷排列图计算表

（数据来源：2005 年 1 月—10 月的顾客调查的统计数据）

缺陷类型	发生频次	累积缺陷数	比率/%	累积比率/%
顾客等待时间长	51	51	51	51
迟于规定时间回复	25	76	25	76
回复不准确	13	89	13	89
遗漏顾客信息	7	96	7	96
账单错误	2	98	2	98
收费错误	2	100	2	100
合计	100		100.0	

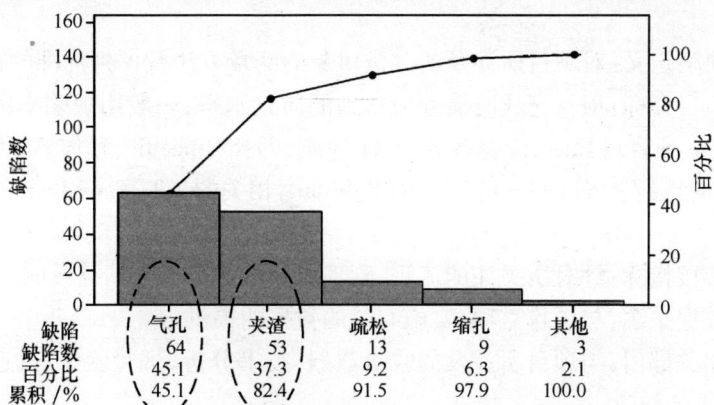

缺陷	气孔	夹渣	疏松	缩孔	其他
缺陷数	64	53	13	9	3
百分比	45.1	37.3	9.2	6.3	2.1
累积 /%	45.1	82.4	91.5	97.9	100.0

图 2.7　某铸造产品缺陷类型的 Pareto 图

2.6　项目立项表

【什么是项目立项表】

项目立项表（Project Charter），又称为项目特许任务书，是项目团队及参与各方就开展的六西格玛项目达成的契约性文件。项目立项表获得批准是定义阶段工作完成的重要里程碑。

【应用目的】

项目立项表的应用目的是使项目团队成员就项目要解决的问题、要达到的目标、以及团队成员在项目活动中的职责和任务等重要方面达成共识，倡导者或领航员、项目保证人以及项目指导（MBB、BB）等重要角色对立项意义和改进目标予以认可，并承诺对项目实施过程中给予指导以及资源方面保证。

项目立项表根据项目来源不同可由不同的人员填写,对于由企业经营层面或跨职能的重大项目,一般由大黑带或黑带填写项目立项表。这些项目中梳理分解得出子项目,其立项表一般也由大黑带或黑带填写;对于较低层面设立的绿带项目,可以由担当项目负责人的绿带填写该项目的立项表。

【构成与原理】

项目立项表通常由以下几个重要栏目组成。

(1)项目基本信息:包括项目名称、项目负责人、对本项目负责的倡导者或领航员、项目保证人、项目指导人等。

(2)项目背景:对项目立项动因及意义的简要说明。

(3)问题陈述:对项目要解决的问题以及给顾客和企业带来的影响的量化说明。

(4)缺陷定义:对项目所涉及的改进对象的测量方法及评判标准的描述。

(5)项目目标:项目完成时流程所达到的质量水平,一般用缺陷率的降低来描述;在设立项目目标时,应符合 SMART 原则,即:S(Specific,具体)、M(Measurable,可测量)、A(Attainable,可行)、R(Relevant,相关的)、T(Time Bound,有时间限制的)。

(6)考核指标:针对所关注的流程,管理层是如何考核它的绩效的。

(7)数据来源:与项目立项、实施有关的数据的提供方。

(8)相关部门:与项目所涉及的收集数据、技术分析、试验验证、改进控制等活动有关的各部门。

(9)团队成员:姓名及他们的部门/职务、在项目中的作用和职责等;一般团队成员应包括对所关注流程比较了解的负有管理或设计、维护职责的人员,承担数据收集任务的人员,财务核算人员等。

(10)项目计划:各阶段的时间安排计划、主要工作内容的简要描述,以及各阶段任务完成的里程碑。

【应用示例】

某项目六西格玛项目团队在完成了定义阶段的工作后,填写了下述项目立项表,见表2.4。

表2.4　六西格玛项目立项表

项目名称	降低某零件镀铬后铬层脱落返修率		
项目负责人	刘洪雨(GB)	主管领导/领航员	李向阳
		赞助人/流程主管	王颜博
		项目指导/MBB	赵晓为

项目背景： 某零件是某产品的关键零件，镀铬后在磨削工序掉铬情况严重，并产生大量报废，造成前工序过量加工，影响后工序加工进度，去年由此导致的经济损失达 20 万元。 项目动因：☑企业经营 Y ☐顾客满意 CTQ	项目目标： 将由掉铬引起的报废率从 21.8% 降低到 4.4% 以下
	财务收益： 预期达到 16 万元

问题陈述： 据 2005 年上半年数据统计，某零件的报废率达到 40%，其中 54.5% 的报废由"磨削后掉铬"缺陷引起，其"掉铬"报废率为 21.8%，由此带来的经济损失达 20 万元	缺陷定义： 镀铬后经磨削，加工表面可见原材料基底为"掉铬"
	考核指标： 某零件报废率
	数据来源： 电镀工段，机加车间

相关单位：电镀工段、机加车间、检验处

团队成员	单位/职务	职责/角色
	热表分厂/主管工艺	项目负责人
	热表分厂/工艺	负责镀铬工艺技术支持
	机加车间/主管工艺	负责机加车间技术、试验协调
	检验处/检验员	负责数据收集
	财务处/成本会计	负责提供、核实本项目的财务数据

里程碑	主要工作内容	预定完成日期	实际完成日期
1. 定义阶段	立项确定项目范围	2005 年 7 月 20 日	
2. 测量阶段	收集数据 MSA	2005 年 7 月 20 日	
3. 分析阶段	数据分析找到关键 X	2005 年 8 月 20 日	
4. 改进阶段	提出并验证改进方案	2005 年 9 月 20 日	
5. 控制阶段	编制并落实控制计划	2005 年 10 月 20 日	

本 章 小 结

本章重点介绍了六西格玛 DMAIC 方法中 D 阶段——定义阶段的主要工作

27

内容,以及支持本阶段工作的主要工具方法。定义阶段的主要工作是识别顾客关键需求和CTQ,通过典型流程绩效指标的测量明确要解决的问题,以及通过流程分析确定项目关注的内部流程,从而确立项目责任以及项目目标和项目实施关键步骤等。在此基础上,组织六西格玛项目团队,并且发挥六西格玛组织体系的作用,使六西格玛项目实现其预期目标。定义阶段的重要输出是填写完备的项目立项表。

定义阶段案例:

定义问题,一个不能缺少的重要环节

六西格玛管理是基于科学方法的管理。它强调了流程、测量、数据、信息和知识等科学方法的基本要素。它通过DMAIC(定义、测量、分析、改进和控制)五步法,将这些要素组织起来,使过程改进更加有效。在DMAIC方法中,每一个需要改进的问题都要充分地分解和定义,并且明确对它的评判与测量方法。这是解决问题的基础。

【案例一】

A企业根据国防产品研制需求推出了一种新型号的复合材料。这种新材料可以替代进口产品,而且价格较低,推出后立即赢得了几宗大的订单。但是,在该材料的生产过程中,出现了产品性能不稳定、一次合格率低等问题,严重影响了产品的交付,造成了顾客抱怨。企业管理层非常重视该问题,他们意识到如果不能很好地解决当前遇到的问题,则该产品后续订货将受到极大的影响。为此,他们成立了六西格玛项目团队,着手立项解决该问题。

在项目的定义阶段,项目负责人——六西格玛黑带对问题进行了初步分解:该产品投产4个月来的数据表明,目前生产过程的一次合格率仅为70%左右。该产品的生产流程由以下几个主要环节构成,各个环节的FTY(或一次交验合格率)如图D.1所示。

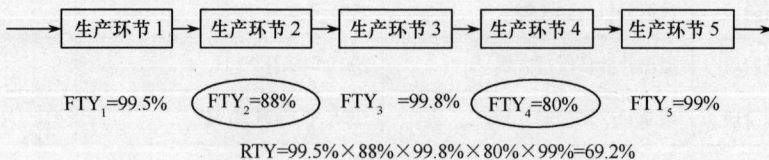

$FTY_1=99.5\%$ $FTY_2=88\%$ $FTY_3=99.8\%$ $FTY_4=80\%$ $FTY_5=99\%$

$RTY=99.5\%\times88\%\times99.8\%\times80\%\times99\%=69.2\%$

图 D.1 产品的主要生产过程及其FTY

显然,该材料生产过程的瓶颈是"生产环节2"和"生产环节4",而要提高整个生产过程的一次合格率,重点应从这两个环节入手。为此,黑带将本项目分为两个主要部分:①提高生产环节2的FTY;②提高生产环节4的FTY。

　　在这两个改进方向上,黑带继续收集了相关的统计数据,并在此基础上对问题进一步定位。以生产环节4为例,造成其FTY较低的原因有:产品力学性能达不到要求、微量元素超标、外观颜色不符合要求等,图D.2所示的排列图表明,对流程一次合格率影响最大的,是微量元素超标。由其引起的生产批次达不到要求占所有缺陷的89.9%,由此引起的不合格率大约为18%。

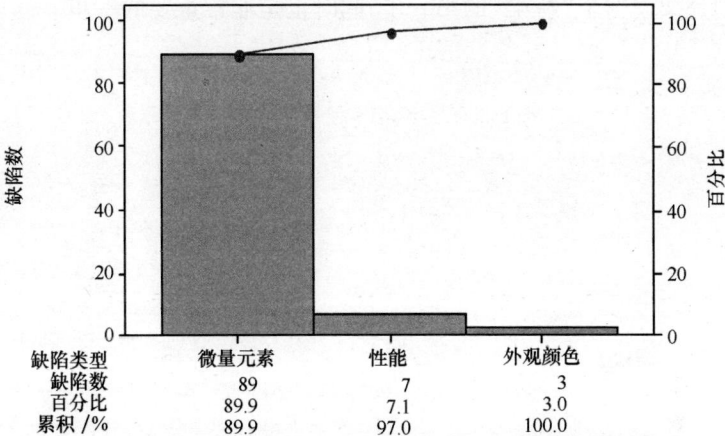

缺陷类型	微量元素	性能	外观颜色
缺陷数	89	7	3
百分比	89.9	7.1	3.0
累积/%	89.9	97.0	100.0

图D.2　造成生产过程4产出率低的缺陷类型的Pareto图

　　如果能将微量元素超标的问题降低80%以上,则批合格率可以提高14.4%。这样,"生产过程4"的一次合格率可以提高到94%以上。因此,黑带将项目工作的一个主要方面定义为"降低由于微量元素超标引起的批不合格率,提高生产过程4的产出率"。

　　同样,通过对"生产过程2"的问题进一步界定,黑带将项目工作的另一个主要方面定义为"降低化学性能缺陷率,提高生产过程2的一次合格率"。该项目的预期目标是将生产过程2的一次合格率提高到97%以上。

　　通过对问题的初步分解和界定,通过对流程一次合格率相关数据的初步分析,黑带在提交管理层的阶段报告中,明确了项目的重点关注领域和具体要解决的问题,以及预期的项目目标和项目收益。这些目标是清晰的、可测量的,并且是可预测的。按照该项目的定义和预期目标,整个流程的一次合格率可以从目前的RTY=69.2%提高到RTY=90.0%。

　　从上述介绍中可以看出,通过定义阶段的工作,六西格玛黑带或绿带要将问题初步分解定位,将要解决的问题具体化,使要解决的问题清晰可测量。同时通过初步的数据分析,制定项目目标。如果界定工作准确且到位,则项目的目标将是 SMART 的,即:S(Specific,具体的);M(Measurable,可测量的);A(Attainable,可行的);R(Relevant,相关的);T(Time Bound,有时间限的)。一个训练有素的黑带或绿带,应具有将顾客需求或企业需求分解定位并将其转变为具体可操作的六西格玛项目的能力。今天,许多企业正面对着大量的类似于 A 公司的问题。我们也常常看到,由于问题不能充分分解定位,对问题的改进和把握缺乏可操作性。尽管企业经常提出工作目标,但在目标和现状之间缺乏"桥梁"。而定义阶段则是架设这个"桥梁"的第一步,同时也是非常重要的一步。

第3章 DMAIC方法—测量阶段

> **测量阶段(Measure Phase)的主要工作是:**通过对现有过程的测量,确定过程的基线以及期望达到的目标,并对测量系统的有效性做出评价。

按照六西格玛 DMAIC 方法,对改进机会的把握应该基于对过程的测量。特别是从测量阶段就应该开始摈弃对过程产生缺陷的原因的猜想。"依据数据和事实决策"应该从测量开始。测量阶段的一项很重要的工作,是对测量系统进行分析和评价,以保证测量系统的有效性。由于六西格玛方法是基于数据进行分析和决策的方法,数据是否准确可靠,将对问题的分析和决策有至关重要的影响。事实上,测量系统往往是关键 X 所在。因此,需要对测量系统进行分析。测量阶段的另一项重要工作,是收集以往数据(历史数据),进行过程的基线分析。即分析确定当前过程的能力,在此基础上,明确改进方向,建立改进目标。测量阶段使用的主要工具见表 3.1。

表 3.1 DMAIC 方法 M 阶段主要支持工具

阶 段	常用工具和技术	
M 测量阶段	(1)时间序列图	(2)测量系统分析
	(3)直方图	(4)过程能力分析
	(5)描述性统计	

3.1 关键特性的测量

【关键特性的测量与数据类型】

在测量阶段需要对过程输出 CTQ 或 Y 进行实际测量并收集测量数据,使用这些数据来对过程进行量化分析。从统计学的角度来说,这些测量数据可以分为两种基本类型,即:连续型数据和非连续或离散型数据。其中非连续型数据又可以细分为区分型数据和计点型数据。

用连续坐标进行测量并得出的数据是连续型数据,也称为计量数据。或者说,用测量仪器或量具测量出的可以连续取值的数据类型,是连续型数据,如长度、容积、重量、化学成分、温度、产量等。连续型数据的特点是,测量数据可以比较敏感地反映过程的变化,包含的信息丰富。在对过程进行统计分析时,可以用较少的样本量获得分析结论。但一般来说,连续型数据对测量手段的要求较高,或测量成本较高。

　　非连续型数据或离散数据,也称为计数数据。如合格/不合格、通过/失败、是/否、接受/不接受、出席/缺席、好/坏,以及缺陷个数等。非连续型数据在反映过程变化方面不如连续数据那样敏感。在对过程进行统计分析时,往往需要较大的样本量或较长的测量周期,才能得出分析结论。但一般说来,非连续数据对测量手段和测量精度的要求不高,测量成本也比较低。

【应用目的】

　　在测量时,区分连续型数据还是离散型数据是十分重要的。项目团队应根据项目的具体情况,确定适当的数据类型,测量并收集数据。一般来说,在收集数据时,应尽可能地采用连续型数据,以便提供尽可能多的可用于过程改进的信息。

【应用方法】

　　六西格玛项目团队首先要明确测量的对象是谁以及如何测量它们。只有这样才可以有的放矢地测量和收集数据。在开始关键特性的测量时,一般遵从以下步骤:

　　(1)明确过程输出的 CTQ 或 Y,确定测量对象;

　　(2)确定测量方法以及测量结果的数据类型,尽可能地使用获得连续型数据的测量方法,以便得到更多的过程波动信息;

　　(3)编制数据的收集计划,并按照计划进行数据的收集。

3.2　时间序列图

【什么是时间序列图】

　　时间序列图(Time Series Plot),又称为趋势图,是将收集到的数据按照时间的先后顺序在坐标图中展示出来的图形工具,它可以直观的显示数据随时间的变化规律和发展趋势。

【应用目的】

　　团队收集到了过程输出 Y 数据后,可以用时间序列图将收集到的数据展示出来。运用时间序列图可以帮助团队了解 Y 随时间变化的情况与变化趋势。

【构成与原理】

时间序列图的横轴代表时间,纵轴代表分析对象的测量值,将收集到的数据按时间顺序描绘到坐标图上,并将前后两个数据点用折线连接。应用时间序列图寻找数据随时间变化的规律。

【应用方法】

时间序列图要求收集到的数据必须有时间的先后顺序,同时为了能够充分展现数据随时间的变化规律,需要收集尽量多的数据。以时间作为横坐标,以观测值为纵坐标描点,用折线连接,即可绘制出时间序列图。可用计算机辅助绘制时间序列图。

【应用示例】

表 3.2 为某工厂成品仓库 2008 年每月月末盘点并记录产品的库存数量统计表。

表 3.2　成品仓库库存数量月统计表

月份	1 月	2 月	3 月	4 月	5 月	6 月
库存	4930	2030	3160	1840	4500	2640
月份	7 月	8 月	9 月	10 月	11 月	12 月
库存	4320	3830	4070	3160	2450	2330

运用该数据做出库存的时间序列图(图 3.1),籍此可考察库存数量随时间变化的情况。从图中可以直观的看到该工厂成品仓库的库存上半年波动较大,而下半年则成显著递减趋势。

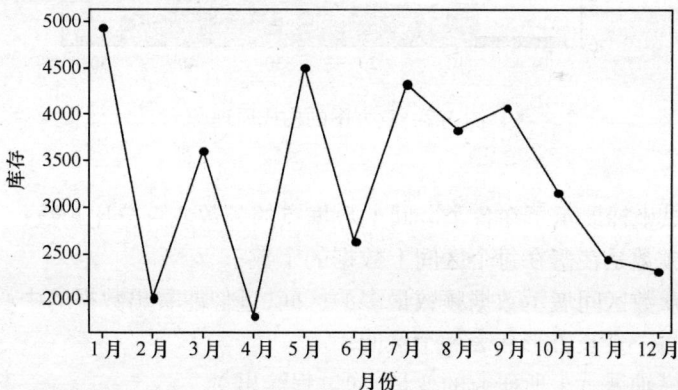

图 3.1　某成品库库存的时间序列图

3.3 直 方 图

【什么是直方图】

直方图(Histogram)是一种直观地展示数据分布规律的图表。它是用一系列宽度相等、高度不等的长方形表示数据分布的图形。

【应用目的】

团队收集到了过程输出 Y 数据后,可以用直方图将收集到的数据展示出来。运用直方图可以帮助团队了解 Y 的波动与分布情况,特别是:

(1)分布的中心趋势、分布范围和分布形状;

(2)有无异常分布或过程是否有异常波动;

(3)过程是否满足规范限 USL/LSL 的要求。

【构成与原理】

直方图的构成原理如图 3.2 所示。

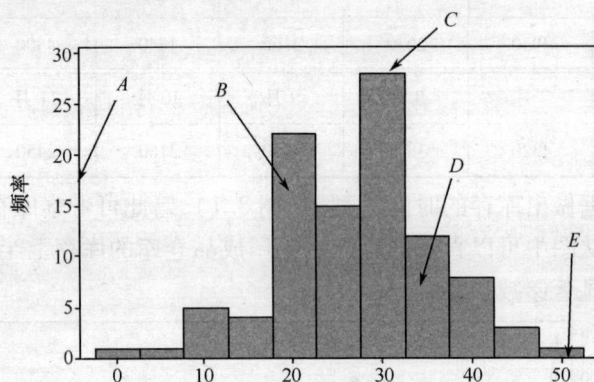

图 3.2　直方图的构成原理

图中:

A——纵坐标展示了在各个区间上数据点的频数或百分比频数;

B——频数是在落在每个区间上数据的个数;

C——众数区间展示数据频数最多的区间,近似能看出数据的中心趋势;

D——每一个长方形代表一个区间;

E——横轴展示了所研究的变量,如过程输出 Y。

也就是:矩形的宽度表示数据范围的间隔,矩形的高度表示在给定间隔内的数据频数。因此,根据直方图,可以了解到数据分布的中心趋势、分布范围以及分布形状。

34

【应用方法】

直方图的作图方法如下：

（1）从收集到的 n 个样本数据中找出最大最小值，并计算极差 R（最大最小值之间的差值）。

（2）将样本数据分组，决定组数 k 和组距 d。组数确定的一般原则是：组数既不能过少，也不能过多。组数过少，图形不够精细；组数过多，图形可能会包含过多细节。一般将样本分为 7 组 ~ 15 组。具体组数 k 根据样本量 n 的大小决定。组距 d 由极差 R 和组数 k 来确定，$d = R/k$。

（3）确定各组的区间端点，即矩形宽的两个端点，a_0，$a_0 + d = a_1$，$a_0 + 2d = a_2$，…，形成如下分组区间

$$[a_0, a_1], [a_1, a_2], \cdots, [a_{k-1}, a_k]$$

（4）统计样本落在各个区间中的数据的频数。

（5）根据上述的分组区间，以及统计出的各个区间内的数据的频数画出频数直方图图形。

可由计算机辅助完成直方图的作图。

常见的直方图类型及对应的过程波动情况，见表3.3。

表3.3　直方图类型与过程波动

类型	直方图图形	图形解读
正常型		正常型的直方图，中间高，两边低，左右基本对称，呈倒钟形分布。如果画出的直方图是正常型，说明过程处于统计受控状态
双峰型		直方图出现了两个高峰。这种情况可能是由于我们的数据来自两个不同的总体，例如：不同的加工者，不同的机床，不同的操作方法生产出来的产品混合在一起，用这样的数据画出来的直方图可能出现双峰
平顶型		直方图的峰顶过于平缓。这可能是由于数据来自多个总体，各个总体数据分布的峰顶产生平移，使得直方图的峰顶过于平缓。这种情况也有可能是由于过程中存在着比较缓慢的倾向性的因素影响着我们的过程，例如：刀具的逐渐磨损，使产品外径尺寸逐渐增大，就有可能形成这种平顶型的直方图

类型	直方图图形	图形解读
偏向型	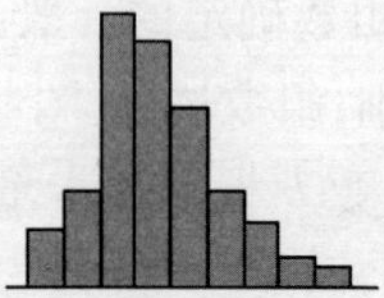	直方图不对称类型,表现为直方图的高峰偏向一边,另一侧尾部延伸严重,如"平顶型"图中右尾延伸严重的直方图为右偏型直方图。反过来,如果左尾延伸严重称为左偏直方图。形成偏向性的直方图往往是因为单侧公差或者加工习惯造成的。例如:产品不纯度,不纯度不可能小于零,这类数据在某个大于零的值的附近集中右侧尾部延伸严重。同样的还有单位面积上的瑕疵点数,以及平时用到的形位公差,这类数据作出的直方图都可能出现偏向的情况
孤岛型	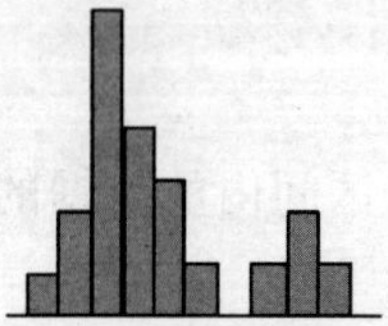	在直方图的一侧出现了一个孤立的小岛,这往往是由于异常的因素影响了过程。如不熟练工人的临时替工。需要注意的是,在每种直方图中所举的例子不是绝对的,例如,当不熟练工人生产的产品数量变大时,孤岛型的直方图就有可能演变为双峰型
锯齿型	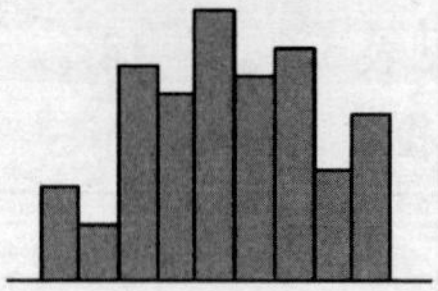	直方图出现了凹凸不平的情况,这时候需要对数据进一步分析

常见的直方图与规范限比较的结果,见表3.4。

表 3.4　直方图与规范限比较

类型	直方图图形	图形解读
理想型	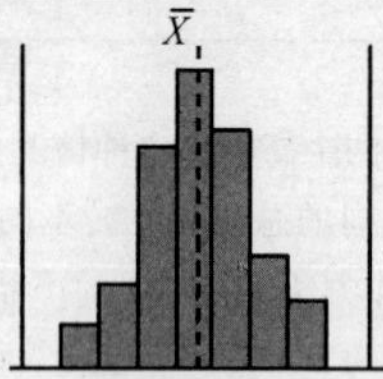 $\bar{X}$	直方图的分布中心与规范中心近似重合,在规范限的两侧留有一定的余地,这样的直方图就是理想型直方图
偏心型	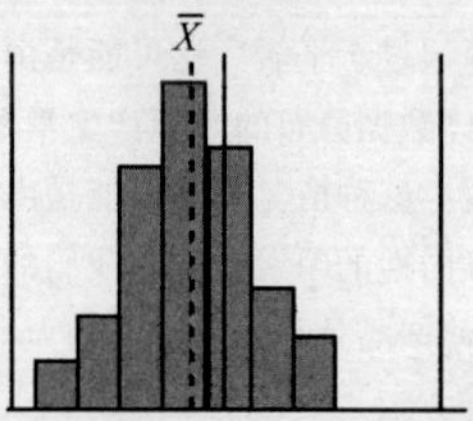 $\bar{X}$	直方图的分布中心与规范中心有一定偏离,这时候在规范限一侧出现不合格品的风险增大。这种情况下需要采取措施使直方图的分布中心回到规范中心来

36

类型	直方图图形	图形解读
陡壁型		直方图的一侧出现了高山陡壁的形状,这种直方图往往是当产品质量比较差时,通过全检把不满足规范要求的产品剔除。用剔除后的产品收集数据就有可能得到陡壁型直方图。这是一种非自然态的直方图
无富裕型		这两种直方图充满了甚至超出了顾客规范限,这个时候存在出现不合格品的风险,应该采取措施减小分散
能力不足型		

【应用示例】

凸轮轴长度是一个关键尺寸,必须满足 600mm ± 2mm 的规范限。凸轮轴长度不符合规格是一个长期以来的问题,它引起装配时配合不良,导致返工率比较高。表 3.5 是收集到的凸轮轴长度的数据。其中"供应商 1"和"供应商 2"分别是两个供应商提供的凸轮轴的测量值。

表 3.5　凸轮轴长度统计数据

供应商 1			供应商 2		
598.0	600.0	599.4	601.6	602.8	598.4
599.8	598.8	599.4	600.4	600.8	599.6
600.0	598.2	600.0	598.4	603.6	603.4
599.8	599.4	598.8	600.0	604.2	600.6
600.0	599.6	…	596.8	602.4	…

用该数据作出的直方图如图 3.3 所示。通过这个图形可以看出,供应商 1 所提供的凸轮轴长度主要分布在 (598,601),供应商 2 所提供的凸轮轴长度主

要分布在(597,604)。虽然它们都接近于正常分布。但供应商2提供的凸轮轴的长度的波动要比供应商1大得多。

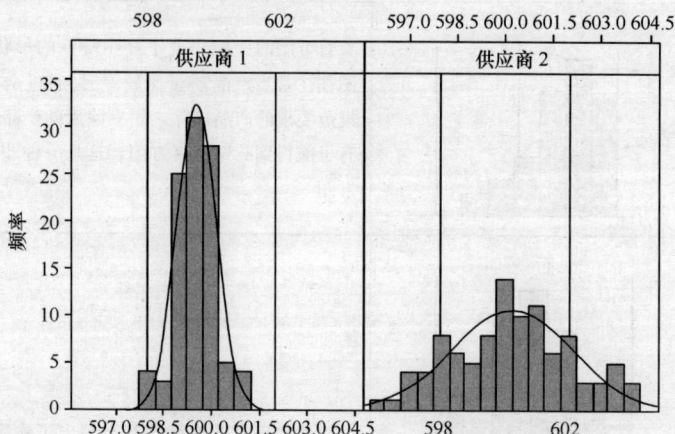

图3.3 凸轮轴长度直方图

3.4 随机变量及其分布

【什么是随机变量】

随机变量是表示随机现象(在一定条件下并不总是出现相同结果的现象)的各种结果的变量。例如,某一时间内公共汽车站等车乘客人数,电话交换台在一定时间内收到的呼叫次数,加工产品的尺寸,焊接电流的强度,环境试验的温度等。

【应用目的】

过程输出由于受到各种因素的影响,其输出结果具有不确定性或随机性,所以过程输出 Y 的测量值是随机变量。在六西格玛项目中,要使用数据对过程进行量化分析,就需要运用概率与统计的概念来对数据进行分析,而其中的重要内容是随机变量和数据分布。

【构成与原理】

随机变量一般可以分为两类:连续型随机变量和离散型随机变量。离散型随机变量是指在一定区间内变量取值为有限个或数值可以一一列举出来。例如:在铸造过程中,用合格与不合格对加工出的铸件进行判断。因此,加工出的产品只有"合格"和"不合格"两种可能的测量结果。所以,该随机变量的可能取值只有"合格"和"不合格",该随机变量就属于离散型随机变量,同样的例子还有表面处理后出现的气泡或划痕的缺陷个数等。连续型随机变量是指在一定区间内变量取值有无限个或数值无法一一列举出来。例如,在凸轮轴加工过程,加工出的轴的长度可能是在某个范围内的任意值,因此凸轮轴的长度测量值属于连续型随机变量。

要全面了解一个随机变量,不但要知道它取哪些值,而且要知道它取这些值的规律,即要掌握它的概率分布。概率分布可以用分布函数描述。若知道一个随机变量的分布函数,则它取任何值和它落入某个数值区间内的概率都可以求出。

最常见的概率分布模型主要有二项分布、泊松分布和正态分布。

1. 二项分布

如果重复进行 n 次随机试验,n 次试验之间相互独立(每一次试验的结果不能对其他各次试验造成影响),且每次试验仅有两种可能的结果:成功或失败。例如:铸件是合格的或者不合格。每次试验成功的概率为 p,失败的概率为 $1-p$。在上述条件满足的情况下,则 n 次试验中成功的次数 X 服从二项分布,记作:$X \sim B(n,p)$。

其概率为

$$P(X=x) = C_n^x p^x (1-p)^{n-x}, x = 0,1\cdots,n \tag{3.1}$$

二项分布的均值、方差与标准差分别为

$$E(X) = np, \mathrm{Var}(X) = np(1-p), \sigma(X) = \sqrt{np(1-p)}$$

二项分布的概率密度曲线如图 3.4 所示。

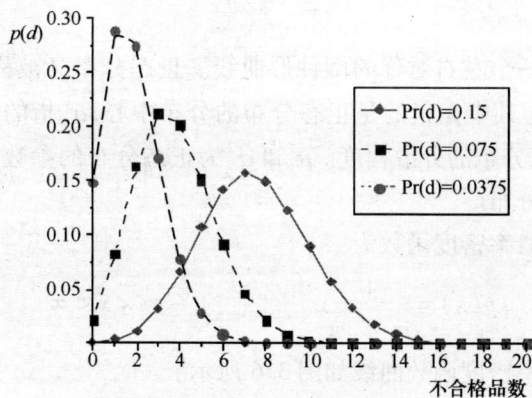

图 3.4　二项分布的概率密度曲线

2. 泊松分布

在一些情况下,不仅关注过程结果合格与否,更关注产生了多少缺陷。例

39

如:铸件上有多少个砂眼。如果以 X 表示过程输出结果中缺陷的个数,那么 X 的取值可能是 $0,1,2\cdots$ 这样的自然数。则 X 服从泊松分布,记作: $X \sim P(\lambda)$,其中 λ 是泊松分布的重要分布参数,表示过程输出的平均缺陷数。

其概率为

$$P(X = x) = \frac{\lambda^x}{x!}e^{-\lambda}, x = 0,1,2,\cdots \tag{3.2}$$

泊松分布的均值、方差和标准差为

$$E(X) = \lambda, \mathrm{Var}(X) = \lambda, \sigma(X) = \sqrt{\lambda}$$

泊松分布的概率密度曲线如图 3.5 所示。

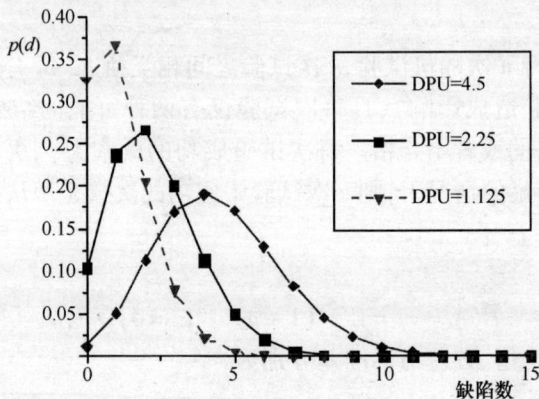

图 3.5 泊松分布的概率密度曲线

3. 正态分布

正态分布是一个左右对称的倒钟形曲线。正态分布又被称为高斯分布,记作 $X \sim N(\mu, \sigma^2)$ 。其中 μ 指的是正态分布的分布中心, σ^2 指的是正态分布的方差,反映的是正态分布的分散程度。 μ 和 σ^2 为正态分布的参数。许多连续型随机变量服从正态分布。

正态分布的概率密度函数为

$$p(x) = \frac{1}{\sigma\sqrt{2\pi}}e^{-(x-\mu)^2/2\sigma^2}, -\infty < x < \infty \tag{3.3}$$

正态分布概率密度函数曲线如图 3.6 所示。

【应用示例】

1. 二项分布示例

假设从生产的产品中随机抽检 15 件,根据历史数据知道该产品的合格品率约为 80% ,那么抽检出 10 件合格品的可能性有多大呢?

40

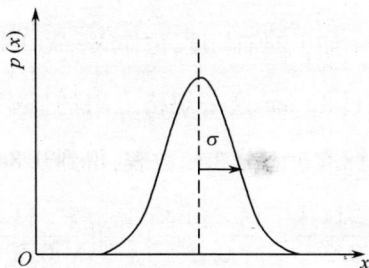

图 3.6　正态分布的概率密度曲线

問題分析:设随机变量 X 表示"15 件检测产品中合格品的件数",显然 X 可能的取值为 $0,1,2,\cdots,15$，X 取这些值的概率为

$$P(X=x)=C_{15}^{x}0.8^{x}(1-0.8)^{15-x},x=0,1,2,\cdots,15$$

称 X 服从二项分布,记为 $X \sim B(15,0.8)$。

抽检出 10 件合格品的概率为

$$P(X=10)=C_{15}^{10}0.8^{10}(1-0.8)^{5}\approx0.103182$$

结果分析:抽检出 10 件合格品的可能性为 0.103182,即 10% 左右。

2. 泊松分布示例

根据历史数据,某铸造过程平均每件铸件上有 3 个缺陷。现从生产的铸件中随机抽取一件,那么该铸件上仅有一个缺陷的可能性有多大呢?

問題分析:设 X 表示"铸件上存在的缺陷个数",由题意知,$\lambda=3$。则该铸件上仅有一个缺陷的概率为

$$P(X=1)=\frac{3^{1}e^{-3}}{1!}=\frac{3\times e^{-3}}{1}\approx0.149361$$

结果分析:仅有一个缺陷的可能性为 0.149361,即 15% 左右。

3. 正态分布示例

假设某个零件装配过程要求加工的轴长度不能超过 15mm,以保证装配间隙。通过历史数据的分析知道,轴加工过程的平均长度为 14.8mm,标准差为 0.2mm。那么该过程加工的合格品率是多少?

问题分析:设 X 表示加工的轴长度,记作 $X \sim N(14.8, 0.2^2)$,则 $\dfrac{X-14.8}{0.2} \sim$ $N(0,1)$。考虑轴不超过 15mm 这一规格上限的概率。首先进行标准变换 $\dfrac{15-14.8}{0.2}=1$,然后,查标准正态分布函数表,得到 0.841345,即

$$P(X \leqslant 15) = P\left(\frac{X-14.8}{0.2} \leqslant \frac{15-14.8}{0.2}\right) = P\left(\frac{X-14.8}{0.2} \leqslant 1\right) = 0.841345$$

结果分析:约 84.13% 的轴长度低于 15mm,该过程加工合格品率为 84.13%。

3.5 描述性统计

【数据分布的定量描述】

描述性统计方法是对分布的位置或中心趋势、分布的分散程度以及分布形状做出定量描述的方法。

【应用目的】

当团队从收集到了过程输出 Y 的数据后,首先要对 Y 的分布情况有基本了解。比如,分布的位置或者中心趋势、散布程度以及它的形状等。

【常用描述性统计量】

对于数据分布特征的描述主要有三个方面:分布中心、分散程度以及分布形状。描述数据分布中心的统计量主要有平均值、中位数和众数。描述数据分散程度的统计量主要有极差、方差和标准差。描述数据分布形状的统计量主要有偏度和峰度。常用的描述性统计量见表 3.6。

表 3.6 常用的描述性统计量

样本统计量	说明	公式/记号
分布的位置或者中心趋势的度量		
样本均值	取自分布的样本的重心或质心	$\bar{x} = \dfrac{1}{n}\sum\limits_{i=1}^{n} x_i$ 式中:x_i 是观测值;n 是样本含量

样本统计量	说　　明	公式/记号
分布的位置或者中心趋势的度量		
中位数	有序样本中,排在中间位置的数据。数据集中的一半数据高于中位数,一半低于中位数	$\tilde{x} = \begin{cases} x\left(\frac{n+1}{2}\right) & ,n \text{ 为奇数} \\ \frac{1}{2}\left[x\left(\frac{n}{2}\right)+x\left(\frac{n}{2}+1\right)\right] & ,n \text{ 为偶数} \end{cases}$ $x_{(1)},x_{(2)},\cdots,x_{(i)},\cdots,x_{(n)}$ 为有序样本
众数	出现最频繁的数值。如果将数据分组,众数是频数最大的组	Mode
散布程度的度量		
极差(全矩)	样本极值之间的距离	$R = $ 最大值 $-$ 最小值
样本方差	对围绕均值波动的度量	$s^2 = \sum_{i=1}^{n} \frac{(x_i - \bar{x})^2}{n-1}$
样本标准差	对围绕均值波动的度量	$s = \sqrt{s^2}$
形状的度量		
偏度	对称性分布为零,若 $\beta_3 > 0$,表示右偏态;若 $\beta_3 < 0$,表示左偏态	$\beta_3 = \frac{n}{(n-1)(n-2)}\sum_{i=1}^{n}(x_i - \bar{x})^3 \Big/ s^3$
峰度	峰度是分布平坦程度的度量。正态分布的峰度为 $\beta_4 = 0$。峰度小于 0 表示数据分布相比正态分布较为平坦,大于 0 表明数据分布相比正态分布较为尖锐	$\beta_4 = \frac{n(n+1)}{(n-1)(n-2)(n-3)} \cdot \frac{\sum_{i=1}^{n}(x_i - \bar{x})^4}{s^4}$ $- \frac{3(n-1)^2}{(n-2)(n-3)}$

【应用示例】

某团队欲对其轴加工的生产过程进行分析,收集了过去 3 个月来轴加工长度的数据,见表 3.7。

表 3.7　轴加工长度统计数据

编号	轴长度	编号	轴长度
1	601.4	6	600.0
2	601.6	7	600.2
3	598.0	8	601.2
4	601.4	9	598.4
5	599.4	…	…

对收集到的数据做描述性统计分析(数据分析采用的是 Minitab 软件),结果如图 3.7 所示。

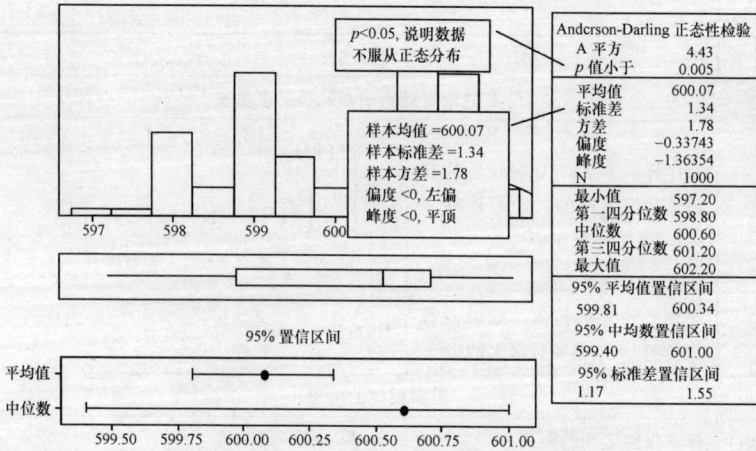

p<0.05, 说明数据不服从正态分布	Anderson-Darling 正态性检验	
	A 平方	4.43
	p 值小于	0.005
样本均值 =600.07	平均值	600.07
样本标准差=1.34	标准差	1.34
样本方差=1.78	方差	1.78
偏度 <0, 左偏	偏度	-0.33743
峰度 <0, 平顶	峰度	-1.36354
	N	1000
	最小值	597.20
	第一四分位数	598.80
	中位数	600.60
	第三四分位数	601.20
	最大值	602.20
	95% 平均值置信区间	
	599.81	600.34
	95% 中均数置信区间	
	599.40	601.00
	95% 标准差置信区间	
	1.17	1.55

95% 置信区间

图 3.7 轴加工长度的描述性统计分析

结果解读:

分布中心——该过程加工的轴长度平均值为 600.07,中位数为 600.60。

分散程度——轴长度的标准差为 1.34,方差为 1.78,最大值为 602.2,最小值为 597.20。

分布形状——偏度小于 0,说明该组数据有左偏现象;峰度小于 0,说明该组数据相比正态分布较为平坦。正态性检验的 p 值小于 0.005,说明该组数据并不服从正态分布。

3.6 测量系统分析

【什么是测量系统分析】

测量系统分析(Measurement System Analysis, MSA)是指用统计学的方法来了解测量系统中的各个波动源,以及它们对测量结果的影响,最后给出该测量系统是否符合使用要求的明确判断。测量系统必须具有良好的准确性(Accuracy)和精确性(Precision)。它们通常由偏倚(Bias)和波动(Variation)等统计指标来表征。

【应用目的】

数据是测量的结果,而测量是给测量对象(实体或系统)赋值的过程。这个过程的输入有人(操作者)、机(量具和必要的设备和软件)、料(实体或系统)、

44

法(操作方法)、环(测量环境),这个过程的输出就是测量结果。这个由人、量具、测量方法和测量对象构成的过程的整体就是测量系统。测量系统是项目团队必须考虑的关键过程影响因素之一。事实上,许多过程输出的问题是由测量系统造成的。因此,在开始测量并收集数据之前,必须要对测量系统做出评价,对测量系统的问题进行分析和纠正,以保证测量数据的质量。

【构成与原理】

1. 连续型数据的测量系统分析

连续型数据的测量系统分析是通过试验,将测量数据的波动分解为过程的波动与测量系统的波动两个组成部分,通过比较各波动的大小从而判断测量系统的波动是否能够接受。假设取若干数量的轴,测量其加工长度,则测量数据的大小变化由两个部分构成:其一是由于轴加工过程产生的长度变化,即过程波动;其二是测量过程中产生的测量偏差,即测量系统的波动。我们观测到的总波动的各种构成及其关系可用图3.8来说明。

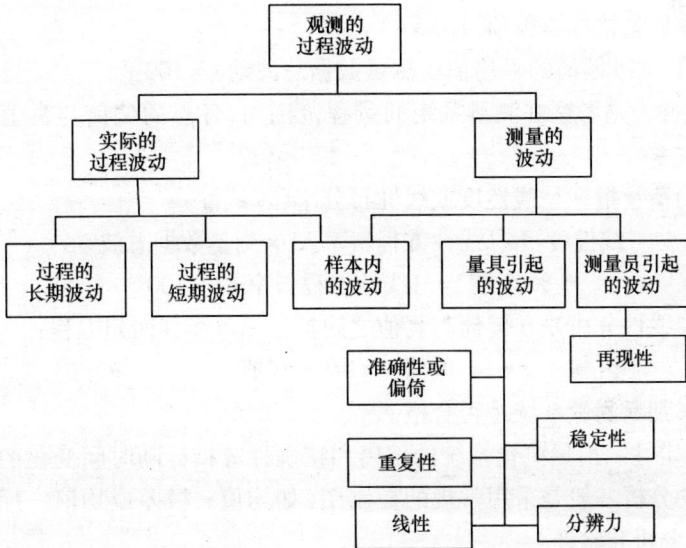

图3.8　观测到的总波动及其构成

对于测量波动的分析主要是从两个方面来考虑:准确性、精确性。准确性是用多次测量结果的平均值与测量对象真值之间的差异来衡量。精确性是用多次测量结果的波动大小来衡量。测量数据质量高,既要求偏倚小,又要求波动小。只要偏倚和波动中有一项大,就不能说测量数据质量高。这个道理可以用图3.9来说明。

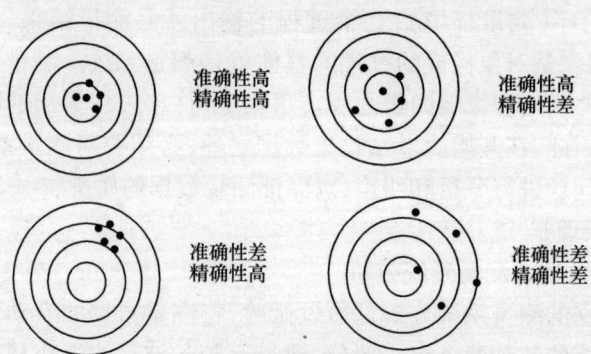

图3.9 偏倚与波动示意图

对于测量系统准确性的衡量主要有三个要素,即线性、偏倚和稳定性;对于测量系统精确性的衡量主要有三个要素,即重复性、再现性和分辨力。

(1)偏倚。是指多次测量的平均值与被测对象真值之间的差异大小。

偏倚的衡量指标是偏倚百分率(%偏倚):

%偏倚 = (|偏倚的平均值|/测量数据总波动) × 100

(2)线性。是考察在测量系统的量程范围内,各点的偏倚与真值之间是否存在线性关系。

线性的衡量指标是线性度或线性百分率(%线性):

$$线性度 = |线性方程斜率 b| × 测量数据总波动$$

$$\%线性 = |线性方程斜率 b| × 100$$

偏倚与线性分析是在偏倚与真值之间拟合一条线性回归方程:

$$偏倚 = a + b × 真值$$

以此来判断测量系统是否合格。

(3)稳定性。衡量测量系统的偏倚和精确性等指标随时间变化的情况。对于稳定性的分析一般是采用常规的控制图(如均值—极差或均值—标准差控制图)来进行分析和验证。

(4)重复性。是指同一测量员使用同一量具多次测量同一被测对象的结果差异。它主要用来反映量具的固有的波动。

(5)再现性。是指不同测量员使用同一量具对同一被测对象多次测量的结果差异。

(6)分辨力。是指测量系统识别并显示被测对象最微小变化的能力。如果测量系统的分辨力不高就无法准确识别过程的波动。

判别测量系统的重复性、再现性以及分辨力是否满足要求,通常通过测量系

46

统的重复性与再现性分析（GR&R）来进行。

$$\% 研究变异（\% SV）= 测量波动/总波动$$

$$\% 公差（SV/Toler）= 测量波动/（上规格限 - 下规格限）$$

$$分辨力 = INT（产品波动/测量波动）\times 1.41$$

表 3.8 是 GR&R 判别准则表,该表给出了测量系统波动是否可接受的各种判别标准。对分辨力来说,一般要求在 5 以上即可。

表 3.8　测量系统 GR&R 判别准则表

	方差贡献率	% 研究变异（% SV）	% 公差（SV/Toler）
计算公式	$\dfrac{\hat{\sigma}^2_{ms}}{\hat{\sigma}^2_{Total}} \times 100$	$\dfrac{\hat{\sigma}_{ms}}{\hat{\sigma}_{Total}} \times 100$	$\dfrac{6 \times \hat{\sigma}_{ms}}{USL - LSL} \times 100$
测量系统波动可接受	<9%	<30%	<30%
测量系统波动较小	<4%	<20%	<20%
测量系统波动很小	<1%	<10%	<10%
分辨力	INT × 1.41 ≥5		

2. 非连续型数据的测量系统分析

对于非连续测量系统而言,一般是比较测量结果的一致性。其计算公式是

$$一致性比率 = \frac{测量一致的次数}{测量总次数} \qquad (3.4)$$

在具体进行分析时对于一致性的计算主要从四个方面进行:

(1)同一操作者对同一部件重复测量的结果应保持一致,这类似于连续型测量系统中的重复性分析;

(2)同一操作者不仅对同一部件重复测量的结果应保持一致,还要求与被测部件的真值(若真值已知)一致,这有些类似连续测量系统中的偏倚分析;

(3)不同操作者对同一部件反复测量的结果应保持一致,这类似于连续测量系统分析中的再现性分析;

(4)不同操作者不仅对同一部件测量的结果要保持一致,而且要与该部件的真值(若真值已知)一致。

上述概念可以用图 3.10 说明。

非连续型数据测量系统的判断标准见表 3.9。

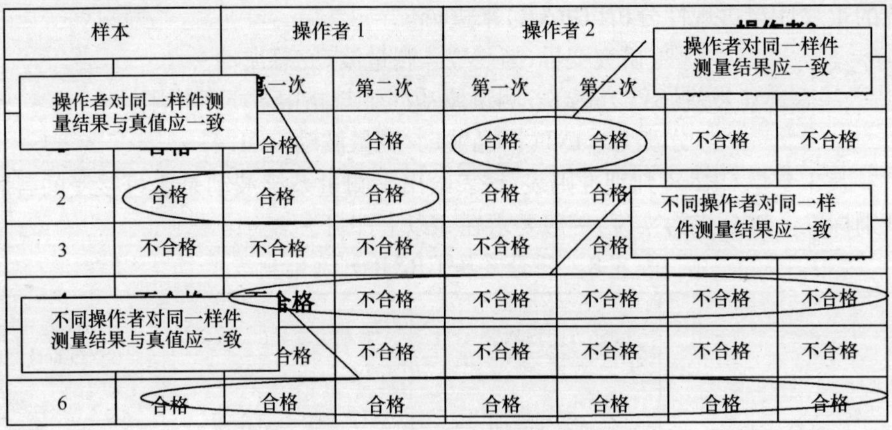

样本	操作者1		操作者2		操作者3	
	第一次	第二次	第一次	第二次	第一次	第二次
1	合格	合格	合格	合格	不合格	不合格
2	合格	合格	合格	合格	合格	
3	不合格	不合格	不合格	不合格	合格	
4	合格	合格	不合格	不合格	不合格	不合格
5		合格	不合格	不合格	不合格	不合格
6	合格	合格	合格	合格	合格	合格

操作者对同一样件测量结果与真值应一致

操作者对同一样件测量结果应一致

不同操作者对同一样件测量结果应一致

不同操作者对同一样件测量结果与真值应一致

图 3.10　非连续测量系统分析

表 3.9　非连续型数据测量系统的判断标准

判断	有效性	漏判率	误判率
可接受	≥90%	≤2%	≤5%
需要改进	≥80%	2% ~5%	5% ~10%
不可接受	≤80%	≥5%	≥10%

【应用方法】

连续型数据—测量系统的 GR&R 研究。

(1)选择 8 件~10 件产品(产品应能反映过程的实际变化范围)。

(2)选择 2 位~3 位有代表性的测量人员。

(3)安排测量人员重复测量产品,并记录测量数据。

(4)依据测量数据分别计算出测量波动、产品波动和总波动。比较各波动的比值以判断测量系统精确性是否满足要求。

在进行 GR&R 分析时,可按图 3.11 的示意制订收集数据计划。

连续型数据—测量系统的偏倚与线性

(1)挑选若干具有代表性的产品(产品的大小变化应覆盖量具的量程范围);

(2)安排 1 名测量人员对产品重复测量,并记录测量数据;

(3)依据测量系统精确性分析确定过程总波动;

(4)计算偏倚和线性以判断测量系统准确性是否满足要求。

非连续型数据—测量系统的一致性。

(1)选取 20 个或 20 个以上的零件(合格及不合格品约各占 1/2),如果有专

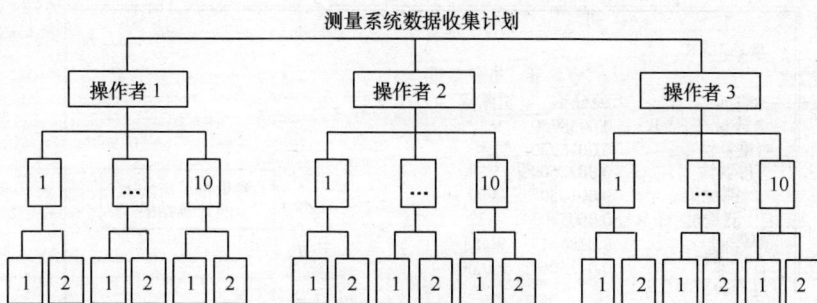

- 3 个操作者,10 个样件,每个单件重复测量两次
- 每个操作者均对这 10 个样件进行测量,测量顺序要随机进行

图 3.11 连续型测量系统分析的抽样计划

家或高一级的设备,应由他们先对部件给出权威意见作为真值处理;

（2）挑选 2 名以上进行测量的人员;

（3）将部件编号,按随机顺序安排每个测量员进行测量,并打乱顺序交由测量员进行重复测量并记录测量结果;

（4）按照四个方面的一致性要求分别计算出各自的一致性比率,以判断测量系统是否合格。

【应用示例】

1. 测量系统的 GR&R 示例

某轴加工过程,轴径是关键控制尺寸之一,现对轴径进行测量系统分析,挑选 10 个轴,分别安排两个测量员进行测量,每个测量员对每个轴测量两次。收集到的测量数据见表 3.10。

表 3.10 轴径的测量系统分析数据表

测量员 1			测量员 2		
样本号	测量值 1	测量值 2	样本号	测量值 1	测量值 2
1	0.65	0.60	1	0.55	0.55
2	1.00	1.00	2	1.05	0.95
3	0.85	0.80	3	0.80	0.75
4	0.85	0.95	4	0.80	0.75
...	...	...	...	...	...

这里使用 Minitab 软件辅助测量系统的分析,得到如图 3.12 所示的分析结果。

从计算结果来看:% 研究变异为 30.19% ,% 公差为 74.70% ,都大于 30% ,且可区分的类别数为 4,小于 5 说明该测量系统不合格,应加以改进。

量具 R&R

来源	方差分量	方差分量贡献率
合计量具 R&R	0.0038750	9.12
重复性	0.0016250	3.82
再现性	0.0022500	5.29
测量员	0.0016597	3.90
测量员*样本号	0.0005903	1.39
部件间	0.0386319	90.88
合计变异	0.0425069	100.00

过程公差 = 0.5

来源	标准差(SD)	(6 * SD)	研究变异 %(%SV)	研究变异 % 公差(SV/Toler)
合计量具 R&R	0.062249	0.37350	30.19	74.70
重复性	0.040311	0.24187	19.55	48.37
再现性	0.047434	0.28460	23.01	56.92
测量员	0.040740	0.24444	19.76	48.89
测量员*样本号	0.024296	0.14577	11.78	29.15
部件间	0.196550	1.17930	95.33	235.86
合计变异	0.206172	1.23703	100.00	247.41

可区分的类别数 =4

（测量系统波动大小的计算结果）　（分辨力计算结果）

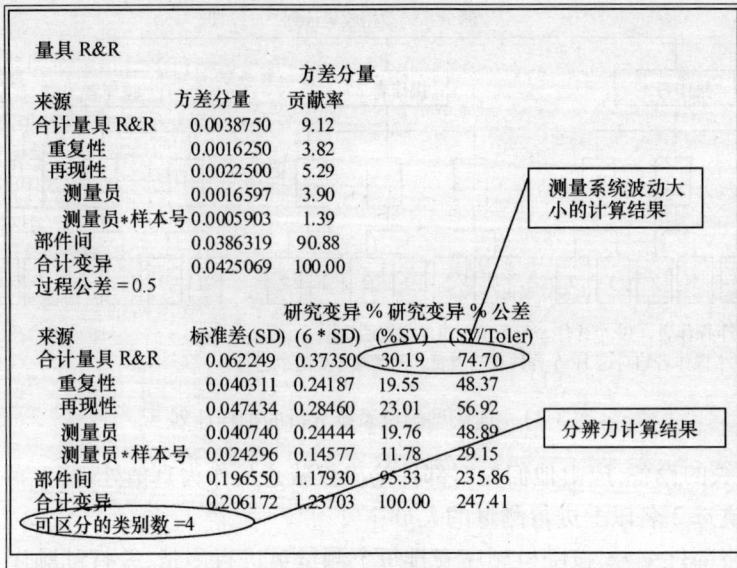

图 3.12　测量系统量化分析结果

　　此外,还可以利用表 3.11 图形分析结果,分析测量系统的主要波动来源,帮助团队找到测量系统改进的信息。

表 3.11　测量系统分析图形分析结果

GR&R 分析图形结果	图形结论解读
变异分量 （量具 R&R　重复　再现性　部件间；% 贡献、% 研究变异、% 公差）	此图反映的是各波动源波动大小,其分为四个部分:测量波动、重复性、再现性以及产品波动。左斜线矩形(% 贡献)代表波动方差大小,网格线矩形代表%研究变异,竖线矩形代表% 公差。其看图原则是将测量波动与产品波动进行对比,其中产品波动对应的矩形应远高于测量波动;将重复性和再现性的波动对比以判断测量系统波动主要是量具还是人员的问题
R 控制图（按测量员） UCL=0.1470　R̄=0.045　LCL=0	此图为极差控制图,反映了两个测量员对同一批轴二次测量结果差异。一个合格的测量系统应保证所有的点落在两条控制限以内,同时对比两个测量员的数据,波动较大说明该测量员对同一被测对象重复测量差异较大

GR&R 分析图形结果	图形结论解读
	此图为平均值控制图，反映两个测量员对同一批轴二次测量结果平均值的变化情况。一个合格的测量系统应保证绝大多数的点落在两条控制限以外，同时两个测量员的测量结果应尽可能接近。从图上可以看出在第 4 号和 10 号轴上，两个测量员的测量结果有较大的差异
	此图反映的是测量员测量 10 根轴的结果变化情况。从图中可以看出第 4 号和第 10 号轴测量结果差异较大，而第 7 号和第 9 号轴测量结果差异较小
	此图反映两个测量人员对 10 根轴测量结果的比较，并计算出平均值用直线连接。在理想状态下两个测量员测量结果的平均值应近似一致，直线应近似一条水平线
	此图反映的人员与被测产品之间是否存在交互作用。一般而言，两条线条之间如果近似平行，就认为人员与产品之间不存在交互作用，否则就认为两者存在交互作用

2. 测量系统偏倚与线性分析示例

某团队欲对某测量设备的偏倚和线性进行分析。团队选择了 5 个可以反映测量设备量程范围的零件，并由更高一级检验机构给出了零件的参考值。之后安排一名测量员对被测零件进行测量，每个零件测量了 12 次。收集到的测量数据见表 3.12。

表 3.12　某设备测量系统分析数据表

部件 1		部件 2		部件 3		部件 4		…
真值	测量值	真值	测量值	真值	测量值	真值	测量值	…
2	2.7	4	5.1	6	5.8	8	7.6	…
2	2.5	4	3.9	6	5.7	8	7.7	…
2	2.4	4	4.2	6	5.9	8	7.8	…
2	2.5	4	5.0	6	5.9	8	7.7	…
…	…	…	…	…	…	…	…	…

采用 Minitab 软件得到图 3.13 分析结果(由测量系统精确性分析知道过程总波动为 16.5592)。

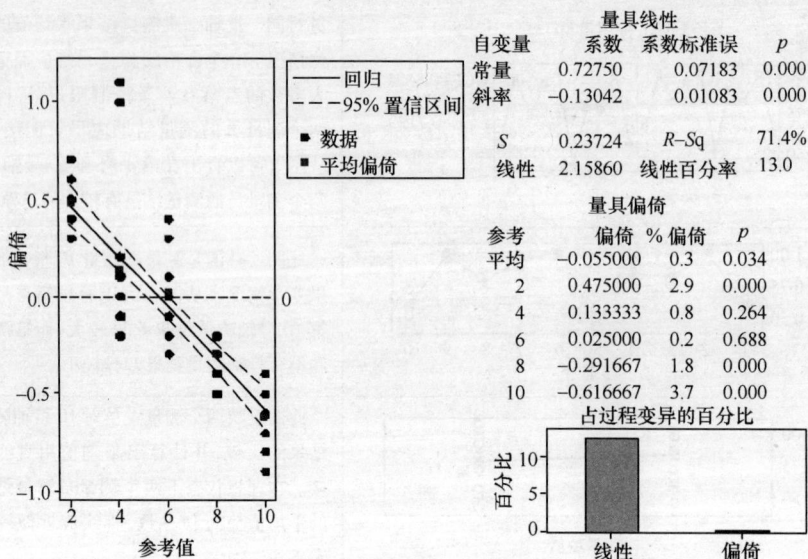

图 3.13　测量系统精确性分析结果

结果解读:

参考值的% 偏倚是 0.3,这表示量具偏倚占整个过程变异的比率小于 0.3%,其中参考值为 2、8、10 所对应的 p 值小于 0.05,说明在测量这几个参考值时出现了偏倚;% 线性是 13.0,这表示量具线性占整个过程变异的 13%,同时常量和斜率对应的 p 值小于 0.05,说明在整个量程范围内存在线性偏倚,偏倚方程为 $Y(偏倚) = 0.7275 - 0.13042X(参考值)$。实际使用该测量系统时,可以对于测量值按照偏倚方程进行修正。

3. 测量系统的一致性分析示例

某产品在经过表面处理后交付检验人员进行目测检视,如果产品表面没有出现明显的划伤和变形即为合格。项目团队决定对该测量系统进行分析,小组选了 20 件产品交由 3 个测量员进行测量,每个人分别测量两次,这 20 件产品同时还交由专家进行判断,给出了权威的意见作为真值。收集到的测量数据见表 3.13。

52

表 3.13　表面缺陷目测检视的测量系统分析数据表

样本	真值	测量员 A		测量员 B		测量员 C	
		测量值 1	测量值 2	测量值 1	测量值 2	测量值 1	测量值 2
1	0	0	0	0	0	0	0
2	1	1	1	0	1	1	1
3	0	0	0	0	0	0	0
4	0	0	0	1	1	0	0
...	...	...	...	...	...	...	...

采用 Minitab 软件对上述数据进行处理得到图 3.14 ~ 图 3.17 所示结果。

```
测量值的属性一致性分析
检验员自身
评估一致性
         #检   # 相              95 % 置信区间
检验员   验数   符数   百分比
   A      20     18    90.00   (68.30, 98.77)
   B      20     19    95.00   (75.13, 99.87)
   C      20     18    90.00   (68.30, 98.77)
# 相符数：检验员在多个试验之间，他/她自身标准一致
```

图 3.14　测量人员重复性的一致性比率

```
每个检验员与标准
评估一致性
         #检   # 相              95 % 置信区间
检验员   验数   符数   百分比
   A      20     16    80.00   (56.34, 94.27)
   B      20     16    80.00   (56.34, 94.27)
   C      20     18    90.00   (68.30, 98.77)
# 相符数：检验员在多次试验中的评估与已知标准一致。
评估不一致
         # 1              # 0
检验员   / 0   百分比   / 1   百分比   # Mixed   百分比
   A      1    6.67     1    20.00      2       10.00
   B      2   13.33     1    20.00      1        5.00
   C      0    0.00     0     0.00      2       10.00
# 1 / 0：多个试验中误将标准 = 0 者一致评估为 1 的次数
# 0 / 1：多个试验中误将标准 = 1 者一致评估为 0 的次数
# Mixed：多个试验中所有的评估与标准不相同者
```

图 3.15　测量系统偏倚的一致性比率

结果分析:这部分分析的是测量人员重复性的一致性比率,即比较每个测量员对同一部件重复测量两次的结果一致性。从结果来看,A 和 C 的重复性一致性比率为 90% ,B 的一致性比率为 95% ,这三个测量员的重复性一致性比率都达到了 90% 满足要求。

结果分析:这部分分析的是测量系统偏倚的一致性比率。即比较每个测量员对同一部件的测量结果与专家意见的一致性。从结果看:A 和 B 测量一致性比率为 80% 低于 90% ,不满足要求,而 C 的一致性比率为 90% ,其测量结果可以接受。

```
检验员之间
评估一致性
# 检   # 相              95 % 置信区间
验数   符数  百分比
 20     14    70.00   (45.72, 88.11)
# 相符数: 所有检验员的评估一致
```

图 3.16   测量系统的再现性—致性比率

结果分析:这里分析的是测量系统的再现性一致性比率。即比较三个测量员对同一部件的测量结果的一致性。从结果看再现性一致性比率仅为 70% 小于 90% ,说明测量系统不满足要求。

```
所有检验员与标准
评估一致性
# 检   # 相              95 % 置信区间
验数   符数  百分比
 20     14    70.00   (45.72, 88.11)
# 相符数: 所有检验员的评估与已知的标准一致
```

图 3.17   测量系统的总体有效性的一致性比率

结果分析:这里分析的是测量系统的总体有效性的一致性比率,即比较三个测量员对同一部件的测量结果与专家意见的一致性。从结果看总体有效性的比率只有 70% 小于 90% ,说明测量系统不合格。

3.7   过程能力分析

【什么是过程能力分析】

过程能力分析(Process Capability Analysis)是应用统计学原理评价过程满足预期要求的能力与表现的一种方法。而过程能力指数(Process Capability Index,PCI)是衡量过程能力对预期要求或规范限满足程度的量化指标。

【应用目的】

团队在收集到了过程输出 Y 的数据后,应对 Y 的波动情况做出定量化的分析和评估。而过程能力分析是这种量化评估的主要内容。它也是确定过程改进的基线和改进目标的重要工具。

【构成与原理】

过程能力分析按照数据类型的不同分为两类:连续型数据过程能力分析、非连续型数据过程能力分析。

1. 连续型数据的过程能力分析

为了进行过程能力分析,定义下述概念:

(1)过程短期波动(Inherent Process Variation),也称样本内的波动,是仅由短期内随机因素影响而产生的过程波动,也称为过程的固有波动。

(2)过程的总波动,是由随机因素和系统因素影响而产生的波动。

(3)过程能力(PC),是过程固有波动的 $6\sigma_{组内}$ 范围。

(4)过程绩效(PP),是过程总波动的 $6\sigma_{整体}$ 范围。

在前面谈到的随机变量和分布中,提到可以将过程输出的对象看成是随机变量,为了解随机变量的变化情况,引入了概率分布的概念。而其中对于连续数据最为常见的一种概率分布模型就是正态分布。所以在计算连续数据过程能力时,是利用收集的数据来建立过程输出的正态分布模型,再将该过程对应的正态分布的波动大小与顾客要求的规范限范围进行比较,以此来判断过程在满足顾客要求方面的能力。

按照过程受到的波动影响因素的不同,将过程能力分为短期过程能力和长期过程能力。

如果过程输出只受到随机因素的影响,那么将过程输出的波动称为过程固有波动,利用固有波动大小计算的过程能力结果就被称为短期过程能力指数 C_p/C_{pk}。在短期过程能力的计算中给出两个指标 C_p/C_{pk},这是因为在计算 C_p 时是假设过程输出的平均值与顾客要求的规范中心重合,而在实际生产中,更多情况是过程输出中心与顾客要求的规范中心存在偏离。所以 C_p 反映的是一种理想状态,而 C_{pk} 则考虑了实际的偏离情况。由于在计算短期过程能力时只是考虑因为随机因素引起的过程固有波动,所以短期过程能力反映的是过程的潜在能力。对于短期过程能力指数的计算一般要求收集的数据近似服从正态分布,过程固有波动的大小用标准差 σ 表示。一般来说,如果过程能力指数能够达到 1.33 以上说明过程能力尚可。C_p/C_{pk} 的计算公式如下

$$C_p = \frac{\text{USL} - \text{LSL}}{6\sigma} \tag{3.5}$$

$$C_{pk} = \min\left\{\frac{\text{USL} - \overline{X}}{3\sigma}, \frac{\overline{X} - \text{LSL}}{3\sigma}\right\} \tag{3.6}$$

在计算短期过程能力时,考察的是随机因素引起的过程输出变化。但在过程的运行中除了受到随机因素的影响,还可能会受到一些特殊因素的影响。那么由随机因素和特殊因素共同引起的过程输出变化称为过程的总波动。而使用总波动与顾客要求进行比较得出的结果就称为长期过程能力指数 P_p/P_{pk}。总波动的计算使用的是较长时间内收集的样本数据的标准差 S 来估计,由于在计算总波动时考虑了随机因素和特殊因素的共同作用,所以总波动相比固有波动要大,也即计算的长期过程能力 P_p/P_{pk} 会小于短期过程能力 C_p/C_{pk}。长期过程能力反映的是过程的实际表现,所以 P_p/P_{pk} 也称为过程绩效指数。P_p/P_{pk} 的计算公式如下

$$P_p = \frac{\text{USL} - \text{LSL}}{6S} \tag{3.7}$$

$$P_{pk} = \min\{P_{pU}, P_{pL}\} = \min\left\{\frac{\text{USL} - \overline{X}}{3S}, \frac{\overline{X} - \text{LSL}}{3S}\right\} \tag{3.8}$$

在各种规范限和标称值的情况下的过程能力指数计算方法见表3.14。

表3.14　各种规范限/标称值情况下过程能力指数的计算方法

适用情况	分布图形与计算公式
同时给定规范上限、规范下限和标称值,且标称值恰好在规范上限和规范下限中间的情形	规范下限　目标值　规范上限 平均值 $C_{pk} = \min\left\{\dfrac{\text{USL} - \mu}{3\sigma}, \dfrac{\mu - \text{LSL}}{3\sigma}\right\}$
只给定规范上限的情形	规范上限 平均值 $C_{pk} = C_{pU} = \dfrac{\text{USL} - \mu}{3\sigma}$
只给定规范下限的情形	规范下限 平均值 $C_{pk} = C_{pL} = \dfrac{\mu - \text{LSL}}{3\sigma}$

适用情况	分布图形与计算公式
同时给定规范上限、规范下限和目标值,但目标值更接近于规范下限的情形	规范下限　目标值　规范上限　　平均值　　注:M 为目标值　$$C_{pk} = \min\left\{ \frac{USL - \mu}{3\sigma} \cdot \frac{M - LSL}{USL - M}, \frac{\mu - LSL}{3\sigma} \right\}$$
同时给定规范上限、规范下限和目标值,但目标值更接近于规范上限的情形	规范下限　目标值　规范上限　　平均值　　注:M 为目标值　$$C_{pk} = \min\left\{ \frac{\mu - LSL}{3\sigma} \cdot \frac{USL - M}{M - LSL}, \frac{USL - \mu}{3\sigma} \right\}$$
同时给定规范上限、规范下限和目标值,但目标值等同于规范下限的情形	规范下限 = 目标值　　规范上限　　平均值　$$C_{pk} = \frac{\mu - LSL}{3s}$$
同时给定规范上限、规范下限和目标值,但目标值等同于规范上限的情形	规范下限　规范上限 = 目标值　　平均值　$$C_{pk} = \frac{LSL - \mu}{3s}$$

在六西格玛管理活动中,除了使用上述过程能力的评价和表达方式外,更多的是使用西格玛水平 Z 来评价过程能力。西格玛水平 Z 值的计算与 C_{pk}/P_{pk} 类似,也是比较过程的波动与顾客要求。应用 Z 来评价过程能力的优点是,它与过程的不合格品率 $p(d)$ 或 DPMO 是一一对应的。西格玛水平 Z 有以下一些表达方式:

仅有单侧上规范限时,有

$$Z = \frac{\text{USL} - \mu}{\sigma} \qquad (3.9)$$

仅有单侧下规范限时,有

$$Z = \frac{\mu - \text{LSL}}{\sigma} \qquad (3.10)$$

双侧规范限时,有

$$Z_{\text{USL}} = \frac{\text{USL} - \mu}{\sigma} \quad Z_{\text{LSL}} = \frac{\mu - \text{LSL}}{\sigma} \qquad (3.11)$$

此时,双侧规范限下综合的西格玛水平 Z_{bench} 还需通过总缺陷率进行折算。Z 正是标准正态分布中对应分位点,如图 3.18 所示。通过查标准正态分布表,可以得到此西格玛水平 Z 下的合格率或缺陷率。

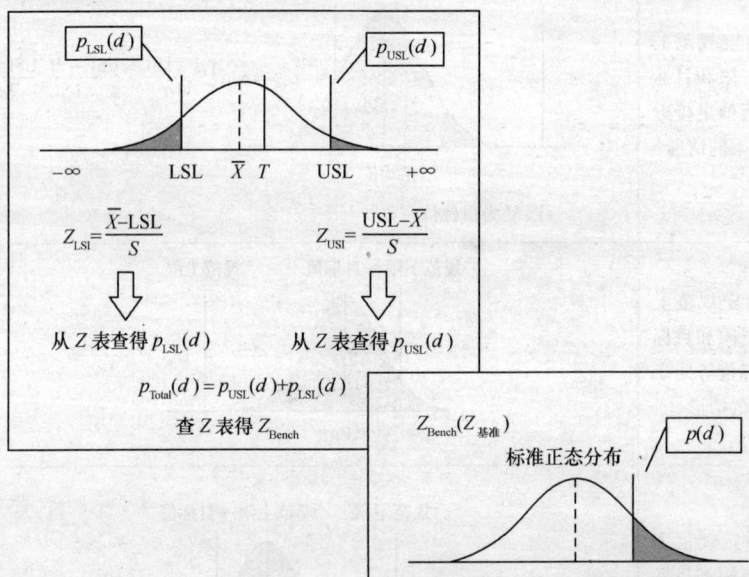

图 3.18　西格玛水平 Z 与缺陷率一一对应

Z 值同样可按照波动的不同计算方法区分为短期西格玛水平 Z_{ST} 和长期西格玛水平 Z_{LT}。对于长期西格玛水平的计算而言与 P_{pk} 类似,只是用总波动的样本标准差 S 替代了固有波动计算时的标准差 σ。国外一些专家根据他们的实践经验认为:正常情况下,过程的长期和短期能力之间平均约有 1.5σ 漂移,所以有

$$Z_{\text{LT}} = Z_{\text{ST}} - 1.5 \qquad (3.12)$$

但是,在许多情况下对过程的长期与短期能力进行具体分析和测算,将能获得更准确和有效的信息。

58

2. 非连续型数据的过程能力分析

上述过程能力的计算针对的都是连续型数据,但在实际过程中,经常会遇到非连续型数据的过程输出特性,对于非连续型数据而言,计算过程能力的方法有所不同。

对于区分型数据(结果只有两种可能:合格或不合格),首先应计算出该过程的合格品率FTY(这里谈到的合格品率指的是一次合格率,并不包括返修),则缺陷率 $p(d)$ 即为 $1-FTY$,之后查缺陷率与 Z 值对应表[①],即可以求出对应的西格玛水平。

对于计点型数据而言(记录缺陷个数的数据),如果知道过程输出特性的缺陷机会数,那就计算出单位机会缺陷数 DPO 或 DPMO,查 DPMO 与 Z 值对应表[②],即可求出对应的西格玛水平 Z。如果不清楚过程输出特性的缺陷机会,那就首先要计算出单位缺陷数 DPU,再利用下面的公式将 DPU 转换为 FTY,再查表求出对应的西格玛水平。

$$FTY = e^{-DPU} \tag{3.13}$$

【应用方法】

连续型数据的过程能力分析,可按下述步骤进行:

(1)明确过程输出特性,以及顾客对于该特性的要求(规范限)。

(2)制定数据抽样方案,其原则是尽量保证同一样本组内的数据只受随机因素的影响,波动较小。即在人、机、料、法、环、测相对比较稳定时收集到的数据构成一个样本组。而特殊因素的影响主要反映在不同样本组之间的变化。

(3)在计算短期过程能力时,应保证收集的数据近似服从正态分布,对于出现偏态的数据应首先考虑对数据进行正态性变换。

(4)分别计算出过程的固有波动对应的标准差 σ 和总波动对应的样本标准差 S,将顾客要求的规范限与波动大小进行比较,计算出对应的长短期过程能力。

非连续型数据的过程能力分析,可按下述步骤进行:

(1)确定过程输出的特性,以及输出数据的类型;

(2)如果是区分型数据,计算出过程输出的 FTY 或缺陷率 $p(d)$,查表求出西格玛水平;

(3)如果是计点型数据,首先判断是否存在缺陷机会,如果存在缺陷机会就使用单位机会缺陷数 DPO 的概念,计算 DPO 或 DPMO,并查表求出西格玛水平;

(4)如果用单位缺陷数 DPU 来进行计算,则将 DPU 按式(3.13)转换为 FTY,再查表求西格玛水平。

---

① 缺陷率与 Z 值对应表见表 A.2。
② DPMO 与 Z 值对应表见表 A.1。

【应用示例】

1. 连续型数据过程能力分析示例

某产品表面镀层厚度是项目关注的 CTQ,该 CTQ 的要求为 100mm ± 2mm。现项目团队欲对该加工过程进行过程能力分析,团队在每个产品表面五个不同位置上测量镀层厚度,这三个数据构成一个样本。团队共测量了 20 个产品,收集到的数据见表 3.15。表面镀层厚度的过程能力分析的结果如下:

表 3.15 镀层厚度过程能力分析数据

样本	测量值			$\bar{x}$	R	样本	测量值			$\bar{x}$	R
	x_1	x_2	x_3				x_1	x_2	x_3		
1	101.6	100.4	98.4	100.133	3.2	11	102.2	99.8	99.8	100.600	2.4
2	102.8	100.8	103.6	102.400	2.8	12	101.6	100.2	101.8	101.200	1.6
3	98.4	99.6	103.4	100.467	5.0	13	99.8	102.8	100.0	100.867	3.0
4	98.2	102.0	99.4	99.867	3.8	14	103.8	103.6	101.8	103.067	2.0
5	100.8	98.6	100.0	99.800	2.2	15	100.8	100.2	100.4	100.467	0.6
6	100.8	97.2	100.4	99.467	3.6	16	98.0	98.4	100.8	99.067	2.8
7	100.4	98.2	98.6	99.067	2.2	17	101.6	103.4	97.0	100.667	6.4
8	98.2	99.4	99.4	99.000	1.2	18	102.4	102.2	100.6	101.733	1.8
9	99.4	98.0	97.6	98.333	1.8	19	101.4	99.2	101.6	100.733	2.4
10	101.2	99.0	100.4	100.200	2.2	20	101.2	104.2	100.2	101.867	4.0
								$\bar{\bar{x}}$		100.45	
								$\bar{R}$		2.75	

计算过程:

1)过程能力指数 C_p 的计算

根据表 3.15 的数据可作均值—极差控制图判断过程是否统计受控。本例的均值—极差控制图显示该过程处于统计受控状态(分析过程略,关于均值—极差控制图请参见 6.3 节的内容)。因此,过程固有波动的 σ 可由下式估计

$$\hat{\sigma} = \bar{R}/d_2 = \frac{2.75}{1.693} = 1.6243$$

注:这里,d_2是控制图系数,它与样本组的容量 n 有关。在本例中,$n=3$,查控制图系数表有 $d_2 = 1.693$。

将 $\hat{\sigma}$ 代入式(3.5),得

$$C_p = \frac{USL - LSL}{6\sigma} = \frac{T}{6\sigma} = \frac{4}{6 \times 1.6243} = 0.41$$

2）过程能力指数 C_{pk} 的计算

此时过程输出的均值为 $\overline{\overline{x}} = 100.45$，由式（3.6），得

$$C_{pk} = \frac{\min(USL - \mu, \mu - LSL)}{3\sigma} = \frac{\min(102 - 100.45, 100.45 - 98)}{3 \times 1.6243} =$$

$$\frac{1.55}{3 \times 1.6243} = 0.32$$

3）过程绩效指数 P_p 的计算

对表 3.15 的所有数据求均值和标准差，可得到以下结果

$$\overline{\overline{x}} = 100.45$$

$$s = \sqrt{\sum (x_i - \overline{\overline{x}})^2 / (n - 1)} = 1.77$$

将上述结果代入式（3.7），得

$$P_p = \frac{USL - LSL}{6s} = \frac{4}{6 \times 1.77} = 0.38$$

4）过程绩效指数 P_{pk} 的计算

由式（3.8），得

$$P_{pu} = \frac{USL - \overline{\overline{x}}}{3s} = \frac{102 - 100.45}{3 \times 1.77} = 0.29$$

$$P_{pl} = \frac{\overline{\overline{x}} - LSL}{3s} = \frac{100.45 - 98}{3 \times 1.77} = 0.46$$

$$P_{pk} = \min\{P_{pu}, P_{pl}\} = \min\{0.29, 0.46\} = 0.29$$

5）西格玛水平 Z 的计算

（1）计算 Z_{USL} 和 Z_{LSL}。根据式（3.11），得

$$Z_{USL} = \frac{USL - \mu}{\sigma} = \frac{102 - 100.45}{1.6243} = 0.95$$

$$Z_{LSL} = \frac{LSL - \mu}{\sigma} = \frac{100.45 - 98}{1.6243} = 1.51$$

（2）计算总缺陷率。

根据 $Z_{USL} = 0.95$，$Z_{LSL} = 1.51$，查表 A.2 得 $p_{USL}(d) = 0.171056$，$p_{LSL}(d) = 0.065522$，则 $p_{Total}(d) = 0.171056 + 0.065522 = 0.236578$。

（3）Z_{bench} 或 $Z_{基准}$ 的计算。

根据 $p_{Total}(d)$ 查表得 $Z = 0.72$。

可以采用 Minitab 软件辅助过程能力分析,图 3.19 就是使用 Minitab 作出的过程能力分析的结果。

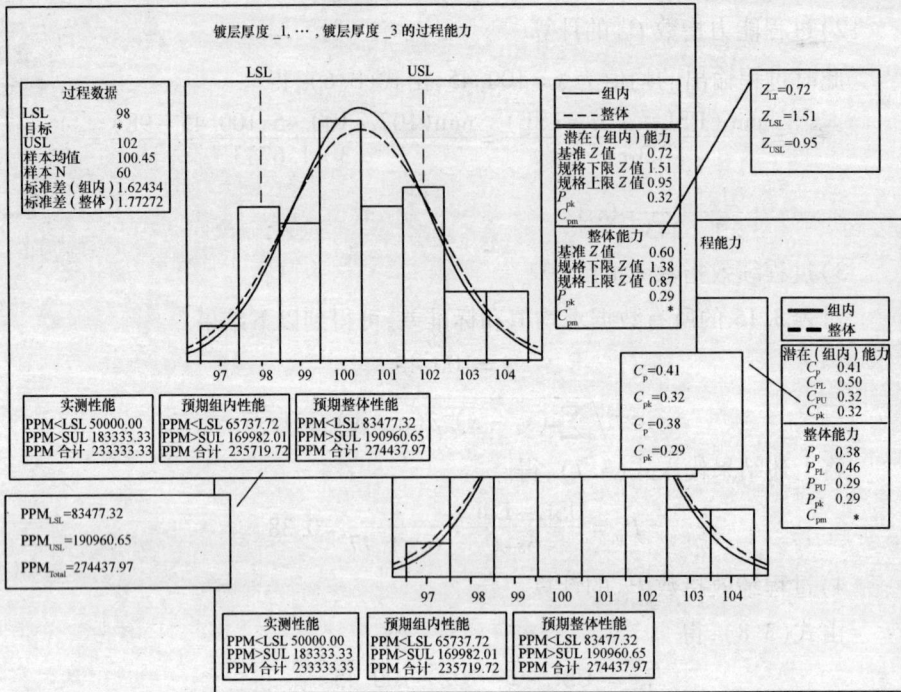

图 3.19　过程能力分析结果

结果解读:

　　首先从图 3.19 中可以看出组内标准差为 1.62434,整体标准差为 1.77272。二者差异并不大说明除组内的随机因素的影响外,组间特殊因素的影响并不大。

　　其次 C_{pk} 为 0.32,P_{pk} 为 0.29,都小于 1,或者 Z_{ST} 为 0.72 和 Z_{LT} 为 0.60,说明过程能力严重不足。改进的方向应该是设法降低过程的固有波动。

2. 非连续型数据过程能力分析示例

　　某部件加工过程,其缺陷为表面处理后出现划痕。项目团队欲统计该过程的过程能力。该加工过程在 1 个月内加工了 50 件产品,其中发生了划痕缺陷 15 处。

　　计算过程:

62

> 由于每件产品可能出现几处划痕无法确定，即无法确定缺陷机会，所以使用 DPU 来进行计算，即
>
> $DPU = 15/50 = 0.3$，$FTY = e^{-DPU} = 0.740818$
>
> 根据 FTY 查表或使用 Minitab 软件计算可以得出：$Z = 0.65$。

某电源生产厂生产了一批电源共 20 件，其缺陷的衡量是连接线焊接出现虚焊。每个电源共有 5 个焊接点。检查发现这批电源共出现了 10 个虚焊点。项目团队准备对电源加工过程进行过程能力评估。

计算过程：

> 由于每件电源存在 5 个焊接点，换而言之，每个电源可能出现的虚焊缺陷为 5，即缺陷机会为 5，所以使用 DPO 来计算西格玛水平，即
>
> 缺陷机会总数 $= 20 \times 5 = 100$
>
> DPO = 缺陷总数/缺陷机会总数 $= 10/100 = 0.1$
>
> 根据 DPO 查表或使用 Minitab 计算可以得出：$Z = 1.28$。

本 章 小 结

本章重点介绍了六西格玛 DMAIC 方法中 M 阶段——测量阶段的主要工作内容，以及支持本阶段工作的主要工具方法。测量阶段的主要工作是收集过程输出 Y 的数据，特别 Y 的历史数据。通过对 Y 的测量结果的分析，确定过程现状、改进基线及其改进方向。本章内容包括：①时间序列图和直方图两种用于展示 Y 数据的图表，以及对 Y 进行描述性统计分析的方法；②测量系统分析和过程能力分析方法。测量阶段的重要输出是完成了测量系统分析和过程能力分析，以及在这些分析的基础上得到的过程改进基线。

测量阶段案例：

将你对过程的认识建立在测量的基础上

在 DMAIC 方法中，对问题的分析和改进是建立在测量的基础上的。事实上，人们在改进活动中往往忽略了对现状进行系统分析这一步，习惯于直接跳到问题的结论和改进措施上。但是，测量阶段要求对每一个问题收集历史数据，并根据对历史数据的分析，识别问题是偶发性的，还是频发性的，对偶发性问题需要改善过程的控制，而对频发性问题则是过程存在系统性缺陷的表现。只有认

清了过程的现状,开展过程的分析和改进才能有针对性。

【案例二】

在第 3 章的案例中,六西格玛黑带项目工作的一个重点是降低材料微量元素超标的缺陷率,将其从目前的 18% 降低到 3.6% 以下,从而将"生产过程 4"的产出率从 80% 提高到 94% 以上。能否实现上述目标,以及通过什么样的途径实现上述目标,是黑带及其项目团队下一步所关心的重点问题。按照六西格玛 DMAIC 方法,对项目改进机会的把握应该基于对过程的测量。特别是从测量(M)阶段就应该开始摈弃对过程产生缺陷的原因的猜想。

对"生产过程 4"所出现的材料微量元素超标的问题,企业中一种普遍的认识是,目前的工艺方法不能适应新型号材料的生产。许多人认为,要想将微量元素的含量降下来,需要更新工艺和设备。特别是工艺方法方面,目前没有现成的方案可以借鉴,改进的难度非常大。

但是,六西格玛黑带认为,在还没有对过程进行测量和分析之前,就对产生微量元素超标的原因下结论,为时过早。是否需要改进工艺方法,需要基于对过程的测量与统计分析。首先,他收集了 4 个月来,在生产过程 4 测量的材料微量元素的数据。图 M.1 就是根据这些数据做出的时间序列图。

从这个图上不难发现,虽然过程微量元素超标的缺陷率达到了 18% ,但微量元素的含量有一段时间并不是很高,如图 M.1 所示。如果仅就这段时间的情况来看,其过程能力达到了 2.31 西格玛水平,产生缺陷的概率仅为 1.03% 左右。图 M.2 所示的就是对应的该过程过程能力分析的结果。

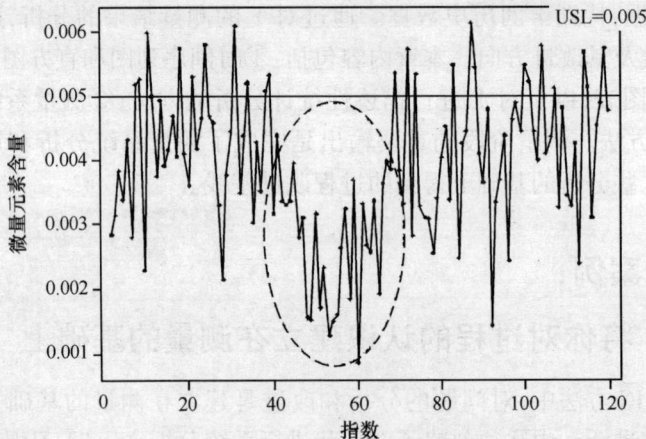

图 M.1　微量元素含量的时间序列图

这些数据和分析结果表明,按照目前的"人机料法环测"(5M1E),该过程是

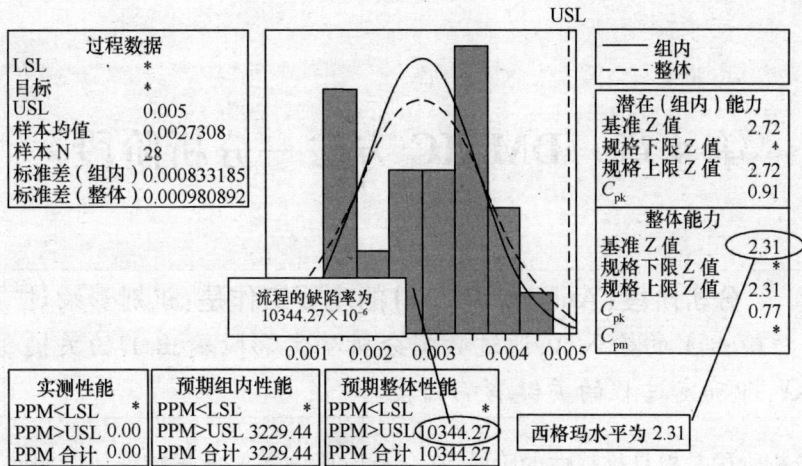

图 M.2　流程潜在的过程能力分析

有能力达到较低的缺陷率的。也就是说,按照目前的工艺方法,是完全可以将微量元素控制在较低的水平的,而微量元素超标率完全可以控制在 3% 以下。并不是目前采用的工艺方法不行,而是工序中存在一些妨碍过程潜在能力发挥的因素。

通过上述测量阶段的工作,黑带将后续的项目工作的重点放在识别现有过程中影响过程能力发挥的因素上,如果能将这些因素识别出并加以有效控制,即可实现预期的项目目标。而基于数据和事实,可以有把握地说,对该过程的改进并不是像人们想象的那样,需要更新工艺和设备。企业完全可以以比较小的代价,将微量元素的含量控制在较低的水平上。

摈弃对问题产生原因的猜想,将你对过程的认识建立在测量的基础上,这正是 DMAIC 五步法的第二个阶段——测量阶段的意义。"依据数据和事实决策"应该从测量开始,这也正是每一位黑带和绿带应具备的基本素养。

第4章 DMAIC方法—分析阶段

分析阶段(Analyze Phase)的主要工作是:识别影响过程输出 Y 的输入 X,通过数据分析确定影响输出 Y 的关键 X,即确定过程的关键影响因素。

分析阶段是极具挑战性的阶段,在分析阶段中需要依据数据帮助团队寻找和确定影响过程输出 Y 的关键影响因素。在实际生产与管理活动中,过程的结果受到许多因素的影响,这使得对关键因素及其影响的分析变得十分困难和复杂。主要表现在:①由于对流程认识程度的限制,使我们无法识别出到底是什么因素使结果产生了较大的波动;②由于各相关方对流程的认识不统一,对关键影响因素的认识不一致,无法形成一致的意见和行动。在分析阶段,每一个被识别出的关键 X 都要有数据做支持,都要用量化的结果说明:它确实对过程输出 Y 有影响,即它具有统计上的显著性;它对 Y 的影响足够大,即它具有实践上的显著性。在这些分析中,需要大量地应用统计技术,需要用统计技术对从流程中收集到的数据进行处理、分析、提炼。统计工具帮助我们对"数据"进行加工,得到有用的"信息"和"知识";提升我们对流程的认知程度,统一各方对流程的看法,这是形成有效和一致的改进行动的基础。分析阶段使用的主要工具见表4.1。

表4.1 DMAIC方法 A 阶段主要支持工具

阶 段	常用工具和技术	
A分析阶段	(1)因果图	(2)多变量图
	(3)箱线图	(4)假设检验
	(5)点图	(6)方差分析
	(7)散点图	(8)回归分析

4.1 数据的收集与整理

【数据的收集与整理过程】

数据的收集与整理是分析阶段的重要工作内容,细致全面的数据收集计划可以帮助项目团队更准确地倾听到"过程的声音"。通过收集过程输出 Y 以及与 Y 有关的可能的影响因素 X 的信息,为分析阶段确定 Y 的关键影响因素 X、寻找 X 对 Y 影响的统计规律性,确定 $Y=f(X)$ 的相关关系奠定了基础。

通常由项目团队利用因果图分析将找出可能的或潜在的影响因素,再通过编制详细的数据收集计划,对这些可能的影响因素进行调查。最终,通过对收集到的数据进行分析,确定关键影响因素 X。

【什么是因果图】

因果图也叫鱼刺图、石川图,主要用来直观地描述过程输入及影响因素与过程输出的因果关系的图表。

【应用目的】

团队就"可能原因"的讨论以"因果图"的形式展开,并基于因果图展开头脑风暴,尽可能全面地将影响过程输出 Y 的可能因素 X 识别出来。

【构成与原理】

因果图的"鱼头"是需要分析解决的问题,一般与项目欲解决的问题一致。"鱼刺"就是导致问题的可能原因。对制造过程来说,一般可按 5M1E:即"人"(人员)、"机"(设备)、"料"(材料)、"法"(方法)、"环"(环境)、"测"(测量)作为"鱼刺"的主枝。对管理过程来说,则一般以 4P,即"人员"、"设施"、"程序"、"政策"作为"鱼刺"的主枝。因果图构成的示意图如图 4.1 所示。

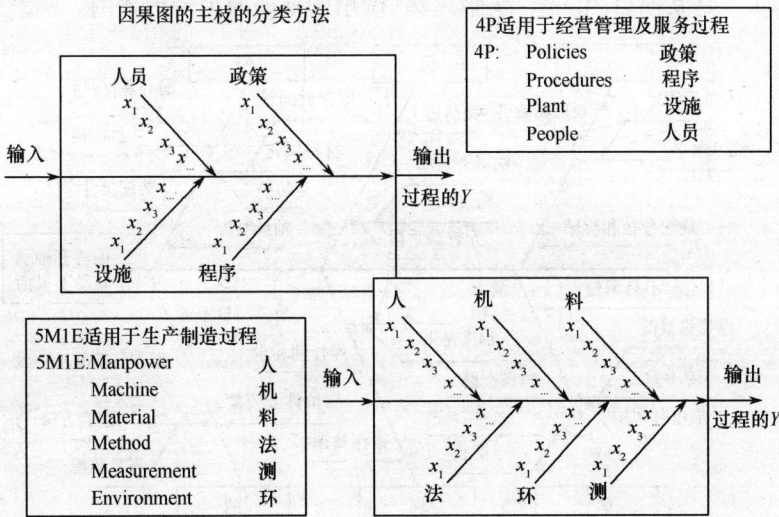

图 4.1 因果图构成示意图

【应用方法】

因果图作图应由团队(必要时还可扩大参加讨论人员的范围)共同完成。

通常采用"头脑风暴"法组织讨论并产生因果图。"头脑风暴"法是:团队成员充分发表意见,每个成员的发言可能会激发其他成员的创造性思维,故亦称为"脑力激荡"。讨论时每个成员应该有相同的发言机会,允许发表不同意见,在发表意见时尽量不加以评论,直到所有成员均无新的想法为止。

因果图的作图步骤如下:

(1)选择一面较大的白板,将"鱼头"和"主枝"在白板上标出;

(2)向全体人员阐明需要讨论的问题,并说明讨论过程的规则;

(3)采用头脑风暴法,将产生问题的所有可能原因,按其不同的分类填入各个主枝中;

(4)根据需要,可在各个主枝上继续分枝。各个分枝上是其下一层次的子原因;

(5)检查和整理因果图,调整阐述含糊的内容,合并重复的内容等;

(6)对可能的原因进行充分讨论,确定少数可能性较高的原因,作为下一步调查和收集数据的重点。

【注意】原因应尽可能分析到可测量层面,对于那些可能性大但不易测量的影响因素,应重点进行讨论,看能否找到间接测量的方法;对于那些很容易收集和记录的因素应尽量记录下来,以便在后续收集数据中给予相应的考虑。

【应用方法】

图4.2是某项目团队经"头脑风暴"做出的缺陷原因的因果图。

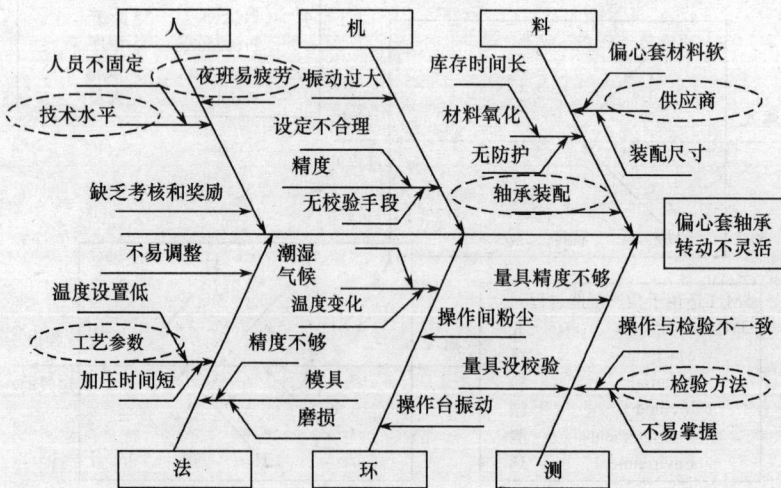

图4.2 "头脑风暴"因果图应用示例

注:图中圈出的是项目团队认为需首先收集数据并进行调查的可能影响因

素或潜在影响因素 X。

【什么是数据收集计划】

将需要收集记录的过程相关信息和数据以及怎样进行收集规定下来,以便进行数据收集工作。

【应用目的】

数据收集计划是项目团队与数据收集人员充分沟通的工具,也是完成数据收集过程的重要方法。一个好的数据收集计划可以帮助团队获得真实有效的过程数据。团队在完成了因果图分析后,应就识别出的可能影响因素,编制收集数据计划并完成数据收集工作。

【构成与原理】

数据收集计划一般应包括以下内容:

(1)测量对象。包括流程输出结果 Y,以及与之一一对应的每个需要关注的 X_i。

(2)抽样方案。包括抽样频次、间隔及样本容量等。

(3)测量地点。在何处测量或记录。

(4)测量方法。使用什么量具或方法测量或者判定、记录测量对象的状态。

(5)测量人员。由谁实施测量并记录测量结果。

(6)备注:记录流程中发生的异常情况或需要特别说明的事项。

可采用表格的形式编制收集数据计划。表4.2是通常采用的表格格式。

表4.2 数据收集计划表

测量对象	抽样方案	测量地点	测量方法	测量人员	备注

【应用方法】

在因果分析后应编制数据收集计划,根据因果图以及团队在因果图上识别出的可能影响因素,设计数据收集计划表。制表步骤如下:

(1)填写测量对象。包括 Y 及与之一一对应的 X。

(2)确定抽样方案。根据批量大小及加工方式确定抽样方案;针对小批量单件加工的研究对象应尽可能化小测量对象,例如,一个壳体上有多个安装孔,对于孔的加工流程,可将每个孔作为一个研究对象记录数据,并通过记录每个孔的位置和加工顺序观察各个孔之间的差异。

(3)提出测量方法的具体要求。在何处、使用何种量具、由谁进行测量;对于常规测量,注明规范、标准文号;对于有特殊要求的测量应作详细说明;对于周期类的测量还需明确计时的起始、终止节点。

(4)将上述信息填写到收集数据计划表上。

为了便于收集数据,在制定了收集数据计划后,可将其转变为适合团队记录数据的表格形式:以测量对象的唯一标识作为序号,将需要记录的 Y 和 X 的名称作为栏目名,见表4.3。

表4.3　数据汇总表

序号 零件号	Y	X_1	X_2	X_5	...	测量员	备注

将分散在过程中的所有记录集中起来,按照测量对象的唯一标识(如零件号)将所有 X 与 Y 一一对应汇集到表4.3中,审查数据中是否存在缺失、冗余或错误(奇异点)。

【应用示例】

表4.4是某项目团队根据因果分析结果做出的收集数据计划表。

表4.4　收集数据计划表(示例)

测量对象	样本大小/ 取样间隔	测量 地点	测量 方法	测量 时间	测量者	备注
孔距测量值 (Y)	每件	计量 中心	三坐标	随件	检验员	
镀前孔径 (X_1)	每件	机加 分厂	卡尺	加工后	操作者	等分三处测量分别记录
电镀时间 (X_2)	每槽	热表 分厂	秒表	工序中	操作者	零件进入镀槽至完全离开槽液
精镗工序 环境温度 (X_3)	每件	机加 分厂	温度计	准备开始 加工时间	操作者	
材料供应商 (X_4)	每件	供应处	入库记录	入库时	保管员	
......						
......						

表4.5是团队编制的数据汇总表。

表4.5　数据汇总表(示例)

零件号	孔距	镀前孔径			电镀时间	环境温度	批次	供应商	设备编号	操作者	……
		孔1	孔2	孔3							

【注意】用于数据分析的表格必须将 X 的测量数据与 Y 的测量数据一一对应。

4.2　箱线图与点图

【什么是箱线图】

箱线图(Box Plot)也称为盒子图,是利用数据中的五个统计量,即最小值、第一四分位数、中位数、第三四分位数与最大值绘制的图形。用该图形可以粗略地看出数据是否具有对称性,以及分布的中心趋势和分散程度等信息,可以用于对若干个样本进行比较。

【应用目的】

项目团队在收集到了关于过程输出 Y 以及对应的影响因素 X 的数据后,可以应用箱线图直观的分析来自各个 X 方面(通常是非连续型 X,如零件的不同类型、不同加工设备、不同操作人员、不同过程或同一过程的不同时段等)的测量数据的分布情况。直观地比较 X 对 Y 的影响是否显著以及影响程度的大小。

【构成与原理】

箱线图的构成如图4.3所示。图上的箱体和线段与样本数据的五个统计量是对应的。第一四分位数是指最小值与中位数之间数据的中位数,用 Q_1 表示;第三四分位数是指最大值与中位数之间数据的中位数,用 Q_3 表示;在箱线图中,方块中的水平线代表中位数,方块的下边界是 Q_1,方块的上边界是 Q_3。方块的长度对应着四分位间距,它是 Q_3 与 Q_1 之间的差值($Q_3 - Q_1$);除箱体外,箱线图中还有两条直线,这些直线也称为须触线。这些须触线从箱体出发,上下须触线的尾端由上下限的计算公式给出

$$下限 = Q_1 - 1.5(Q_3 - Q_1)$$
$$上限 = Q_3 + 1.5(Q_3 - Q_1) \tag{4.1}$$

若此公式的计算结果已超出数据的最大值和最小值,则须触线的终点分别

到最大值或最小值为止;若上下限的计算结果未超出观测值的最大值或最小值,则上须触线以小于上限但最接近与上限的数据为截止点,下须触线以大于下限且最接近于下限的数据为截止点。将超出上下限的数据点仍描绘在坐标图上,这时箱线图上就会出现一些游离点,这些点是数据中超出上、下限的观测值,通常与过程中的异常情况对应。

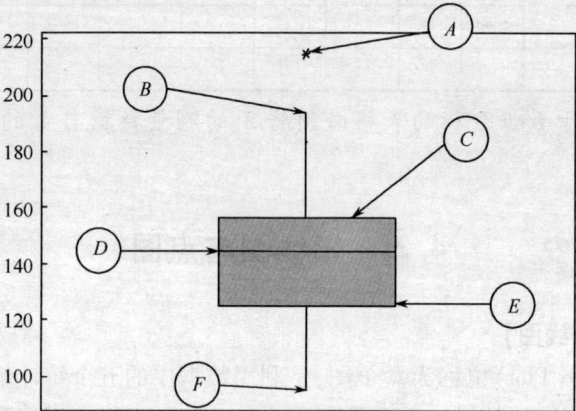

图 4.3　箱线图及其构成

图中:

A——超出上下规范限的数据点;

B——最接近上限的数据点;

C——第三四分位数 Q_3;

D——中位数 Q_2;

E——第一四分位数 Q_1;

F——最接近下限的数据点。

【应用方法】

可按下述步骤绘制箱线图:

(1)将收集到的数据进行整理。需要注意的是,只有连续型数据才可绘制箱线图并进行观察分析。

(2)绘制坐标轴,度量单位大小和样本数据的单位一致。

(3)绘制矩形盒,两端边的位置分别对应数据的上下四分位数(Q_1 和 Q_3)。在矩形盒内部中位数位置绘制一条线段为中位线。

(4)按式(4.1)计算上下限,该限为异常值截断点。

(5)从矩形盒两端边向外各画一条线段,直到不是异常值的最远点,表示数据的分布区间。

（6）用"＊"标出数据的异常值。

当 Y 为连续型测量数据，则可绘制箱线图，展示 Y 的分布情况。同时当 X 为"操作者"、"设备"、"供应商"等区分型数据时，可按 X 的不同对 Y 分组，分别绘制箱线图并比较不同分组下 Y 的分布情况，以判断 X 对 Y 的影响。

【应用示例】

为了调查操作者对加工出材料纯度的影响，团队收集到了不同操作人员加工的材料的杂质含量数据表，见表4.6。

表4.6　材料杂质含量数据表（按操作人员分组）

杂质含量	操作者	杂质含量	操作者
140	1	140	2
145	1	120	2
160	1	130	2
190	1	138	2
155	1	121	2
…	…	…	…

对这些数据作箱线图，如图4.4所示，分析如下：

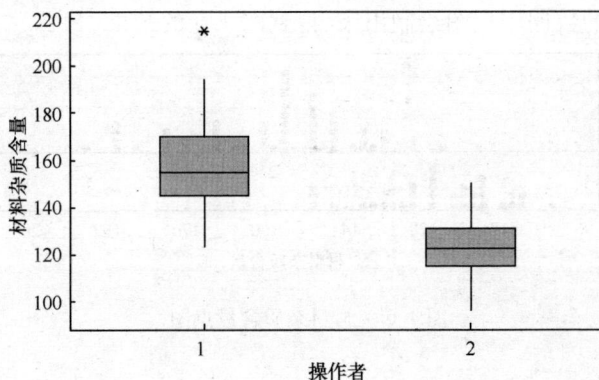

图4.4　材料杂质含量箱线图

结果解读：

　　通过图4.4可以很直观地看出2号操作者加工的材料杂质平均水平要小于1号操作者（看中位数线）；且2号操作者的分散程度与1号操作者比较，更为集中，波动比较小；1号操作者的箱线图中存在异常点，说明存在操作异常的情况。

【什么是点图】

点图（Dot Plot），是利用数据点作出的坐标图。用点图粗略地看出数据的分

73

布情况,可以用于对若干个样本进行比较。

【应用目的】

点图的应用目的同箱线图。不同之处在于,点图上可以直观地看出样本数据的多少,但点图中没有表征样本分布的统计量(如表征中心趋势的中位数、表征分散程度的一四/三四分位点数等)。

【构成与原理】

点图的构成如图 4.5 所示。图上的横坐标为样本数据的坐标,图上的点子是样本数据的取值。从点图上可以直观地看出数据的分布情况,也可以用来比较不同样本数据的分布。

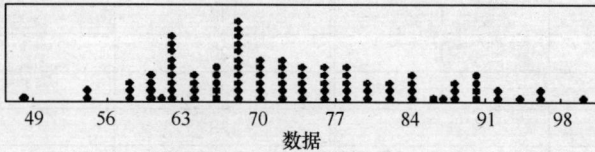

图 4.5　点图示例

【应用示例】

将前例中的数据用点图绘制出来,得到图 4.6 的结果。

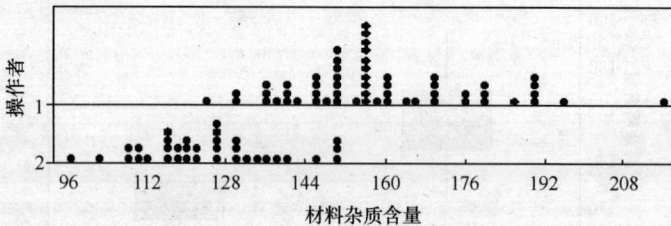

图 4.6　材料杂质含量点图

结果解读:

从图 4.6 可以看出 2 号操作者加工的材料杂质要小于 1 号操作者;且 2 号操作者与 1 号操作者比较,结果更为集中,波动比较小。

4.3　散 点 图

【什么是散点图】

散点图(Scatter Plot)也称为散布图,是展示成对出现的数据之间相关关系的图表。

74

【应用目的】

项目团队在收集到了关于过程输出 Y 以及对应的影响因素 X 的数据后,可以应用散点图直观的分析 X(通常是连续型 X,如零件的配合尺寸,加工过程的温度、电流、电压、时间等参数)对 Y 的相关关系。直观地比较 X 对 Y 的影响是否显著以及影响程度的大小。

【构成与原理】

散点图的构成如图4.7所示。散点图有两个坐标构成,以便展示成对数据 (y,x) 的相关关系,通常将过程输出 Y 设在纵坐标,将影响因素 X 设在横坐标。将收集到的成对数据,依次在坐标图中标出。这些"点子云"就构成了散点图。

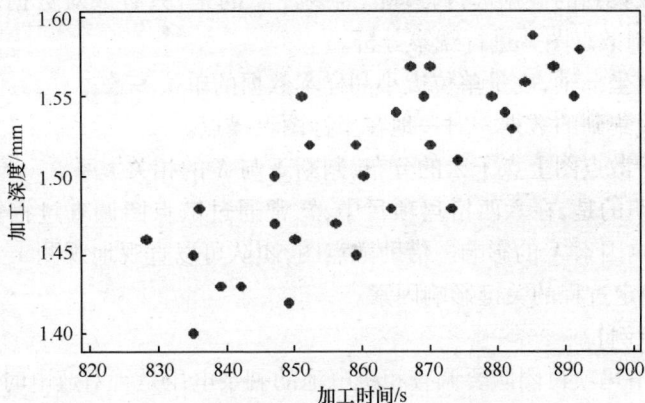

图4.7　散点图示例

从"点子云"的分布情况,可以了解 Y 与 X 之间是否存在相关关系,以及相关程度怎样。典型的散点图图形及其对应的相关关系见表4.7。

表4.7　散点图相关关系解析

图形	解析
强正相关　　强负相关	点子云有较强的集中趋势,Y 随 X 的变化有较明显的改变。此时 Y 与 X 之间有较强的相关关系。当 X 增加 Y 明显地增加时,称为强正相关;当 X 增加 Y 明显地减少时,称为强负相关
弱正相关　　弱负相关	点子云有较弱的集中趋势,Y 随 X 的变化有一定的改变。此时 Y 与 X 之间有一定的相关关系。当 X 增加 Y 有增加趋势时,称为弱正相关;当 X 增加 Y 有减少的趋势时,称为弱负相关,在这种情况下,往往表明,Y 除了受到 X 影响外,还受其他因素影响

75

图形	解析
不相关　　非线性相关	点子云是一团乱"云"时，表明 Y 与 X 不相关。点子云的集中趋势是曲线时，表明 Y 与 X 相关，但为非线性相关关系

【应用方法】

可按下述步骤绘制散点图：

（1）将收集到的数据进行整理。需要注意的是，只有成对数据且都为连续型时才可绘制散点图并进行观察分析。

（2）绘制坐标轴，度量单位大小和样本数据的单位一致。

（3）将收集到的数据一对一地在坐标图上描点。

（4）分析散点图上点子云的分布，判断 Y 与 X 的相关关系。

需要说明的是，在六西格玛项目中，常常通过散点图调查过程输出 Y 是否受到过程影响因素 X 的影响。借助散点图，团队可以直观地观测 Y 与 X 的相关关系，以便确定过程的关键影响因素。

【应用示例】

某六西格玛项目团队要调查相机电池的剩余电压是否对放电时间产生较明显的影响。而放电恢复时间是顾客关注的 CTQ。团队在每个电池放电后立即测量其剩余电压，同时测量了电池能够再次放电所需要的时间（恢复时间）。团队收集到的数据记录在表4.8中。

表4.8　散点图应用示例数据

恢复时间/s	剩余电压/V	恢复时间/s	剩余电压/V
4.49	1.342	6.59	1.21
4.89	1.449	6.07	1.261
4.69	1.103	6.36	1.31
5.14	1.307	6.4	1.075
4.8	1.303	6.42	1.087
5.68	1.182	6.88	1.095
5.88	1.141	6.69	1.124
5.73	1.406	7.01	1.075
5.83	1.085	7.08	0.967
5.95	1.068	7.16	1.121

团队做出的剩余电压与恢复时间散点图如图4.8所示。

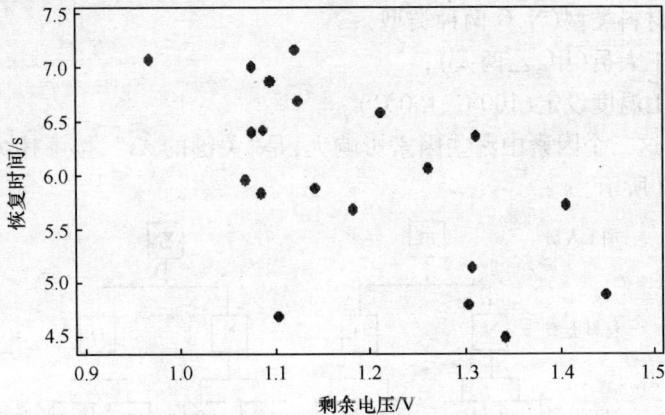

图4.8　剩余电压与恢复时间的散点图

结果解读：

> 　　散点图有较明显的趋势，且剩余电压越高恢复时间就越短。恢复时间与剩余电压之间存在负相关关系。由此，可以判断剩余电压是影响恢复时间的影响因素。

4.4　多变量图及其应用

【什么是多变量图】

多变量图(Multi-Vari Chart)是一种用来分析多个输入变量 X 如何影响过程输出变量 Y 的图形工具。

【应用目的】

在六西格玛项目实施过程中，多变量图可以帮助项目团队分析和确定影响过程输出的关键影响因素。在收集到的过程输出 Y 以及可能影响因素 X 的数据中，存在多个 X 对 Y 的情况时，可利用多变量图来比较不同的 X 对于 Y 的影响大小，借以从众多 X 中筛选出关键因素，同时利用多变量图还可以帮助我们判断不同的影响因素 X 之间是否存在交互作用。

【构成与原理】

多变量图按照收集的数据格式不同主要分为两类：嵌套式多变量图和交互式多变量图。本书中主要介绍交互式多变量图及其使用。

对于交互的概念，试用一个简单的案例来说明。假设要分析某种产品的纯

度加工过程,团队分析该过程的可能影响因素有三个:

(1)原材料类型(N、O两种类型);

(2)加工人员(甲、乙两人);

(3)加工温度设定(100℃、150℃)。

为确定这三个因素中哪些因素影响大,是"关键的 Xs",按下述方法收集数据,如图4.9所示。

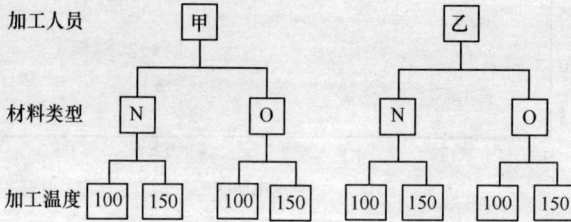

图4.9　交互式数据收集计划

在图4.9所示的安排方式中,可以看到在该分析中有三个影响因素,每个因素取两个水平,其取值的组合共有 $2 \times 2 \times 2 = 8$(种)。上述数据安排就是交互式的因子安排。所以交互式简而言之就是要求数据整齐可比。将这8种组合的结果数据描绘到图4.10所示的坐标图上。该坐标图的纵坐标是输出结果的测量数据坐标,三个影响因素分别标注在横坐标及其分区以及不同的坐标点标注上。

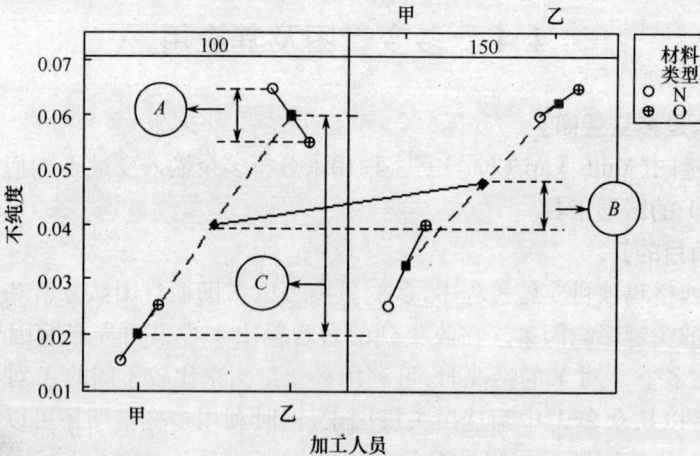

图4.10　多变量图构成示例

图中:

A——材料类型对应的纯度变化;

B——加工温度对应的纯度变化;

78

C——加工人员对应的纯度变化。

交互式多变量图使用如上的数据格式就可以帮助我们识别出关键影响因素以及因素之间可能存在的交互作用①。从图上可以看出：人员调整时纯度变化的幅度相比是最大的，说明人员对纯度的影响是较为关键的，而材料和温度调整时纯度的变化幅度相比人员而言是非常小的，说明这两个因素对于纯度的影响要弱于人员。同时纯度最大的情况是温度为100℃，材料为N型，加工人员为乙。

对于因素之间是否存在交互作用，仍可使用多变量图进行分析，如图4.11所示。

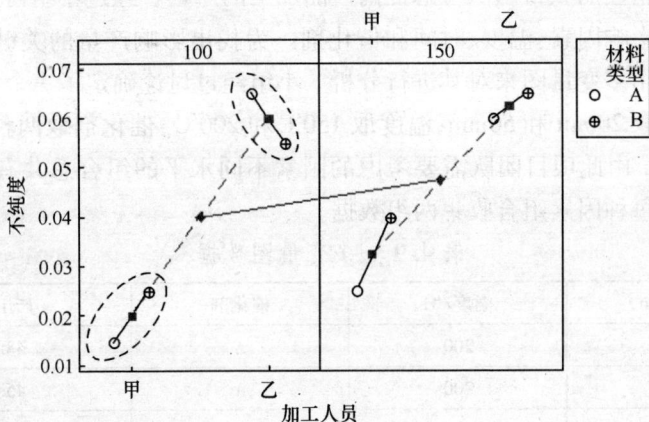

图4.11　多变量图分析示例

从图4.11可以看到：在温度设定为100℃，由甲工人加工时，当材料由N调整到O型时，产品不纯度的变化是逐渐提高的；但当改为乙工人操作时，其他条件相同，产品不纯度却逐渐降低。这说明人员与材料之间存在着交互作用。

多变量图只是一种直观的图形分析工具，如果想准确了解因素的影响大小以及因素之间是否存在交互作用，还应使用其他量化统计工具来对其进行分析。

【应用方法】

应按上述多变量分析的规划安排数据的收集和整理，作多变量图的步骤如下：

(1)确定待分析的过程输出 Y 及测量方法，一般情况下，在作多变量分析时，Y 应是连续型数据。

(2)确定可能的影响因素 X，并确定因素的水平。

---

①　关于交互作用，详见5.2节。

(3)按图4.9所示的交互式多变量分析的数据安排方式,制定收集数据计划。

(4)按照交互式多变量分析数据收集计划收集过程数据,包括过程输出 Y 以及对应的影响因素 X;对应每种因素水平组合,建议收集两组或以上的数据,以对因素间的交互作用进行评估。

(5)用收集到的数据绘制多变量图(可由计算机辅助作多变量图)并进行分析。

【应用示例】

某化工企业的项目团队考虑提高产品加工的产量。经过小组讨论后找出了三个可能的影响因素:温度、时间和催化剂。为找出影响产量的关键因素,项目团队决定采用多变量图来对其进行分析。小组经过讨论确定了三个因素的水平取值。时间取20min 和50min,温度取150℃和200℃,催化剂取两种 A 和 B 型(见表4.9)。由此项目团队需要考虑的因素不同水平的组合总共有8种,同时小组还决定每种因素组合收集两组数据。

表4.9 多变量图数据

时间/min	温度/℃	催化剂	产出/kg
50	200	A	48.46
20	200	A	45.19
50	200	B	49.20
50	150	B	45.59
20	150	A	42.76
50	150	A	44.75
20	200	B	44.70
20	150	B	43.39
50	200	A	49.06
50	150	B	45.15
50	200	B	48.67
20	200	B	45.33
50	150	A	45.39
20	150	B	43.06
20	150	A	43.30
20	200	A	44.89

用上述数据作出的多变量图如图4.12 所示(数据分析使用 Minitab 软件)。

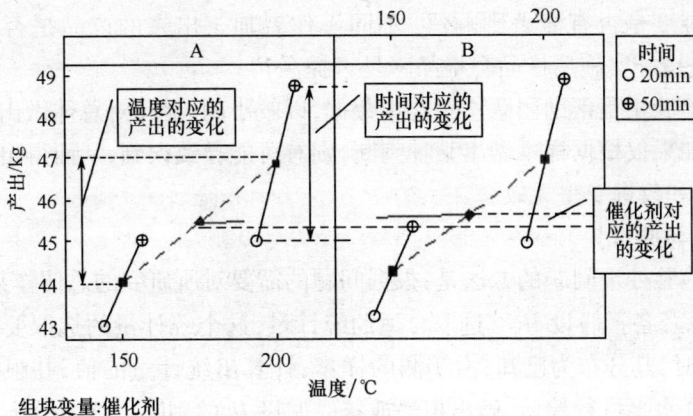

图 4.12　产出对于时间和催化剂的多变量图

结果解读：

> 从图 4.12 中可以看出：相比而言时间和温度的改变引起产量的变化幅度较大，而催化剂的改变对于产量几乎没有什么影响；温度和时间之间，无明显的交互作用。

4.5　假设检验的基本概念

【什么是假设检验】

假设检验(Hypothesis Testing)是概率统计学中根据假设条件由样本推断总体的一种方法。

在实际生产和管理活动中，常常需要通过抽取研究对象的样本并通过样本对研究对象的总体情况进行判断。概率统计学中，统计推断就是在概率论的基础上，依据样本数据，对总体参数(如均值 μ、方差 σ^2 或比率)作出合理的判断和估计。而参数估计和假设检验是统计推断的两个重要方面。参数估计是以"数"为其输出结果的，即通过样本数据对总体参数的取值做出估计。而假设检验以"判断"为其输出结果。即根据实际问题，提出一个关于随机变量的论断，然后根据样本数据，以一定的概率对这个论断的真伪进行判断。

【应用目的】

在六西格玛项目实施过程中，团队的研究对象是"过程"，在收集数据对影响过程的因素进行分析时，团队收集到的数据大都是"过程"的样本数据。因此，需要通过样本数据对"过程"的总体情况做出某种推断。例如："加工温度的

81

变化对不纯度是否有显著影响?""不同操作者加工出来的产品是否有很大差异?""改进措施实施后产品合格品率是否提高?"

假设检验正是帮助团队使用样本数据,以较小的风险,对总体做出合理判断的方法。如果仅根据样本做出某种判断,则有可能导致误判,从而得出错误的结论,使分析和改进变得无效。

【构成与原理】

假设检验处理问题的方法是:根据问题的需要对所研究的总体作某种假设,记作 H_0,以及备择假设 H_1。选取合适的统计量,这个统计量的选取要使得在假设 H_0 成立时,其分布为已知;由实测的样本,计算出统计量的值,并根据预先给定的显著性水平进行检验,做出拒绝或接受假设 H_0 的判断。具体做法如下:

(1)对总体参数(均值、标准差、比例等)进行尝试性假设——原假设,记为 H_0。

(2)定义一个与原假设的内容相反的假设——备择假设,记为 H_1。

(3)寻找证据(收集数据)找到支持 H_1 的方法。当证据足够时,拒绝 H_0,否则说明没有足够的证据拒绝 H_0。

对于每一次抽样,得到不同的观测数据。由于样本的这种不确定性,因此,如果仅通过样本数据,无法肯定由样本得到的结论是正确的还是错误的,需要确定样本数据的变化到底是由于总体参数确实变化了,还是由样本的不确定性造成的。

在假设检验的过程中,可能出现两种类型的错误,见表4.10。

表4.10　假设检验两种类型错误

判断结论 总体情况	接受 H_0	拒绝 H_0
H_0 是真的	结论正确	第一类错误 (弃真——α 风险)
H_1 是真的	第二类错误 (存伪——β 风险)	结论正确

把发生第一类错误的可能性称为 α 风险;把发生第二类错误的可能性称为 β 风险。

假设检验将 α 风险控制在一个可以接受的范围之内进行判断。如果取 α 为 0.05,即接受备择假设有 5% 的风险出现第一类错误。换句话说,就是有 $1-\alpha$,即 95% 的把握拒绝原假设接受备择假设。

在进行假设检验时,常常使用 p 值。p 值是当原假设成立时,出现目前状况

82

的概率。当这个概率很小时(通常 $p < 0.05$),这个结果在原假设成立的条件下就不该出现;根据小概率事件不发生的原则,有理由认为"原假设成立"这个前提是错的,因此应该拒绝原假设,接受备择假设。因此可以根据 p 值得出判断结论:如果 $p < \alpha$,则拒绝原假设;反之,不能拒绝原假设。

可用图 4.13 的图示解释 p 值的意义。在图 4.13 中 $\bar{y}$ 距 μ_0 越远,p 值越小,样本所代表的对象属于 H_0 的可能性越小,推翻 H_0 接受 H_1 的风险也越小,当 $p \leqslant \alpha$ 时,接受 H_1。

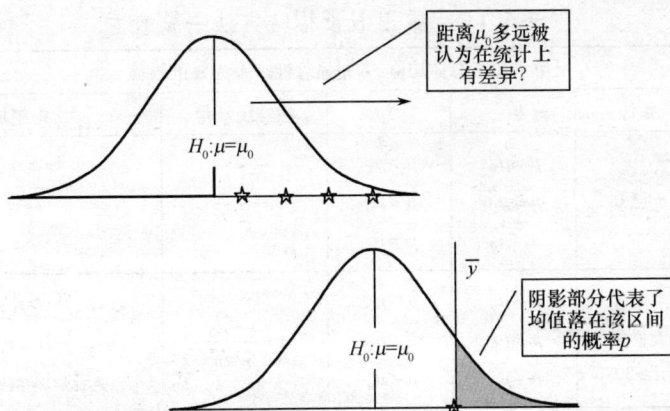

距离 μ_0 多远被认为在统计上有差异?

$H_0 : \mu = \mu_0$

$\bar{y}$

阴影部分代表了均值落在该区间的概率 p

$H_0 : \mu = \mu_0$

图 4.13　假设检验概念解释图示

【应用方法】

一般情况下,假设检验按照下面步骤进行:

(1)确定原假设和备择假设。原假设通常为两个总体之间没有差异,例如:$H_0 : \mu = \mu_0$。备择假设是根据实际问题提出的与原假设对立的假设,一般是想要通过样本数据去证明的结论,例如:

$H_1 : \mu \neq \mu_0$(双侧检验)

$H_1 : \mu < \mu_0$(单侧检验)

$H_1 : \mu > \mu_0$(单侧检验)

(2)选择检验统计量,确定拒绝域的形式。若对总体的均值进行检验,那么将用样本均值 $\bar{x}$ 引出检验统计量;若对正态总体的方差进行检验,将从样本方差 s^2 引出检验统计量。当样本统计量的值落在拒绝域中就拒绝原假设,否则就无法拒绝原假设。根据备择假设的不同,拒绝域可以是双边的也可以是单边的。

(3)给定检验的显著性水平 α。常用的 α 的取值为 0.05。假设检验通过 α 控制发生第一类错误的概率。在样本量 n 一定的情况下,α(去真风险)减小,β(存伪风险)会增大;β 减小,α 会增大;要想同时减小 α 和 β,只有增大样本量 n

才行。

（4）收集样本数据，计算 p 值。通常可以借助于计算机软件（如 Minitab）辅助计算 p 值。

（5）将 p 值与显著性水平 α（取 0.05 为例）进行比较，判断是否拒绝原假设 H_0：如果 $p < 0.05$，拒绝原假设，接受备择假设；反之，不能拒绝原假设。

常用的假设检验方法有 z 检验法、t 检验法、χ^2 检验法、F 检验法等。表 4.11 给出了常用的假设检验方法。

表 4.11　常用假设检验方法一览表

单个正态总体均值、方差显著性水平为 α 的检验					
检验法	条件	H_0	H_1	检验统计量	拒绝域
z 检验	σ 已知	$\mu \leqslant \mu_0$ $\mu \geqslant \mu_0$ $\mu = \mu_0$	$\mu > \mu_0$ $\mu < \mu_0$ $\mu \neq \mu_0$	$z = \dfrac{\bar{x} - \mu_0}{\sigma \sqrt{n}}$	$\{z \geqslant z_{1-\alpha}\}$ $\{z \leqslant z_{\alpha}\}$ $\{\lvert z \rvert \geqslant z_{1-\alpha/2}\}$
z 检验	σ 未知 大样本 $n \geqslant 30$	$\mu \leqslant \mu_0$ $\mu \geqslant \mu_0$ $\mu = \mu_0$	$\mu > \mu_0$ $\mu < \mu_0$ $\mu \neq \mu_0$	$z = \dfrac{\bar{x} - \mu_0}{s/\sqrt{n}}$	$\{z \geqslant z_{1-\alpha}\}$ $\{z \leqslant z_{\alpha}\}$ $\{\lvert z \rvert \geqslant z_{1-\alpha/2}\}$
t 检验	σ 未知 小样本 $n < 30$	$\mu \leqslant \mu_0$ $\mu \geqslant \mu_0$ $\mu = \mu_0$	$\mu > \mu_0$ $\mu < \mu_0$ $\mu \neq \mu_0$	$t = \dfrac{\bar{x} - \mu_0}{s/\sqrt{n}}$	$\{t \geqslant t_{1-\alpha}(n-1)\}$ $\{t \leqslant t_{\alpha}(n-1)\}$ $\{\lvert t \rvert \geqslant t_{1-\alpha/2}(n-1)\}$
χ^2 检验	μ 未知	$\sigma^2 \leqslant \sigma_0^2$ $\sigma^2 \geqslant \sigma_0^2$ $\sigma^2 = \sigma_0^2$	$\sigma^2 > \sigma_0^2$ $\sigma^2 < \sigma_0^2$ $\sigma^2 \neq \sigma_0^2$	$\chi^2 = \dfrac{(n-1)s^2}{\sigma_0^2}$	$\{\chi^2 \geqslant \chi_{1-\alpha}^2(n-1)\}$ $\{\chi^2 \leqslant \chi_{\alpha}^2(n-1)\}$ $\{\chi^2 \leqslant \chi_{\alpha/2}^2(n-1)\}$ 或 $\{\chi^2 \geqslant \chi_{1-\alpha/2}^2(n-1)\}$
两正态总体均值、方差的显著性水平为 α 的检验					
检验法	条件	H_0	H_1	检验统计量	拒绝域
z 检验	σ_1, σ_2 已知	$\mu_1 \leqslant \mu_2$ $\mu_1 \geqslant \mu_2$ $\mu_1 = \mu_2$	$\mu_1 > \mu_2$ $\mu_1 < \mu_2$ $\mu_1 \neq \mu_2$	$z = \dfrac{\bar{x} - \bar{y}}{\sqrt{\dfrac{\sigma_1^2}{n} + \dfrac{\sigma_2^2}{m}}}$	$\{z \geqslant z_{1-\alpha}\}$ $\{z \leqslant z_{\alpha}\}$ $\{\lvert z \rvert \geqslant z_{1-\alpha/2}\}$
t 检验	$\sigma_1 = \sigma_2$ 未知	$\mu_1 \leqslant \mu_2$ $\mu_1 \geqslant \mu_2$ $\mu_1 = \mu_2$	$\mu_1 > \mu_2$ $\mu_1 < \mu_2$ $\mu_1 \neq \mu_2$	$t = \dfrac{\bar{x} - \bar{y}}{S_w \sqrt{\dfrac{1}{n} + \dfrac{1}{m}}}$	$\{t \geqslant t_{1-\alpha}(n+m-2)\}$ $\{t \leqslant t_{\alpha}(n+m-2)\}$ $\{\lvert t \rvert \geqslant t_{1-\alpha/2}(n+m-2)\}$

（续）

两正态总体均值、方差的显著性水平为 α 的检验					
检验法	条件	H_0	H_1	检验统计量	拒绝域
近似 z 检验	σ_1,σ_2 未知 m,n 大样本	$\mu_1\leqslant\mu_2$ $\mu_1\geqslant\mu_2$ $\mu_1=\mu_2$	$\mu_1>\mu_2$ $\mu_1<\mu_2$ $\mu_1\neq\mu_2$	$z=\dfrac{\bar{x}-\bar{y}}{\sqrt{\dfrac{s_x^2}{n}+\dfrac{s_y^2}{m}}}$	$\{z\geqslant z_{1-\alpha}\}$ $\{z\leqslant z_{\alpha}\}$ $\{|z|\geqslant z_{1-\alpha/2}\}$
F 检验	μ_1,μ_2 未知	$\sigma_1^2\leqslant\sigma_2^2$ $\sigma_1^2\geqslant\sigma_2^2$ $\sigma_1^2=\sigma_2^2$	$\sigma_1^2>\sigma_2^2$ $\sigma_1^2<\sigma_2^2$ $\sigma_1^2\neq\sigma_2^2$	$F=\dfrac{s_x^2}{s_y^2}$	$\{F\geqslant F_{1-\alpha}(n-1,m-1)\}$ $\{F\leqslant F_{\alpha}(n-1,m-1)\}$ $\{F\leqslant F_{\alpha/2}(n-1,m-1)\}$ 或 $\{F\geqslant F_{1-\alpha/2}(n-1,m-1)\}$

【应用示例】

某化纤产品的纤度要求的设计值为 1.4,工厂每天从产品中抽取 10 根化纤纤维进行纤度测量。某天的测量值见表 4.12。该样本的平均值 $\bar{y}=1.39$,问当日生产的纤度平均值是否偏离了 1.4?

表 4.12　纤维纤度测量样本数据表

序号	纤度	序号	纤度
1	1.39	6	1.41
2	1.42	7	1.36
3	1.36	8	1.42
4	1.38	9	1.38
5	1.41	10	1.37

对于这个问题,可以考虑用假设检验的方法。

(1)提出原假设和备择假设。本例中:

$$\begin{cases} H_0:\mu=1.4 \\ H_1:\mu\neq1.4 \end{cases}$$

(2)选择检验统计量。本例中是对总体均值的检验,采用样本均值引出的检验统计量(这里采用 t 检验)。

(3)确定检验的显著性水平 $\alpha=0.05$。

(4)对收集到的样本数据用 Minitab 计算 p 值,得到 $p=0.106$。

(5)这里 $p>0.05$。因此,不能拒绝原假设,即无充分证据证明当天生产的化纤纤度偏离了设计值。

85

4.6 关于均值的假设检验

【什么是均值的假设检验】

均值的假设检验是根据样本数据对总体均值做出推断的假设检验方法。

【应用目的】

团队可以利用均值的假设检验,用样本数据对总体的均值是否偏离了某一个预定值,以及不同总体的均值是否存在显著差异做出判断。例如:不同的供应商、不同的设备、不同的操作人员、不同的工艺方法或不同设计参数下,过程输出结果的均值是否有显著差异。

【构成与原理】

实际工作中,关于均值的检验是最基本也是最常用的。常见的有单样本 t 检验,双样本 t 检验等。

单样本 t 检验是将样本均值与给定的目标值进行比较,以考察是否存在统计上的差异,用以判断总体均值是否偏离了给定的目标值。目标值通常来自设计规定、目标或历史数据,这种检验的原假设与备择假设为

$$\begin{cases} H_0 : \mu = \mu_0 \\ H_1 : \mu \neq \mu_0, \mu < \mu_0, \mu > \mu_0 \end{cases}$$

采用 t 统计量作为检验统计量(公式与选择条件详见表 4.11),用样本数据计算 p 值,当 $p < 0.05$ 时,拒绝原假设,接受备择假设。即:样本所代表的总体均值与给定目标值在统计上有显著差异。

双样本 t 检验是将两个样本的均值进行比较,以考察它们代表的总体均值是否存在统计上差异,此时原假设和备择假设为

$$\begin{cases} H_0 : \mu_1 = \mu_2 \\ H_1 : \mu_1 \neq \mu_2, \mu_1 < \mu_2, \mu_1 > \mu_2 \end{cases}$$

采用 t 统计量作为检验统计量(公式与选择条件详见表 4.11),用样本数据计算 p 值,当 $p < 0.05$ 时,拒绝原假设,接受备择假设。即:样本所代表的总体均值间在统计上有显著差异。

【应用方法】

可按下述步骤采用均值的假设检验帮助团队得出分析结论:

(1)将要分析对比的实际问题,转化为比较总体均值的统计问题,确定原假设和备择假设。

(2)根据选定的原假设和备择假设,确定采用单样本 t 检验,还是双样本 t 检验。

（3）给定检验的显著性水平 α，通常取 $\alpha = 0.05$。

（4）用收集到的样本数据计算 p 值，通常采用计算机软件（如 Minitab）辅助计算 p 值。

（5）将 p 值与显著性水平 α 进行比较，判断是否拒绝原假设 H_0。如果 $p < 0.05$，拒绝原假设，接受备择假设；反之，不能拒绝原假设。

【应用示例】

1. 单样本 t 检验示例

在 4.5 节关于化学纤维纤度的假设检验例子中，需要将样本均值与目标值进行比较以判断总体均值是否偏离目标。因此，可选择单样本 t 检验的方法。图 4.14 是根据样本数据用 Minitab 计算的单样本 t 检验的结果。

输出结果：

单样本T：纤维强度							
mu=1.4与 ≠ 1.4的检验							
				平均值			
变量	N	平均值	标准差	标准误	95%置信区间	T	P
纤维强度	10	1.39000	0.02357	0.00745	(1.37314, 1.40686)	−1.34	0.213

图 4.14　单样本 t 检验量化分析结果

结果解读：

由输出的 $p = 0.213 > 0.05$，不能拒绝原假设，得出这样的结论：当日生产的纤维纤度平均值没有偏离 1.4。

2. 双样本 t 检验示例

某项目团队认为加速器支架的材料对其耐久性可能有影响。团队采用 1 型和 2 型两种不同材料各生产了 5 个加速样件并对样件进行了耐久试验。表 4.13 是团队收集到的数据。

表 4.13　双样本 t 检验示例数据

耐久性实验结果	
1 型材料	2 型材料
104	112
89	96
97	104
94	122
101	118

（1）根据要分析的问题，提出原假设和备择假设：

$H_0:\mu_1=\mu_2$，即 1 型和 2 型两种材料的耐久性相同，材料对耐久性无显著影响。

$H_1:\mu_1\neq\mu_2$，即 1 型和 2 型两种材料的耐久性不相同，材料对耐久性有显著影响。

或 $H_1:\mu_1<\mu_1$，即 1 型和 2 型两种材料的耐久性不相同，2 型材料的耐久性高于 1 型材料。

（2）根据选定的原假设和备择假设，可知这是用两个样本的均值进行比较，所以用双样本 t 检验。

（3）确定检验的显著性水平 $\alpha=0.05$。

（4）利用 Minitab 计算 p 值，得到图 4.15 的输出结果（这里选用 $H_1:\mu_1\neq\mu_2$ 的备择假设）。

```
双样本T检验和置信区间：2st, s

2st 双样本 T

                          平均值
s  N  平均值  标准差   标准误
1  5   97.00   5.87    2.6
2  5  110.4   10.5    4.7


差值=mu(1)-mu(2)
差值估计：-13.40
差值的95%置信区间:(-26.59,-0.21)
差值=0(与≠)的T检验:T值=-2.49 P值=0.047自由度=6
```

图 4.15　双样本 t 检验量化分析结果

结果解读：

由输出的 $p=0.047<0.05$，拒绝原假设，接受备择假设，即材料对耐久性有显著影响。

4.7　关于方差的假设检验

【什么是方差的假设检验】

方差的假设检验是根据样本数据对总体方差做出推断的假设检验方法。

【应用目的】

团队可以利用方差的假设检验，用样本数据对不同总体的方差是否存在显著差异做出判断。例如：不同的供应商、不同的设备、不同的操作人员、不同的工艺方法或不同的设计参数下，过程输出结果的方差（波动或分散程度）是否有显著差异。

【构成与原理】

关于方差的检验是将两个以上样本的方差进行比较,以考察它们代表的总体方差是否存在统计上的差异;此时,原假设和备择假设为

$$\begin{cases} H_0:\sigma_1 = \sigma_2 \\ H_1:\sigma_1 \neq \sigma_2, \sigma_1 < \sigma_2, \sigma_1 > \sigma_2 \end{cases}$$

采用 F 统计量作为检验统计量(公式与选择条件详见表4.11),用样本数据计算 p 值,当 $p < 0.05$ 时,拒绝原假设,接受备择假设。即:样本所代表的总体方差在统计上有显著差异。

【应用方法】

关于方差的假设检验步骤与均值检验基本相同。许多情况下团队需要比较不同条件或不同状态下过程输出的波动或分散程度是否存在显著差异。这类实际问题可转化为比较不同总体的方差是否存在显著差异的统计问题。在进行方差的假设检验时,所选择的检验统计量为 F 统计量。同均值检验一样,在用样本数据计算出 p 值后,便可以根据 p 值是否小于0.05,作出是否拒绝原假设接受备择假设的决定。

【应用示例】

采购部门希望在四个供应商中选择一个供货稳定的供应商与其签订长期采购合同。他们分别收集了这些供应商供货性能的样本数据,见表4.14。那么,各供应商提供的产品性能的一致性一样吗?

表4.14　关于方差的检验示例数据

供应商1	供应商2	供应商3	供应商4
38.61	37.83	33.28	40.41
39.33	35.78	35.41	41.1
40.08	39.64	37.26	42.75
39.41	44.57	42.45	39.41
39.26	38.68	34.11	34.95
40.09	46.53	45.2	37.3
39.25	41.53	37.74	43.96
39.87	42.79	40.21	34.35

(1)根据要分析的问题,提出原假设和备择假设。这里

$\begin{cases} H_0:\sigma_1 = \sigma_2 = \sigma_3 = \sigma_4 \quad (4个供应商提供的产品性能波动一样) \\ H_1:\sigma_1 \text{、} \sigma_2 \text{、} \sigma_3 \text{、} \sigma_4 \text{ 至少有一个与其他不等}(4个供应商中至少有一个的 \\ \text{产品性能波动与其他不一样}) \end{cases}$

确定检验的显著性水平 $\alpha = 0.05$，利用 Minitab 作关于方差的检验，检验 4 个总体的方差是否相等。

（2）根据选定的原假设和备择假设，这里是两个样本的方差进行比较，所以用关于方差的检验。

（3）确定检验的显著性水平 $\alpha = 0.05$。

（4）利用 Minitab 计算 p 值。

得到图 4.16 和图 4.17 所示输出结果：

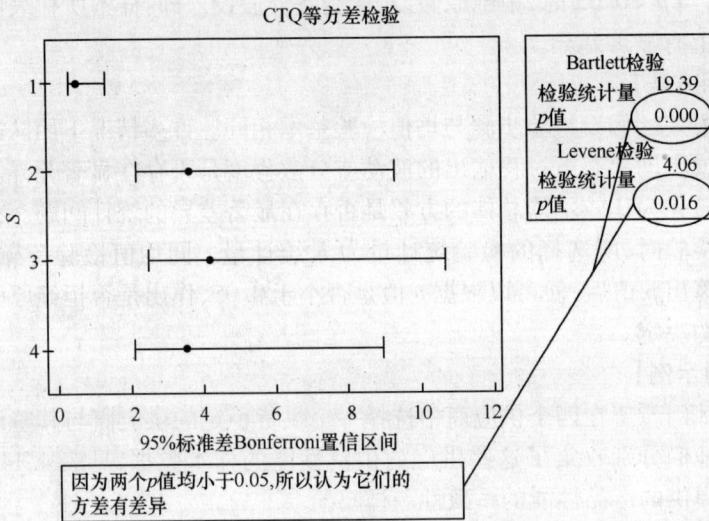

CTQ等方差检验

95%标准差Bonferroni置信区间

Bartlett检验
检验统计量 19.39
p值 0.000
Levene检验
检验统计量 4.06
p值 0.016

因为两个p值均小于0.05,所以认为它们的方差有差异

图 4.16　关于方差的检验图形分析结果

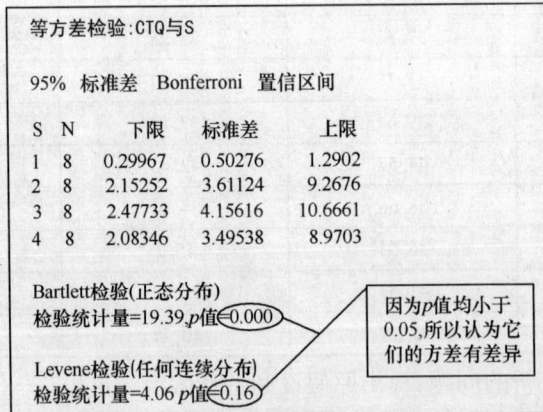

等方差检验:CTQ与S

95% 标准差 Bonferroni 置信区间

S	N	下限	标准差	上限
1	8	0.29967	0.50276	1.2902
2	8	2.15252	3.61124	9.2676
3	8	2.47733	4.15616	10.6661
4	8	2.08346	3.49538	8.9703

Bartlett检验(正态分布)
检验统计量=19.39,p值=0.000

Levene检验(任何连续分布)
检验统计量=4.06 p值=0.16

因为p值均小于0.05,所以认为它们的方差有差异

图 4.17　等方差检验量化分析结果

结果解读：

通过上面的图形分析结果和量化分析结果,可以看出不同供应商之间方差存在显著差异,其中供应商 1 的波动与其他供应商相比要小。

4.8　关于比率的假设检验

【什么是比率的假设检验】

比率 p 的假设检验是根据样本数据对总体的比率做出推断的假设检验方法。

【应用目的】

前面讨论的问题是针对连续变量进行的。实际工作中常出现这样的情况:抽检 100 件产品,其中不合格品为 4 件;抽检 8 件芯片,共发现 22 个瑕疵等。比率 p 的假设检验是针对这种随机变量的问题的。比率 p 检验可以帮助我们判断总体中某种类别的比率变化。例如:判断改进前后,产品不合格品率比原来是否有显著降低;顾客满意率是否比过去有显著提高;两种工艺方法条件下产品不合格品率是否有显著差别等。在样本容量较大的情况下可以用比率 p 的检验,比较不同条件或状态下过程输出的不合格品率是否有显著差异。在小样本情况下,则需要使用其他更精确的假设检验方法。

【结构与原理】

关于比率 p 的检验是将两个以上样本的某种类别的比率进行比较,以考察它们代表的总体的该类别比率是否存在统计上的差异;此时,原假设和备择假设为

$$\begin{cases} H_0 : p = p_0 \\ H_1 : p \neq p_0 , p < p_0 , p > p_0 \end{cases}$$

或

$$\begin{cases} H_0 : p_1 = p_2 \\ H_1 : p_1 \neq p_2 , p_1 < p_2 , p_1 > p_2 \end{cases}$$

在大样本的情况下,可以利用近似 Z 的统计量作为检验统计量。借助计算机可以计算 p 值,当 $p < 0.05$ 时,拒绝原假设,接受备择假设。

【应用方法】

比率 p 的假设检验步骤与均值和方差检验基本相同。许多情况下团队需要比较不同条件或状态下过程输出的不合格品率是否存在显著差异。这类实际问题可转化为比较不同总体不合格品的比率否存在显著差异的统计问题。在大样本情况下进行比率 p 的假设检验时,所选择的检验统计量为近似 Z 统计量。同

91

均值和方差检验一样,在用样本数据计算出 p 值后,便可以根据 p 值是否小于 0.05,做出是否拒绝原假设接受备择假设的决定。

【应用示例】

团队为了调查不同班组加工方法是否有显著差异,他们从 A 班生产的产品中抽取了 500 片芯片,其中有 310 片为一等品;从 B 班抽取了 300 片芯片,其中有 205 片为一等品。那么,两个班组加工方法是否存在显著差异呢?

(1)根据要分析的问题,提出原假设和备择假设:

$$\begin{cases} H_0:p_1 = p_2 \\ H_1:p_1 \neq p_2 \end{cases}$$

(2)根据选定的原假设和备择假设,可知这里是两个样本的一等品率进行比较,所以用比率 p 检验。

(3)确定检验的显著性水平 $\alpha = 0.05$。

(4)利用 Minitab 计算 p 值,得到图 4.18 的输出结果。

```
双比率检验和置信区间

样本  X   N   样本p
1   301 500 0.602000
2   205 300 0.683333

差值=p(1)-p(2)
差值估计:-0.0813333
差值的95%置信区间:(-0.149242,-0.0134244)
差值=0(与≠0)的检验:Z=-2.35 p值=0.019

Fisher精确检验:p值=0.023
```

图 4.18　关于比例的检验量化分析结果

结果解读:

> 通过图 4.18 可知,量化分析结果为 $p = 0.019 < 0.05$,说明两个班组的加工方法对一等品率存在显著影响。

4.9　列联表和卡方检验

【什么是列联表】

列联表(Contingency Tables)是用来分析两个因素的分组数据是否独立的统计分析方法。列联表的独立性检验可通过卡方检验进行。

【应用目的】

在六西格玛项目实施中,过程输出 Y 在很多情况下是用非连续型数据表达的。例如:产品合格与不合格,缺陷存在与不存在,事件发生了与没有发生等。

而联列表与卡方检验,正是针对这种非连续型数据的假设检验方法。应用列联表的独立性检验,可以分析因素 X 对非连续型 Y 是否有显著影响。例如:事故与工龄有无关联、操作者与报废有无关联(即不同的操作者对产品报废是否有显著影响)、操作者的熟练程度对产生焊接缺陷有无显著影响等。

【构成与原理】

用一个简单的例子来说明列联表的构成和分析原理:为了分析吸烟对肺部疾患是否有影响,研究小组调查了 166 个人,其中:不吸烟的有 108 人,5 人患有肺部疾病;吸烟的有 58 人,10 人患肺部疾病。将这些数据整理到表 4.15 中,构成一个 2 ×2 列联表。

表 4.15　　吸烟与肺部疾病的 2 ×2 列联表

	B_1:无肺病	B_2:有肺病	行和
A_1:不吸烟	103	5	108
A_2:吸烟	48	10	58
列和	151	15	166

表 4.15 中,因子 A 表示的是吸烟与否的情况,是自变量或影响因素 X;因子 B 表示是否患肺病,是响应变量或结果 Y。其中,不吸烟(不管是否患病)的比例为 $108/166 = 0.65$,未患肺病的(不管是否吸烟)的比例为 $151/166 = 0.91$。因此,如果患肺病与吸烟与否无关,则不吸烟且未患肺病的人占总人数的比例应为 $0.65 \times 0.91 = 0.59$。那么,在总共 166 个被调查者,应有大约 $166 \times 0.59 = 93$ 人未患肺病。将这个数字与列联表中 A_1(不吸烟)与 B_1(未患肺病)对应样本观测数据 103 人比较,如果二者之差不大,那么可以认为吸烟与患病无关联。如果二者之差较大,则说明吸烟与患肺病确实有关,吸烟与否确实影响肺部健康。而这个差值的显著性检验,可以用卡方检验来完成,即

$$\begin{cases} H_0:因子 A 与因子 B 无关联(独立) \\ H_1:因子 A 与因子 B 有关联(不独立) \end{cases}$$

用卡方检验完成上述独立性检验。

【应用方法】

可按下述步骤,用列联表和卡方检验帮助团队得出分析结论:

(1)将要分析对比的实际问题,转化为应用列联表和卡方检验的统计问题。用列联表时,团队调查的过程输出 Y 应是非连续型数据,过程影响因素 X 也是非连续型的分组信息。需要强调的是,当样本容量比较小时,用不合格品率作假设检验则不尽合理,需要用列联表和卡方检验得到准确的判断。

(2)根据选定的原假设和备择假设,即原假设为 Y 与 X 无关联,备择假设是

Y 与 X 有关联。且选用列联表和卡方检验。

（3）给定检验的显著性水平 α，通常取 $\alpha = 0.05$。

（4）用收集到的样本数据计算 p 值，通常采用计算机软件（如 Minitab）辅助计算 p 值。

（5）将 p 值与显著性水平 α 进行比较，判断是否拒绝原假设 H_0。如果 $p < 0.05$，拒绝原假设，接受备择假设；反之，不能拒绝原假设。

【应用示例】

示例一：

借助于 Minitab 软件对前面所述的吸烟与患肺病是否有关联的例子作列联表和卡方检验，分析过程如下：

（1）根据要分析的问题，提出原假设和备择假设：

$\begin{cases} H_0:因子 A 与因子 B 无关联（独立，即吸烟与患肺部疾病无关） \\ H_1:因子 A 与因子 B 有关联（不独立，即吸烟与患肺部疾病有关） \end{cases}$

（2）根据选定的原假设和备择假设，这里 A 和 B 均为非连续型数据，检验的是两个因素是否独立，因此采用列联表和卡方检验方法。

（3）确定检验的显著性水平 $\alpha = 0.05$。

（4）利用 Minitab 计算 p 值，得到图 4.19 所示输出结果。

卡方检验：无肺病，有肺病

在观测计数下方给出的是期望计数
在期望计数下方给出的是卡方贡献

	无肺病	有肺病	合计
1	103	5	108
	98.24	9.76	
	0.231	2.321	
2	48	10	58
	52.76	5.24	
	0.429	4.321	
合计	151	15	166

卡方=7.302，DF=1，p 值 = 0.007

图 4.19　吸烟与肺部疾病卡方检验量化分析结果

结果解读：

在上面的输出结果中，数据第一行是不吸烟情况下患病与未患病的人数的观测值；第二行为其对应的期望值；第三行为卡方贡献值，它体现了观测值与期望值之间的差异。同理，数据第四行～第六行是吸烟情况下的数据。根据 $p = 0.007 < 0.05$，推翻原假设，即吸烟对患肺部疾病有显著影响。

示例二：

六西格玛项目团队希望调查不同操作者出现报废的情况是否有显著差异，用以判断现有的操作方法中人的因素的影响是否是产生报废的原因。项目团队收集到了样本数据，见表 4.16。

表 4.16　卡方检验示例数据

操作者	报废数	合格数	操作者	报废数	合格数
A	14	82	C	52	133
B	24	124	D	33	140

作列联表和卡方检验，分析过程如下：

（1）根据要分析的问题，提出原假设和备择假设：

$\begin{cases} H_0: 操作者与报废无关 \\ H_1: 操作者与报废有关 \end{cases}$

（2）根据选定的原假设和备择假设，这里 Y 和 X 均为非连续型数据，检验的是两个因素是否独立，因此采用列联表和卡方检验方法。

（3）确定检验的显著性水平 $\alpha = 0.05$。

（4）利用 Minitab 计算 p 值，得到图 4.20 所示输出结果。

```
卡方检验：报废数，合格数

在观测计数下方给出的是期望计数
在期望计数下方给出的是卡方贡献
    报废数  合格数  合计
1     14     82     96
     19.61  76.39
     1.607  0.413

2     24    124    148
     30.24 117.76
     1.287  0.331

3     52    133    185
     37.80 147.20
     5.335  1.370

4     33    140    173
     35.35 137.65
     0.156  0.040

合计   123   479    602
卡方=10.539,DF=3,p值 = 0.014
```

图 4.20　报废卡方检验量化分析结果

结果解读：

这里 $p = 0.014 < 0.05$，可以得到不同操作员对报废确有显著影响。根据上面的结果得到总卡方统计量为10.539，它是由8个格的卡方贡献量求和得到的，在这8个格的卡方贡献量中较大者是在操作者3，即操作者3报废率偏高。

4.10　单因素方差分析

【什么是单因素方差分析】

方差分析(ANOVA)是用来研究自变量或控制变量的不同水平是否对因变量或观测变量产生了显著影响的概率统计分析方法。如果仅研究单个因素对观测变量的影响，则称为单因素方差分析。

【应用目的】

在六西格玛项目实施中，需要用数据对那些团队认为可能影响过程输出 Y 的因素 X 做出判断，以确认其是否是关键的 X。这种分析判断可由两个方面构成：①该因素 X 对过程输出 Y 的影响是否真的存在？即回答该因素 X 对过程输出 Y 的影响是否具有统计上的显著性。②该因素 X 对过程输出 Y 的影响有多大？是否需要团队对其给予足够的关注？除了这个影响因素 X 外，是否还需要关于其他 X 的影响？即回答该因素 X 对过程输出 Y 的影响是否具有实践上的显著性。方差分析即是帮助团队回答上述问题的统计分析方法。在进行方差分析时，研究的过程输出 Y（因变量）是连续型测量数据，而过程影响因素 X（自变量）则是区分型数据，如不同的班组、不同的操作、不同的过程状态、不同的设计方案等。当团队考察因素的影响时，如只考虑一个因素 X 对 Y 的影响，则可以通过单因素方差分析法来完成。

【构成与原理】

下面定义几个基本概念：

(1)影响因素。或称为自变量、控制变量，是要调查对过程输出 Y 是否有影响的因素，即 X。例如，团队要调查操作者对过程输出 Y 的波动的影响，则操作者就是一个影响因素 X。为了避免混淆，在阐述方差分析的原理时，把影响因素记为 A、B、C 等。

(2)因素的水平。影响因素 X 所处的各种状态称为因素的水平。如果影响因素"操作者"中有操作者1、操作者2和操作者3，则这3个操作者就是 X 的3个不同的水平。即操作者1为1水平、操作者2为2水平、操作者3为3水平。

因素的各个水平记为 A_1，A_2，A_3，…。

(3)观测变量。或称为因变量、响应变量，是要调查的因素 X 影响的结果，即 Y。它是个随机变量。

用一个简单的例子来说明单因素方差分析的模型：为了调查不同的操作者加工出的产品抗拉强度是否有显著差异，让三位操作者 A_1、A_2、A_3，各生产了4件产品，分别测量这些产品的硬度，记为 y_{11}、y_{12}、y_{13}、y_{14}，y_{21}、y_{22}，…，y_{34}。把这些数据记录到表4.17中。

表4.17   方差分析数据表

因素	观测值 Y				均值
	$y_{\cdot 1}$	$y_{\cdot 2}$	$y_{\cdot 3}$	$y_{\cdot 4}$	
A_1	92.0	87.9	88.6	86.0	88.625
A_2	86.5	93.4	93.2	94.3	91.850
A_3	87.9	85.5	92.7	89.2	88.825
				$\bar{Y}$	89.767

那么，三位操作者之间是否有显著差异的问题，可转化为三位操作者的抗拉强度总体均值是否有显著差异的统计问题。即

$$H_0 : \mu_1 = \mu_2 = \mu_3 (\mu_1 \text{、} \mu_2 \text{、} \mu_3 \text{ 不全相等})$$

【注意】这种转化需要有满足下述三个条件：

(1)在水平 A_i 下，y_{i1}、y_{i2}、y_{i3}、y_{i4} 是来自正态分布 $N(\mu_i, \sigma_i^2)$ 的一个样本，其中诸 μ_i 就是要比较的对象；

(2)在不同水平下的方差相等，即 $\sigma_1^2 = \sigma_2^2 = \sigma_3^2 = \sigma^2$；

(3)各数据 y_{ij} 相互独立，通常只要把试验次序随机化即可得到满足。

而单因素方差分析法，可以帮助我们对上述的假设进行统计分析。其分析过程的基本思路如下：

在单因素方差分析中，引起波动的原因有两个：①因素 A 的变化引起的，用因素 A 各个水平下观测数据均值的改变表示因素 A 引起的波动；②由随机误差引起的波动。在同一水平下获得的数据间也存在差异，这个差异是由随机误差引起的。除了因素 A 之外其他一切因素引起的波动，将其归为误差因素引起的波动。因此，观测数据的总波动可以分解为因素引起的波动和误差引起的波动两个部分。所以：

(1)总波动的偏差平方和 SS_T，也就是所有数据对总的平均均值的偏差平方和，即

$$SS_T = \sum_{i=1}^{r} \sum_{j=1}^{m} (y_{ij} - \bar{y})^2 \tag{4.2}$$

式中：r 为因素 A 的水平数；m 为每个水平下观测值的个数，则总的数据个数 $n =$

rm。表4.17所列数据的例子中,总波动的偏差平方和 $SS_\mathrm{T} = 110.847$。图4.21
为单因素分析图形示例。

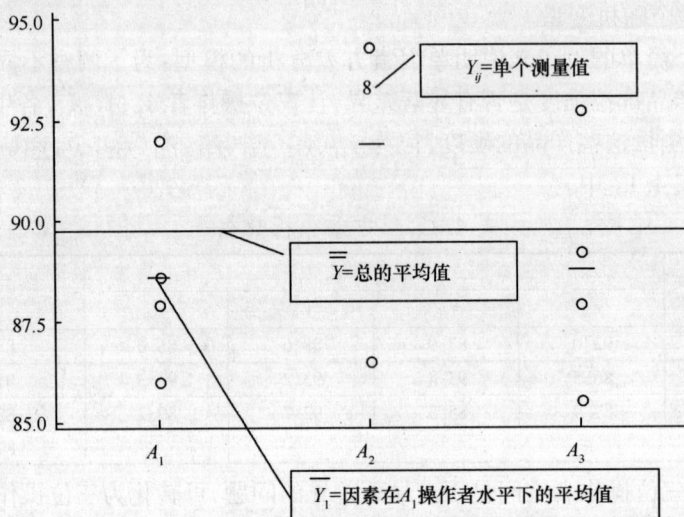

图4.21 单因素方差分析图形示例

（2）因素 A 的偏差平方和 SS_A,也就是各个水平下均值对总平均值的偏差平
方和,即

$$SS_\mathrm{A} = \sum_{i=1}^{r} m(\bar{y}_{i.} - \bar{y})^2 \tag{4.3}$$

式中：m 是每一水平下观测数据的个数。上例中,每个水平下有 4 个观测数据,
因此,表4.17所示例子中因素的偏差平方和 $SS_\mathrm{A} = 26.122$。

（3）误差的偏差平方和 SS_e,也就是各水平下的观测数据对该水平下的平均
值的偏差平方和的总和,可以用组内偏差平方和表示

$$SS_\mathrm{e} = \sum_{i=1}^{r} \sum_{j=1}^{m} (y_{ij} - \bar{y}_{i.})^2 \tag{4.4}$$

因此,表4.17所示例子中误差的偏差平方和 $SS_\mathrm{e} = 84.725$。

可以证明,总波动的偏差平方和等于因素 A 的偏差平方和加误差的偏差平
方和

$$SS_\mathrm{T} = SS_\mathrm{A} + SS_\mathrm{e} \tag{4.5}$$

如果因素 A 对观测值的影响是显著的,即前面的假设中 H_1 成立,也就是至
少有一个水平下的总体均值与其他水平下的总体均值不等,那么,因素引起的波
动相比误差引起的波动应大得多。

为了进行这样的比较,引入自由度的概念。上述各个偏差平方和的大小与

98

数据的个数是有关的,数据个数越多,偏差平方和就会越大;因素的水平数越多,因素 A 的偏差平方和也会越大。自由度是为了消除数据个数的影响而引入的。SS_T、SS_A、SS_e 的自由度分别用 df_T、df_A、df_e 表示,那么,在 SS_T 的 $n = rm$ 个偏差中有一个关系式 $\sum_{i=1}^{r} \sum_{j=1}^{m} (y_{ij} - \bar{y}) = 0$,故仅有 $n-1$ 个偏差是独立的,因而总的偏差平方和的自由度 $df_T = n - 1$,表 4.17 所示例子中总的偏差平方和的自由度为 11;同样,在 SS_A 的 r 个偏差中,有 $r-1$ 个偏差是独立的,因而因素 A 的偏差平方和的自由度为 $df_A = r - 1$,在表 4.17 所示例子中因素的偏差平方和的自由度为 $3 - 1 = 2$;在 SS_e 的 $n = rm$ 个偏差中有 $r(m-1)$ 个偏差是独立的,因而 $df_e = r(m-1) = n - r$,在表 4.17 所示例子中误差的偏差平方和自由度 $= 12 - 3 = 9$。

将因素 A 引起的波动与误差进行比较的过程列入方差分析表 4.18 中。

表 4.18　单因素方差分析表

波动来源	偏差平方和 SS	自由度 df	均方和	F 统计量
因子 A	SS_A	$df_A = r - 1$	$MS_A = SS_A / df_A$	$F = MS_A / MS_e$
误差 e	SS_e	$df_e = n - r$	$MS_e = SS_e / df_e$	
总计 T	SS_T	$df_T = n - 1$		

因素 A 的显著性可根据计算出的 F 统计量对应的 p 值做出判断,在给定显著性水平 $\alpha = 0.05$ 下,如果 $p < 0.05$ 则推翻原假设接受备择假设,也就是至少有一个水平下的总体均值与其他水平下的总体均值不等。由此,用方差分析可以帮助我们回答影响因素是否统计上显著的问题。

因素 A 影响的大小可以用 SS_A / SS_T 的比值来考察,即因素 A 引起的波动占总波动的比率或称为因素 A 的贡献率。贡献率越大,因素 A 在总波动中的比率就越大,则误差的比率相应地就越小。根据这个比值,可以对是否需要对因素 A 给予足够的关注,以及除因素 A 外是否需要考虑其他因素的影响等做出判断。由此,用方差分析 ANOVA 可以帮助我们回答影响因素是否在实践上显著的问题。

【应用方法】

可按下述步骤,用方差分析帮助团队得出分析结论:

(1)考察团队收集到的分析数据。如果过程输出 Y 的测量为连续型数据,过程影响因素 X 为区分不同状态的分组数据(对应于因素的不同水平)且只考虑单个 X 的影响时,可选用方差分析法回答因素影响的统计显著性和实践显著性问题。

(2)考察数据是否符合方差分析的三个条件(如前所述)。

(3)确定检验的显著性水平 $\alpha = 0.05$。

(4)利用收集到的数据计算因素的偏差平方和、误差偏差平方和以及总的偏差平方和,计算因素和误差的自由度以及相应的均方和,以及因素和误差均方和的比值——F 统计量。

(5)由 F 统计量计算出对应的 p 值。如果 p 值小于给定的 α,则该因素至少有一个水平下的总体均值与其他水平下的总体均值不等,由此可以判定该因素 X 对过程输出 Y 有显著影响。

(6)计算因素 X 的贡献率,即因素的偏差平方和与总波动偏差平方和的比值,由此可以判断该因素影响的大小,以及团队是否需要关注其他 X 的影响。

上述计算过程可以用计算机辅助完成。

【应用示例】

示例一:

借助于 Minitab 软件对前面所述例子作出方差分析表,如图4.22 所示。

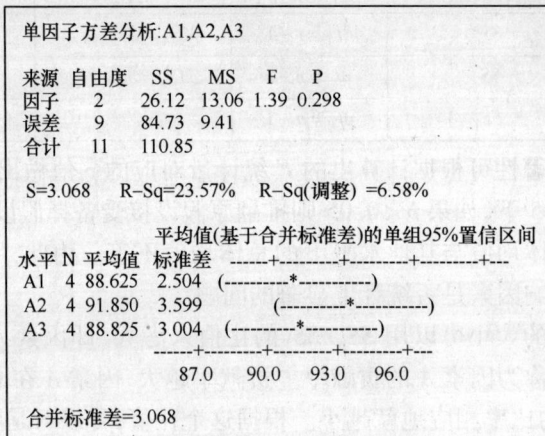

```
单因子方差分析:A1,A2,A3

来源   自由度   SS      MS     F     P
因子   2       26.12   13.06  1.39  0.298
误差   9       84.73   9.41
合计   11      110.85

S=3.068    R-Sq=23.57%    R-Sq(调整) =6.58%

              平均值(基于合并标准差)的单组95%置信区间
水平 N 平均值 标准差  ------+---------+---------+---------+---
A1   4 88.625  2.504  (----------*----------)
A2   4 91.850  3.599          (----------*----------)
A3   4 88.825  3.004  (----------*----------)
                      ------+---------+---------+---------+---
                      87.0    90.0    93.0    96.0

合并标准差=3.068
```

图 4.22　抗拉强度单因素方差分析量化分析结果

结果解读:

通过图4.22 中 $p = 0.298 > 0.05$,说明操作者的差异对产品抗拉强度没有显著影响;通过 R-Sq(调整)说明操作者的差异对抗拉强度的影响大小大约占了 6.58%;从置信区间的分布可以看出不同操作者生产的产品抗拉强度没有明显的变化和差异。

示例二:

某项目团队欲提高电解铜的纯度,项目团队认为其纯度应与加工时的电流强度有关,为此收集了相关数据。表4.19 是团队收集到的调查数据。

100

表 4.19　单因素方差分析示例数据

电流强度 1	电流强度 2	电流强度 3	电流强度 4
17.82	9.26	14.32	16.11
17.51	11.47	12.80	18.02
11.13	8.68	12.71	19.33
10.72	9.94	14.07	15.3
12.1	10.1	9.34	17.08
13.68	10.85	14.42	16.74
17.3	13.41	14.47	15.74
13.5	6.07	12.87	15.12
14.03	7.34	8.93	14.71
13.19	13.72	12.78	15.7

观察表 4.19,其中过程输出 Y——电解铜纯度是连续型测量数据,而影响因素 X——电流强度分为 4 挡,是非连续型数据,可以视为该影响因素的 4 个水平。因此,可用方差分析法帮助团队得到分析结论。方差分析法的结果如图 4.23(本例的分析采用 Minitab 软件)所示。

```
单因子方差分析:电解铜纯度与电流强度

来源      自由度   SS      MS     F      P
电流强度   3      208.92  69.64  14.83  0.000
误差      36      169.06  4.70
合计      39      377.98

S=2.167    R-Sq=55.27%    R-Sq(调整)=51.55%

                    平均值(基于合并标准差)的单组95%置信区间
水平  N  平均值  标准差   ------+---------+---------+---------+---
1    10  14.098  2.610                    (----*-----)
2    10  10.084  2.429    (----*-----)
3    10  12.671  2.004              (----*-----)
4    10  16.386  1.434                          (----*-----)
                         ------+---------+---------+---------+---
                         10.0      12.5      15.0      17.5

合并标准差=2.167
```

图 4.23　电解铜纯度单因素方差分析量化结果

结果解读:

电流强度对应的 $p = 0.000 < 0.05$,说明电流强度是影响电解铜纯度的显著因素;电流强度对电解铜纯度的贡献率为 51.55%(此处采用计算机输出的结果 $R-Sq$(调整))。因此,电流强度是影响电解铜纯度的一个关键 X。团队应对该因素的影响给予关注。同时,由于电流强度影响的贡献率只有51.55%,所以在误差因素中还有未识别出的其他影响因素值得团队关注,团队还需要进一步寻找其他关键影响因素。95% 的置信区间相互重叠表明因素水平没有显著差异。

4.11　相关分析和一元线性回归

【什么是相关分析】

相关分析(Correlation Analysis)是分析判断成对数据之间是否存在相互关联以及相关程度如何的概率统计分析方法。

【什么是一元线性回归】

一元线性回归(Regression)是针对两个存在相关关系的变量,使用直线方程反映二者之间关系的方法。

【应用目的】

正像在方差分析中阐述的那样,在六西格玛项目实施中,需要收集数据对那些团队认为可能影响过程输出 Y 的因素 X 做出判断,以确认其是否是关键的 X,即回答因素 X 对过程输出 Y 的影响是否具有统计上的显著性和实践上的显著性。回归分析也是帮助团队回答上述问题的分析方法。当收集到的过程输出 Y(因变量)和过程影响因素 X(自变量)的数据均是连续型测量数据时,可运用相关分析和回归分析帮助团队得到上述问题的分析结论。当团队只考虑单个因素 X 对 Y 的影响时,可以通过一元线性回归分析来完成。

【构成与原理】

成对数据间的相关关系可以用散点图直观地进行观测,而对其做出量化判断则需要通过相关分析。相关分析中使用相关系数 r 来衡量两个变量之间的相关程度,即

$$r = \frac{\sum_{i=1}^{n}(x_i - \bar{x})(y_i - \bar{y})}{\sqrt{\sum_{i=1}^{n}(x_i - \bar{x})^2 \cdot \sum_{i=1}^{n}(y_i - \bar{y})^2}} \tag{4.6}$$

相关系数 r 是一个小于 1 且大于 -1 的值。当 $|r|$ 接近于 1 时,则表明两个变量之间是的相关程度非常高;也就是散点图上表现出的强相关关系。当 r 接近于 +1 时,称两个变量间是强正相关关系;当 r 接近 -1 时,称两个变量之间是强负相关关系;当 r 接近于 0 时,一般认为两个变量之间没有线性相关关系。

若 x 与 y 无关时,总体的相关系数 ρ 应该为 0,样本的相关系数 $|r|$ 会很小,这时,散点图上的点子"云"会呈现"乱作一团"的形状或呈现非线性排列。那么,样本的相关系数 r 大到什么程度可以认为两个变量间是确实存在相关关系呢? 这里,需要对两个变量间的相关系数是否为 0 进行假设检验,将总体的相关系数记为 ρ,则有

102

$$\begin{cases} H_0 : \rho = 0 \\ H_1 : \rho \neq 0 \end{cases}$$

其检验方法与其他假设检验的思路是相同的。通过计算 p 值并根据 p 值是否小于给定的显著性水平 α 来判断两个因素间是否存在线性相关关系。

一元线性回归分析是针对两个存在线性相关关系的变量,使用直线方程 $y = a + bx$ 反映二者之间的关系。我们知道任意两点间可以作一条直线,但如果坐标图上有多个点且并不在一条直线上时,如何能用一条直线来反映两个变量的关系呢?一般而言,考虑找出这样一条直线,对于每个观测值 x_i,由回归方程可以确定一个回归值 $\hat{y}_i = \hat{a} + \hat{b}x_i$。这个回归值与实际观测值之间的偏差刻画了两者的偏离程度,则所有偏差的平方和 $\sum_{i=1}^{n} (y_i - \hat{y}_i)^2$ 就定量地描述了全部观测点与直线的偏离程度。显然,偏差平方和越小的直线,越能较好地反映变量 x 与 y 之间的关系。因此,要使全部观测点与直线都很接近,必须选取 a 和 b 使得 $\sum (y_i - \hat{y}_i)^2$ 最小。这种方法称为最小二乘估计,如图 4.24 所示。

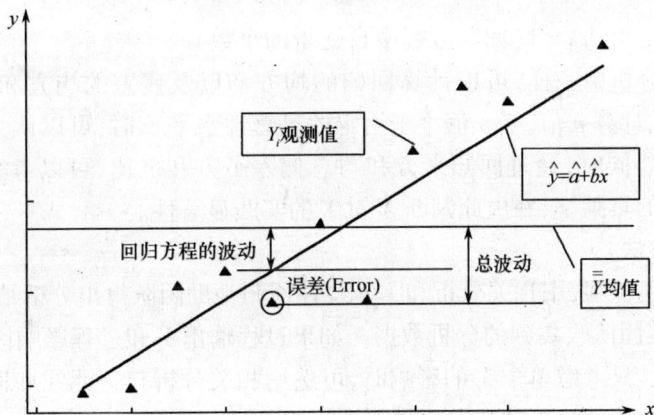

图 4.24　回归分析图形示例

建立回归方程的目的是表达两个具有线性相关的变量间的定量关系,因此,只有当两个变量确实具有线性相关关系时所建立的回归方程才是有意义的。两个变量间是否存在线性相关关系,需要进行假设检验。通常有两种假设检验方法:

(1)相关系数法。即对于给定的显著性水平 α,检验两变量总体的相关系数是否为 0,如果 p 值小于 α,则认为相关系数不为 0,即两个变量间存在线性相关关系,所求得的回归方程是有意义的。

(2)用方差分析法。对给出的 n 个 y 的观测值求出其总的波动,如同方差分析中一样,用 SS_T 表示总偏差平方和

$$SS_T = \sum (y_i - \bar{y})^2 \qquad (4.7)$$

造成这种波动的原因有两个:①由于自变量 x 取值不同引起的,当变量 y 与 x 线性相关时,x 的变化会引起 y 的变化,反映在 y 的预测值的波动上,即回归分析的效应方面;②各实际观测 y 值与预测 y 值间的差别,即随机误差引起的,称为残差。可以用回归平方和 SS_R 与残差平方和 SS_E 分别表示由这两个原因引起的数据波动

$$SS_R = \sum (\hat{y}_i - \bar{y})^2 \qquad (4.8)$$

$$SS_E = \sum (\hat{y}_i - y_i)^2 \qquad (4.9)$$

同样可以证明有总波动的偏差平方和等于回归平方和加残差平方和,即

$$SS_T = SS_R + SS_E \qquad (4.10)$$

它们的自由度也有下述关系

$$df_T = df_R + df_e \qquad (4.11)$$

式中:$df_T = n - 1$,$df_R = 1$(回归方程中自变量的个数)。

同方差分析中一样,可以计算回归的均方和以及残差的均方和,并计算 F 比,根据 F 比计算 p 值,当 p 值小于给定的显著性水平 α 时,可以认为回归方程是有意义的。同时,通过回归平方和与总偏差平方和之比,可以考察自变量 X 对因变量 Y 的贡献率,并由此判断 X 对 Y 的实践显著性。

【应用方法】

可按下述步骤,用相关分析和一元线性回归帮助团队得出分析结论:

(1)考察团队收集到的分析数据。如果过程输出 Y 和过程影响因素 X 均为连续型数据且只考虑单个 X 的影响时,可选用相关分析与一元线性回归方法回答因素影响的统计显著性和实践显著性问题。

(2)确定检验的显著性水平 $\alpha = 0.05$。

(3)计算 Y 与 X 间的相关系数 r,并进行相关系数是否为 0 的假设检验;当 $p < 0.05$ 时,可以认为 Y 与 X 间存在线性相关关系,即 X 对 Y 的影响具有统计显著性。

(4)依据最小二乘估计,计算一元线性回归方程的常数项 $\hat{a}$ 和一次项系数 $\hat{b}$,找出 Y 与 X 的回归方程 $\hat{y} = \hat{a} + \hat{b}x$。

(5)利用收集到的数据计算回归平方和、残差平方和以及总平方和,计算回归和残差的自由度以及相应的均方和,以及回归和误差均方和的比值——F 统

104

计量。

（6）由 F 统计量计算出对应的 p 值。如果 p 值小于给定的 α，则回归方程有意义，由此可以判定该因素 X 对过程输出 Y 具有统计上的显著性。

（7）计算回归平方和与总平方和的比值，由此判断因素 X 的实践显著性，得出团队是否需要关注这个影响因素 X，以及是否需要寻找其他的 X。

上述计算过程可以用计算机辅助完成。

【应用示例】

某六西格玛项目团队要解决的问题是提高某种材料的强度，团队经过讨论认为在材料加工中使用的添加剂含量对于强度有影响，因此他们收集了添加剂含量与材料强度的数据，见表4.20。

表 4. 20　回归分析示例数据

材料强度	添加剂含量	材料强度	添加剂含量
0.1	42	0.16	49
0.11	43.5	0.17	53
0.12	45	0.18	50
0.13	45.5	0.2	55
0.14	45	0.21	55
0.15	47.5	0.23	60

观察表4.20，其中过程输出 Y——材料强度是连续型测量数据，而影响因素 X——添加剂含量也连续型数据。因此，可用相关分析和一元线性回归法帮助团队得到分析结论。

相关分析的结果如图4.25所示（本例的分析采用 Minitab 软件）。

> 相关:材料强度，添加剂含量
>
> 材料强度和添加剂含量的Pearson相关系数=0.974
>
> p值=0.000

图 4.25　相关分析量化输出结果

结果解读：

> 材料强度与添加剂含量对应的相关系数的检验结果为 $p = 0.000 < 0.05$，所以可以认为二者之间存在线性相关关系。同时二者间的相关系数 r 为 0.974，接近 1 说明两者之间存在较强的正相关关系。

一元线性回归分析的结果如图4.26所示。

```
回归分析:材料强度与添加剂含量

回归方程为
材料强度=28.5+131添加剂含量

                        系数标
自变量        系数      准误      T       P
常量         28.493    1.580    18.04   0.000
添加剂含量    130.835   9.683    13.51   0.000

S=1.31945    R-Sq=94.8%   R-Sq(调整)  =94.3%

方差分析
来源        自由度     SS      MS       F       P
回归         1       317.82   317.82   182.55  0.000
残差误差     10       17.41    1.74
合计         11       335.23
```

图 4.26　回归分析量化结果

结果解读:

（1）从相关系数检验的结果来看,添加剂含量对应的 $p = 0 < 0.05$,说明回归方程中添加剂含量对应的系数不为 0,即添加剂含量对材料强度的影响是统计显著的。

（2）从方差分析的结果来看回归方程对应的 $p = 0 < 0.05$,说明回归方程有意义,即材料强度与添加剂含量存在线性相关关系,二者之间的对应关系是:材料强度 $= 28.5 + 131$（添加剂含量）。其影响程度 $R - Sq$（调整）= 94.3%,说明添加剂的影响具有较强的实践显著性,也就是说,添加剂确实是影响材料强度的关键 X,需要对其采取改进或控制措施,以提高材料强度。

4.12　二项逻辑回归

【什么是二项逻辑回归】

二项逻辑回归(Binary Logistic Regression)是回归分析的一个分支。特别是在因变量为区分型数据时,使用二项逻辑回归,可以分析因变量和自变量二者之间的相关关系。

【应用目的】

很多情况下,六西格玛项目团队收集到的过程输出 Y 的测量值是一些区分型数据,例如:产品合格与不合格,缺陷存在与不存在,事件发生了与没有发生等。在这种情况下,分析因素 X 对过程输出 Y 的影响,特别是在样本容量较小的情况下,需要用二项逻辑回归分析的方法,以帮助团队得到准确的分析结论,

106

包括因素影响的统计显著性和实践显著性。同时二项逻辑回归还可以帮助团队预测过程输出变量出现某种结果的可能性。

【构成与原理】

二项逻辑回归与线性回归分析具有类似的分析原理,但二项逻辑回归研究的观测变量是区分型数据,其结果只有两种可能:事件发生/事件不发生。也就是我们通常研究的过程输出结果为:合格/不合格。故直接使用区分型数据进行回归分析显然是不合适的,此时就要考虑对观测变量进行某种变换。如果将过程观测变量转换为合格率/不合格率(p)这样的百分比值,但百分比值的取值范围只能是 0 ~ 1,仍无法满足回归分析的要求。如果将合格率/不合格率转换成 $p/(1-p)$——在二项逻辑回归中将该比值称为优势比。但优势比的取值范围是 0 ~ $+\infty$。再将优势比取对数作变换,将观测值转换成 $\ln\dfrac{p}{1-p}$,可以证明该值的变化范围是 $-\infty$ ~ $+\infty$。之后使用转换后的数据与自变量进行线性回归分析,则与前述的线性回归分析并无二致了,即

$$y = \ln\frac{p}{1-p} = a + b_1x_1 + b_2x_2 + \cdots + b_ix_i \qquad (4.12)$$

在二项逻辑回归中,因素影响的实践显著性是通过优势比表达的。优势比距数值 1 越远,则因素的影响程度就越大。

【应用方法】

可按下述步骤,用二项逻辑回归帮助团队得出分析结论:

(1)考察团队收集到的分析数据。如果过程输出 Y 为区分型数据时,可选用二项逻辑回归方法回答因素影响的统计显著性和实践显著性问题。

(2)确定检验的显著性水平 $\alpha = 0.05$。

(3)将过程输出数据进行转换,再进行回归分析,得到回归方程以及优势比和 p 值。

上述计算过程可以用计算机辅助完成。

【应用示例】

六西格玛项目团队的目标是提高某型产品的合格率,项目团队认为对加工合格率有影响的因素可能是操作人员的操作和加工温度,团队收集到了以下数据,见表4.21。

观察表4.21,其中过程输出 Y 的测量是产品合格或不合格,即区分型数据;而影响因素 X_1 是操作人员,即非连续型数据,影响因素 X_2 是加工温度,是连续型数据。因此,可用二项逻辑回归法帮助团队得到分析结论。

二项逻辑回归分析的结果如图 4.27 所示(本例的分析采用 Minitab 软件)。

表 4.21 二项逻辑回归数据示例

操作者	温度/℃	缺陷件	操作者	温度/℃	缺陷件	操作者	温度/℃	缺陷件
1	487	0	2	511	0	3	512	0
1	486	0	2	510	1	3	512	0
1	482	0	2	510	0	3	513	0
1	482	0	2	507	0	3	510	1
1	487	0	2	508	0	3	510	0

注:表中"0"代表合格,"1"代表不合格

```
二进制Logistic回归:缺陷件与操作者,温度
连结函数:Logit
响应信息
变量值          计数
缺陷件    1    39    (事件)
         0   137
         合计  176

Logistic回归表

                                                95%置信区间
自变量   数  系数标准误    Z      P    优势比  下限
常量  27.9866  9.09078  3.08  0.002
操作者
2   0.970328  0.551459  1.76  0.078  2.64   0.90
3   1.57780   0.524140  3.01  0.003  4.84   1.73
温度 −0.0612566 0.0185261 −3.31 0.001  0.94   0.91   0.98

对数似然=−81.771
检验所有斜率是否为零:G=22.635,DF= 3,p值=0.000
```

图 4.27 二项逻辑回归量化输出结果

结果解读:

(1)检验回归系数是否为 0,其 $p = 0 < 0.05$,说明回归模型有效。

(2)操作者 2 对应的 $p = 0.078 > 0.05$,说明人员 2 与 1 相比,加工出缺陷件的差异不明显;操作者 3 对应的 $p = 0.003 < 0.05$,说明 3 与 1 相比,加工出缺陷件的差异明显(统计上的显著性)。

(3)优势比为 4.84 说明操作者 3 加工出缺陷件的可能性是操作者 1 的 4.84 倍(实践上的显著性)。由此可以判断,操作人员确实是一个关键影响因素,需要团队进一步关注。

(4)温度对应的 $p = 0.001 < 0.05$,说明温度的变化对于产品加工的合格率有显著影响(统计上的显著性)。同时将计算的缺陷(事件)发生概率与温度绘制散点图(图 4.28)可以看出:对应不同操作者,欲降低缺陷发生的可能性,温度的设定应在 510℃ 以上。

108

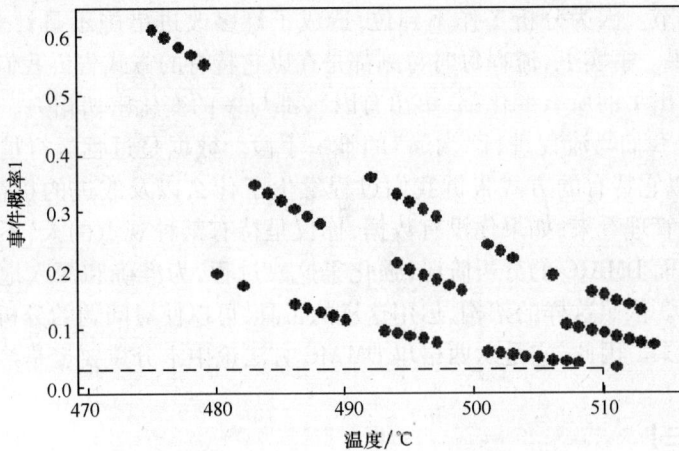

图 4.28　事件概率与因素之间的散点图

结果解读：

对应不同操作者,欲降低缺陷发生的可能性,温度的设定应在 510℃ 以上。

本 章 小 结

本章重点介绍了六西格玛 DMAIC 方法中 A 阶段——分析阶段的主要工作内容,以及支持本阶段工作的主要工具方法。分析阶段的主要工作是在头脑风暴和因果分析的基础上,编制收集数据的计划。在分析阶段,不仅要收集过程输出 Y 的数据,而且相应地要收集过程影响因素 X 的数据。通过收集这样的数据,分析 $Y = f(X)$ 相关关系。本章内容包括:①箱线图和点图、散点图、多变量图等用以展示 Y 与 X 的关系的图形工具;②假设检验的基本概念,以及常用的假设检验方法;③单因素方差分析(ANOVA)、一元线性回归和二项逻辑回归的分析方法,这些方法不仅能帮助我们回答 X 对 Y 的影响是否具有统计显著性,同时还能帮助我们回答其是否具有实践显著性的问题。在六西格玛项目实施中,判定一个因素是否为关键影响因素,必须有上述数据支持。而找到影响过程输出 Y 的关键影响因素 X,是分析阶段结束的标志。

分析阶段案例:

你的分析到位了吗?

在生产与管理活动中,"分析"是大家常打交道的一个环节,但也是非常薄弱的一个环节。因为分析工作不到位,造成了许多改进措施不具针对性、不深入、没有效果。事实上,流程每时每刻都是在以它特有的方式告诉我们发生了什么。过程输出 Y 的所有变化都"事出有因",都与 X 的变化密切相关。而"测量"和"数据"是我们与流程进行"沟通"的唯一手段。数据是过程运行情况的客观反映,数据以它特有的方式告诉我们过程发生了什么以及改进的机会在何处。在六西格玛管理看来,如果你没有数据,你仅是持有某种观点的人,不代表你掌握了事实。而 DMAIC 的分析阶段,强化了这一过程,为准确和深入地分析提供了一种模式。依照这样的架构,运用这样的工具,可以使对问题的分析达到准确与深入的结果。因此,它是六西格玛 DMAIC 方法论中十分重要也是最具魅力的一个阶段。

【案例三】

B 企业的核心产品是某电子元器件。为了提高其生产能力,企业加大了技术改造的力度。几年来的持续投入使企业的设备设施达到了国内一流、国际领先的水平,但是随着技术改造工作的深入,新的问题凸显了出来。尽管企业的硬件水平提升上去了,但在运行效果上仍然与国际先进水平存在明显的差距,特别是在产出率方面。国外同行的产出率可以达到 92%,而该企业的产出率仅为 85% 左右。到底是什么限制了产出率的提升?

六西格玛项目团队在分析(A)阶段是这样做的:首先对过去 6 个月来的数据进行了初步评估。他们发现该产品的产出率非常不稳定,虽然从总体上而言,该流程的产出率为 85.3%,但是流程的潜力却比较高,在一些时候,流程的产出率可以达到 94.6%。因此,六西格玛项目团队将分析工作的重点放在寻找妨碍流程潜力发挥的因素上。图 A.1 就是用过去 6 个月产出率的数据作出的时间序列图。

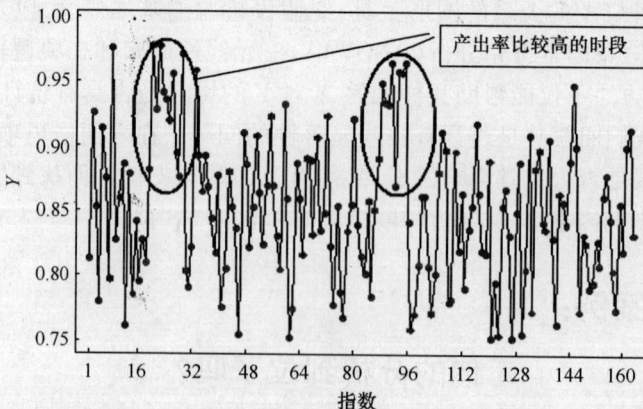

图 A.1　产品率的时间序列图

从时间序列图中可以看出,产出率并不稳定,一些时候过程的产出率达到了较高的水平。在这些信号的"指引"下,经过团队的讨论,他们认为,引起上述变化的可能因素是人员的操作以及材料供应商的变化等。为此,他们进一步地收集到了以下的一些数据,见表 A.1。

表 A.1　收集数据计划表(一)

产出率	班次	供应商	产出率	班次	供应商	产出率	班次	供应商
0.812	A	BB	0.976	B	BB	0.833	A	CC
0.925	A	BB	0.868	C	BB	0.987	B	CC
0.852	A	BB	0.830	C	BB	0.941	B	CC
0.827	A	BB	0.803	C	BB	0.936	B	CC
0.809	A	BB	0.932	C	BB	0.919	B	CC
0.977	B	BB	0.859	C	BB	0.955	B	CC
0.990	B	BB	0.751	A	CC	0.854	C	CC
0.982	B	BB	0.773	A	CC	0.921	C	CC
…	…	…	…	…	…	…	…	…

图 A.2 是用这些数据绘制的箱线图。

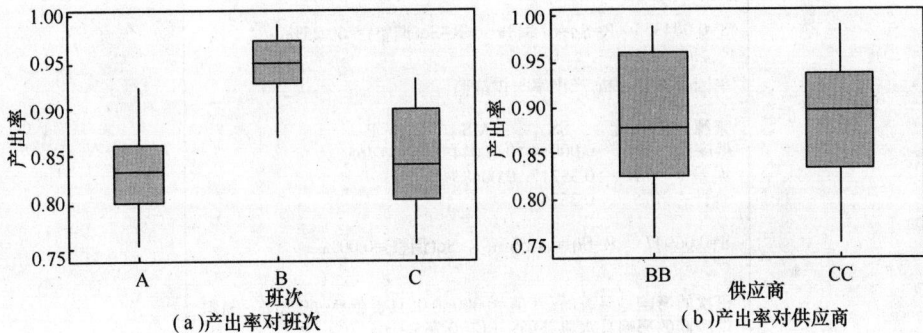

图 A.2　产出率对班次和材料供应商的箱线图

从结果中可以看出,B 班次生产的产出率的平均水平高于其他两个班次,而且与其他两个班次比较分散更小;不同的材料供应商对产出率没有明显的差异。

图 A.3 所示的是用团队收集到的上述数据做出的多变量图(Multi-Vari Chart),从图上可以看出,班次的变化对产出率的影响大于材料供应商变化的影响。从多变量图中还可以看出,B 班组的平均产出率高于 A 班组和 C 班组。

量化分析的结果也证明了这一点。图 A.4 是用上述数据做出的"班次对产出率"以及"材料供应商对产出率"影响的方差分析的结果。从方差分析的结果

111

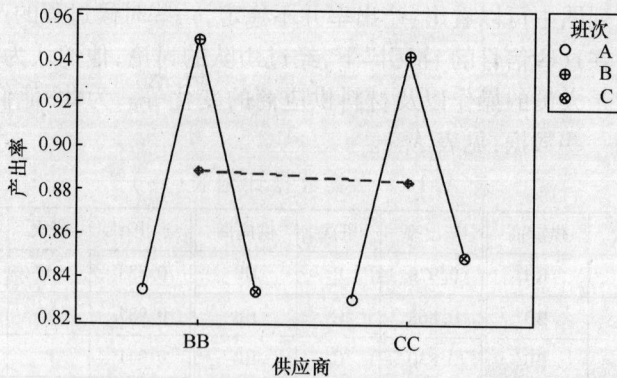

图 A.3 产出率对班次与材料供应商的多变量图

中可以看出,班次对产出率的影响是显著的($p = 0.000$ 且 R – Sq(调整) = 61.3%),而材料供应商的影响是不显著的($p = 0.765$)。

```
单因子方差分析:产出率与班次

来源  自由度   SS      MS      F      P
班次    2   0.21926  0.10963  57.84  0.000
误差   73   0.13835  0.00190
合计   75   0.35761

S=0.004353   R-Sq=61.31%    R-Sq(调整) = 60.25%

单因子方差分析:产出率与供应商

来源   自由度    SS      MS      F      P
供应商   1   0.00044  0.00044  0.09  0.765
误差    74   0.35717  0.00483
合计    75   0.35761

S=0.06947   R-Sq=0.12%   R-Sq(调整)=0.00%

班次的影响是显著的:P值=0.000<0.05且贡献率=60.25%。材料
供应商的影响是水显著的:P值=0.765>0.05
```

图 A.4 方差分析——班次/供应商对产出率影响的分析

尽管数据表明班次的影响是一个非常关键的 X,但团队并没有停止分析阶段的工作。他们认为,尽管班次的影响是显著的,但是它仍然是一种表象,不是"根本原因"。还需要进一步打开"流程之门",深入追踪更深层次的原因。团队在上述数据分析的基础上,通过不断地问"为什么",到流程中去寻找下一层的原因。为此,团队成员对比了不同班组的操作方法。他们发现,各班组之间的差异主要表现在对电流的控制方法上。而 B 班组的控制电流高于 A 班组和 C 班组。为了验证他们的分析结论,他们继续一对一地收集了电流与产出率的数据,

112

表 A.2 就是这些数据的例子。

表 A.2　　收集数据计划表(二)

产出率	电流/mA	产出率	电流/mA	产出率	电流/mA
0.913	44	0.955	47	0.923	46
0.881	44	0.881	42	0.777	38
0.812	38	0.908	46	0.927	42
0.967	47	0.933	49	0.926	44
0.629	30	0.85	44	0.89	40
0.92	43	0.911	44	0.998	48
0.889	44	0.793	39	0.795	38
0.911	45	0.717	32	0.884	44
…	…	…	…	…	…

图 A.5 是用上述数据绘制的散点图,从散点图上可以看出,产出率与电流之间强正相关。

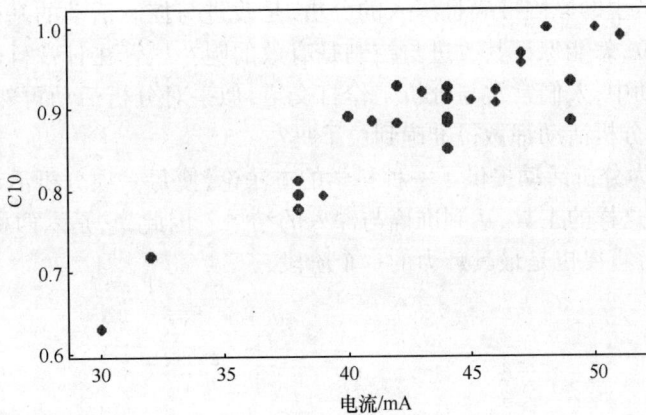

图 A.5　电流对产出率的影响分析的散点图

他们对这些数据进行了回归分析。图 A.6 就是用上述数据做出的回归分析的结果。从这些结果中可以看出,电流对产出率的影响是显著的($p = 0.000$ 且 $R - Sq$(调整) $= 83.1\%$)。因此,团队的分析得到了证实:电流的影响是根本原因,它才是真正的"关键的 Xs"!

六西格玛团队的分析工作仍然没有结束。进一步的数据分析表明,当电流控制在 50mA 以上时,产出率将达到 92% 以上。

```
回归分析：产出率与电流

回归方程为
产出率=0.220+0.0154电流

自变量      系数       系数标准误    T      P
常量       0.22039    0.05777     3.81   0.001
电流       0.015364   0.001329    11.56  0.000

S=0.0343122    R−Sq=83.7%    R−Sq(调整) = 83.1%

方差分析
来源      自由度    SS        MS       F        P
回归       1       0.15724   0.15724  133.55   0.000
残差误差    26      0.03061   0.00118
合计       27      0.18785

加温时间的影响是显著的:p值=0.000<0.05且R−Sq(调整)=83.1%
```

图 C.6　回归分析——电流对产出率的影响分析

上述分析工作为项目改进方案的设计奠定了坚实的基础。在随后的改进（I）和控制（C）阶段中，项目团队进一步验证了对电流的调整与控制方案,确认了相应的控制范围和控制方法。

对问题产生的原因准确且深入的分析,是改进与控制活动的基础。如果分析工作不到位,怎能保证其改进与控制是有效的呢？尽管在日常科研生产以及经营管理活动中,人们常常与分析工作打交道,似乎对分析活动再熟悉不过了。但是,每一项分析活动都做得准确到位了吗？

DMAIC 为分析活动提供了一种科学的方法论,使每一项分析活动依照这样的架构,运用这样的工具,达到准确与深入的结果。因此,它是六西格玛 DMAIC 方法论中十分重要也是最具魅力的一个阶段。

第5章 DMAIC方法——改进阶段

> **改进阶段(Improve Phase)的主要工作是:** 寻找优化过程输出 Y 并且消除或减小关键 X 影响的方案,使过程的缺陷或变异得到突破性的降低。

改进阶段是在分析阶段的基础上,继续将改进活动推向深入的一个阶段,也是最具创新性的一个阶段。在改进阶段,需要针对关键影响因素 X,形成改进方案。需要验证改进方案的有效性,需要对改进方案的风险做出全面评估,等等。需要指出的是,改进阶段为针对根本原因的改进和流程的优化提供了框架和工具。一个优化的改进方案,可以突破流程原有的条件限制,尝试将过程输入 X 在新的条件下进行优化组合,以达到过程输出 Y 的最佳效果;也可以将流程步骤进行优化,按照减少流程的周期和物耗的原则,整理并实现流程步骤的优化。改进阶段正是这样帮助团队形成有效的突破性和创新性的改进方案。改进阶段使用的主要工具见表5.1。

表5.1 DMAIC方法I阶段主要支持工具

阶　段	常用工具和技术	
I改进阶段	(1)试验设计	(2)精益工具
	(3)田口方法	(4)FMEA
	(5)响应面法	(6)过程改进

注:本书中重点介绍DOE的基本原理以及二水平全因子试验设计方法和FMEA方法在改进阶段的应用。

5.1 改进方案的设计

【改进方案的设计原则】

改进阶段的目标是形成针对根本原因的最佳解决方案,并且验证这些方案是有效的。改进方案设计应是简便、灵活(Smart Simple Design,SSD)的,也就是说要尽可能用简化的方法来实现改进方案,复杂产生浪费,复杂产生缺陷。好的

改进方案应是:

(1)流程的步骤简化,以最少的步骤产生要求的输出;

(2)尽可能地使用标准化的过程方法(表格、文件、软件);

(3)流程中的传递或转换比较少,特别是不同部门之间的传递比较少;

(4)没有不增值的环节或步骤,没有周期或成本的浪费。

在产生解决方案的时候应当:减少各个不必要的流程步骤;优化各个步骤间的顺序;尽可能合并流程中的一些功能;对流程标准化。当然,这个过程需要不断挑战自己,挑战流程的各种限制,以达到突破的目的。

【改进方案的设计过程】

一般来说,改进方案的设计过程包括下述方面:

(1)产生解决方案。通常这些解决方案的产生需要专业知识和对过程的认知与经验等。但是,也有一些方法和原则,帮助团队制定出最佳解决方案。DOE是帮助团队产生最佳解决方案的强有力的工具。

(2)评价解决方案。改进方案产生后,需要对其优劣进行评价。一般将从改进方案的可行性、成本投入、周期乃至人员接受度等方面,评价改进方案的优势与劣势。在许多六西格玛项目实践中,团队将产生多个改进方案,并从项目综合优势上,选择出一个最好的方案加以验证实施。

(3)完成改进方案的风险评估。一个改进方案的实施是否会给顾客和过程带来其他问题?一个好的改进方案,是不能够以给顾客或企业带来较高的风险为代价的。评价改进方案的风险,并且对高风险项加以有效控制,是改进阶段项目团队必须要完成的一项工作。对改进方案做风险评估的方法比较多,但最常用的是 FMEA 分析方法。其分析结果,也将是控制阶段产生控制计划的基础或者输入。

(4)改进方案有效性的验证。任何改进方案均需经验证其有效性,才能最终被确认为团队将采取的方案,而其有效性必须通过量化结果加以证明。

5.2 试验设计基础

【什么是试验设计 DOE】

试验设计(Design Of Experiment,DOE),也称为实验设计,是以概率论和数理统计为理论基础,以最有效的方式安排试验以获得含有最大信息量的数据并据此进行分析的一项技术。DOE 自 20 世纪 20 年代问世至今,其发展大致经历了三个阶段:即早期的单因素和多因素方差分析,传统的正交试验法和近代的调优设计法;从 20 世纪 30 年代费希尔(R. A. Fisher)在农业生产中使用试验设计方法以来,试验设计方法已经得到广泛的发展,统计学家们发现了很多非常有效的试验设计技术;20世纪60年代,日本统计学家田口玄一将试验设计中应用最广的正交设计表格化,深入浅出,为试验设计的更广泛使用做出了众所周知的贡献。

【应用目的】

六西格玛项目团队在改进阶段的主要工作是:在识别出过程输出 Y 的关键影响因素 X 后,针对这些关键 X 制定出有效的改进方案。DOE 则是帮助团队产生最佳解决方案的有效工具。许多项目在形成改进方案时面临的一个重要问题是:哪些影响因素 X 显著地影响着过程输出 Y,怎样去改变这些 X 或着这些 X 取什么值时将会使 Y 达到最佳值。而 DOE 可以帮助团队更好地回答这些问题。按照 DOE 的设计,有计划地安排试验并获得数据,之后通过详尽的数据分析,获得所需要的信息,从而获得最佳的改进方案。

如前所述,DOE 所要达到的目的是分析出"哪些 X 显著地影响着 Y,这些 X 取什么值时将会使 Y 达到最佳值"。在分析阶段,也使用了达到类似目的的统计方法,那么 DOE 与这些方法间有什么区别呢? 需要说明的是,在 A 阶段,分析主要依赖于未改变当前过程条件下所获得的数据,特别是历史数据。因此,可以视分析阶段为一种"被动"的收集数据和分析的过程。而充分地调查过程的现状,可以给我们提供过程影响因素的大量信息,团队不应放弃这些数据的运用。而在改进阶段,可能要考虑全新的方案,可以考虑打破目前过程条件的限制,尝试关键 X 的新的取值,因而有可能使 Y 获得更佳值。因此,改进阶段是突破原有的尝试新的"主动"收集数据和分析的过程。所以,改进阶段是一个创新的过程。DOE 正是帮助团队更有效地实现过程创新获得最佳改进方案的工具。

【结构与原理】

1. DOE 的基本概念

实际问题都是复杂的,任何数学模型都只是它的某种抽象概括,DOE 也不例外。将 DOE 中的一些基本概念和术语做如下定义:

(1)因子、水平及处理。正像在方差分析中定义的那样,把过程输出 Y 定义为"响应变量"(Response)或称为"指标";把要通过试验研究的过程影响因素 X,称为因子(Factor)。为了研究因素对响应的影响,需要用到因素的两个或更多个不同的取值,这些取值称为因子的"水平"(Level)。各因子皆选定了各自的水平后,其组合称为"处理"(Treatment)。一个处理的含义是:按照设定的因素的水平组合可以获得的一次响应变量的观测值,因此处理也可以称为一次"试验"(Trail 或 Experimental Run),也简称为"一次运行"(Run)。

(2)模型与误差。在试验设计中通过建立数学模型来表述因子 $X_1, X_2, \cdots$,

X_k 对响应变量 Y 的影响

$$Y = f(X_1, X_2, \cdots, X_k) + \varepsilon \qquad (5.1)$$

式中:Y 为响应变量; $X_1, X_2, \cdots, X_k$ 为影响因素; f 为某个确定的函数关系。式中的"误差" ε 包含了两个方面:非可控因素(或噪声)所造成的"试验误差"(Experimental Error)和"失拟误差"(Lack of Fit),即所采用的模型函数 f 与真实函数间的差异。试验误差与失拟误差是两种性质不同的误差,分析时也要分别处理。从上述概念中还可以看到,试验误差中包含了测量误差。为了不使测量误差影响试验结果,通常要在试验进行前,先进行测量系统分析,只有测量系统满足要求后,试验才能开始进行。

(3)主效应和交互效应。主效应(Main Effect)是用来反映单个因素对于响应变量影响大小的量值,而交互效应(Interaction)是用来衡量两个或两个以上因素之间的相互搭配关系对于响应变量影响大小的量值。或者说:如果因素 A 的效应依赖于因素 B 所处的水平,则称 A 与 B 之间有交互效应。

用一个简单的例子对主效应和交互效应的概念作展开说明:某团队要考察温度(因子 A)和压力(因子 B)对于产量(响应 Y)的影响。其中温度设定为 200℃ 和 400℃,压力设定为 1MPa 和 5MPa。分别试验得出产量的数据,见表 5.2。

表 5.2　主效应与交互效应示例数据

产量/kg　　　温度/℃　　压力/MPa	200	400
1	200	230
5	210	270

因子的主效应是:

A 的主效应 = Y 平均值(A 取高水平) − Y 平均值(A 取低水平)　(5.2)

在上例中:在温度为 200℃ 时(不考虑压力的变化),加工的平均产量为 $(200 + 210)/2 = 205(\text{kg})$,而当温度提高至 400℃ 时,平均产量变化为 $(230 + 270)/2 = 250(\text{kg})$。可以认为产量从 205kg 提高到 250kg 是由于调整温度所引起的,此时称温度的主效应为 $250 - 205 = 45(\text{kg})$。同样,可以计算出压力的主效应为

$$B \text{ 的主效应} = \frac{210 + 270}{2} - \frac{200 + 230}{2} = 25(\text{kg})$$

比较温度(因子 A)和压力(因子 B)的主效应,就可以知道温度对于产量的影

118

响要大于压力。可以用图 5.1 所示的主效应图来展示和比较因子主效应的影响。

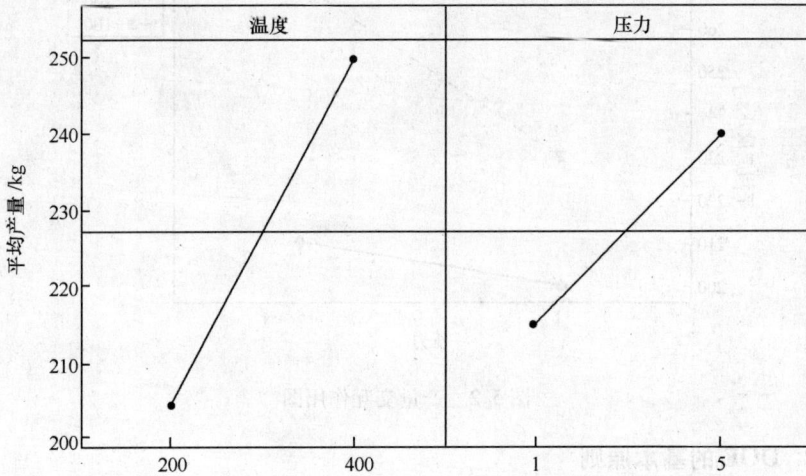

图 5.1　产量主效应图

结果解读：

> A 因子水平改变时 Y 的变化比 B 因子水平改变时大。因此，A 因子的主效应大于 B 因子的主效应。比较主效应看两条线的斜率，斜率大的主效应相对大：温度的主效应大于压力的主效应。

因子的交互效应是：

$$AB\ 交互作用\ =\ [A\ 的效应(B\ 取高水平)\ -\ A\ 的效应(B\ 取低水平)]/2$$

(5.3)

上例中，当压力取高水平时，温度的效应为 $270 - 210 = 60(\text{kg})$；当压力为低水平时，温度的效应为 $230 - 200 = 30(\text{kg})$。也就是说，在压力取高水平和低水平时，温度的效应变化比较大。所以温度和压力两因子间有交互效应。依据式(5.3)，可以计算出温度(因子 A)与压力(因子 B)的交互效应是：AB 交互效应 $= [(270 - 210) - (230 - 200)]/2 = 15(\text{kg})$。

可以用图 5.2 所示的交互效应图来展示因子间交互作用的影响。

结果解读：

> 当 B 因子取高水平时，A 因子水平改变时，Y 的变化比 B 因子取低水平时的变化要大得多。图中的两条直线不平行。因此，A 因子和 B 因子间存在交互效应。

119

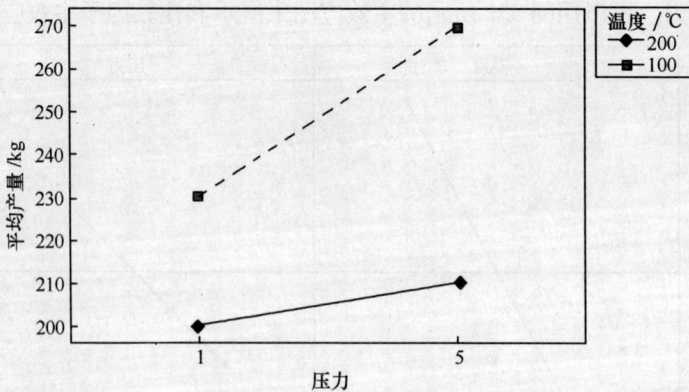

图 5.2 产量交互作用图

2. DOE 的基本原则

在 DOE 中,试验的安排有三项基本原则,即重复试验、随机试验和区组试验。

(1)重复试验(Replication)。是指在相同的试验条件下,要进行至少两次或两次以上的试验。这样做的目的主要是通过试验的重复来获得对试验误差的有效估计。简单来说,试验的目的就是来比较不同因素取值下过程的输出是否存在差异。如果有差异并且这种差异比随机误差要大时,就认为因素对过程输出有显著影响。需要注意的是,这里谈到的是重复地进行试验,也就是在相同的试验条件(因子水平的组合)下再重新做试验,而非重复测量。当然,采用重复试验时试验次数会大幅增加,导致试验成本上升。

(2)随机试验(Randomization)。是指在进行试验的过程中,按照完全随机的方式安排试验顺序。这样做的目的是为了消除试验中未考察的因素对于试验结果造成的系统性影响和干扰。假设要考察不同热油温度对于产品断裂强度的影响,如果试验是按照油温由低到高的顺序来安排,那么,如果工作电压恰好也出现了由高到低的变化趋势,而工作电压也会对断裂强度造成影响,那么断裂强度的变化到底是由于油温造成的,还是因为电压的变化造成的,无法区分。而如果将试验顺序打乱,就可以避免此类问题发生。

(3)区组试验(Blocking)。是指按照试验条件和环境的差异将试验区分为不同的组别,以保证每组内的试验,其试验环境和试验条件差异较小,而允许不同组之间存在较大差异。通过区组试验可以减少试验未考虑因素对于试验结果的影响和干扰。例如,要考察切削角度对于轴径加工的影响,在试验中使用了两种供应商提供的原料。为了消除原料的不同给试验结果造成的影响,就需要按

120

照使用的原料将试验分为两个区组来进行分析。随机试验和区组试验都是为了消除试验外的因素对于试验结果的影响。一般而言,在试验设计中采取的是"能分区组则分区组,无法分区组则随机"。

3. DOE 的类型

DOE 有多种分类方法,根据试验的因子个数,可以分为单因子和多因子试验。根据试验的目的,可以分为因子设计和回归设计等。

(1)因子设计(Factorial Design)。因子设计的目的是通过试验明确哪些自变量 X 显著地影响着响应变量 Y:对那些自变量 X 并不显著地影响着 Y 的,在建立 $Y = f(X)$ 的相关关系时应予以删除;对那些自变量 X 显著地影响着 Y,则应予以保留;依其目的称为"因子筛选设计"(Screening Design)。由于这种试验的目的是针对因子的,因此这种试验设计属于"因子设计"或称"析因设计"或"因析设计"。在因子设计中,又可以按因子水平的个数而分为二水平因子设计、三水平因子设计和混合水平因子设计几类。而实践证明:在因子设计中,使用二水平正交试验法,再加若干中心点的设计方法最简单有效。在因子设计中,又可分为全因子试验设计(Full Factorial Design)和部分因子设计(Fractional Factorial Design)两大类。

(2)回归设计(Regression Design)。回归设计的目的是找出响应变量 Y 与自变量 X 间的关系式,从而进一步找出自变量 X 取什么值时将会使 Y 达到最佳值。由于这种试验的目的是针对回归关系的,这种试验设计称为"回归设计"。回归设计中常用的是响应曲面方法(Response Surface Methodology, RSM),它是以建立二次回归方程为主要研究手段的方法。

(3)稳健性设计(Robust)。稳健性是指过程的抗干扰的能力要强,即当过程受到难以控制的因子(或称为"噪声")的严重影响时,过程输出 Y 的波动或变异性要足够小。为做到这一点,应尽量选择那些使得系统对噪声变化不敏感的控制因子的某种水平的组合来达到目的,这就是"稳健参数设计"(Robust Parameter Design)。在国内,这类设计通常被称为"田口参数设计方法"。

(4)混料设计(Mixture Design)。如果讨论的是配方问题,则研究的是在整个产品中各个分量所占的比率问题,显然,这些比率的总和应该为100%。研究这类问题的试验设计称为"混料设计"。

(5)调优运算(EVolutionary OPeration, EVOP)。现有的过程条件已基本上满足要求,但是希望获得更好的结果,这时可以在原有条件的基础上稍加调整来寻求解决,这就是"调优运算"法所解决问题。

【应用方法】

一般而言,应按下述三个阶段和步骤完成 DOE 及相应的试验和分析工作。

1. 试验计划阶段

由下述步骤构成:

(1)阐述试验目标。所有团队成员都要投入讨论,明确试验的目标与要求。

(2)选择响应变量 Y。在一个试验中若有多种响应 Y,则要选择起关键作用的。能用连续型数据做度量的响应变量远比区分型数据要好得多。

(3)选择因子及水平。团队用流程图及因果图分析确定欲通过试验调查和研究的影响因素(试验因子),并选择和确定因子的各个水平。一般而言,各水平的设置应足够分散,这样效应才能检测出来。

(4)选择试验计划。根据试验目的,选择正确的试验类型,确定区组状况、试验次数,并按随机化原则安排好试验顺序。

2. 试验实施阶段

严格按试验计划的安排进行试验,除了记录响应变量的数据外,还要详细记录试验过程的所有状况,包括环境(气温、室温、湿度、电压等)、材料、操作员等。试验中的任何非正常数据也应予以记录,以便后来分析使用。

3. 试验分析阶段

应加强对试验结果的数据分析,这些分析应包括下述内容:

(1)用图形分析和量化分析方法,确定因子的影响(主效应和交互效应);

(2)残差诊断;

(3)选定最优方案;

(4)完成验证试验(以验证最佳设置是否确实、有效)。

5.3 单因子试验设计

【什么是单因子试验设计】

单因子试验设计是在试验中只考虑单个试验因子对响应变量的影响的试验设计。

【应用目的】

在六西格玛项目的改进阶段,可能需要通过试验,分析单个因素 X 对于 Y 的影响并达到以下目的:①比较因素 X 不同取值时,输出 Y 是否有显著差异,如果存在显著差异,则取哪个值结果最好;②建立 Y 与 X 之间对应的相关关系,即建立 $Y = f(X)$ 的方程。

【构成与原理】

下面,用两个简单的例子分别介绍用于上述目的的单向分类设计和多项式回归两种单因子试验设计方法:

122

1. 单向分类设计(One-Way Layout)

单因子试验设计的目的之一是通过试验比较因子的不同水平对响应变量是否有显著影响,以及如果有显著影响则因子取哪个水平最佳。单向分类试验就是实现上述目的的试验方法。下面来看这样一个例子:

项目团队认为不同的材料(X)对胶接强度(Y)会产生影响,所以团队决定采用试验设计对材料的影响进行分析。团队选取了三种材料,其中有两种材料是从未使用过的新材料。用随机编排试验顺序的方法对每种材料分别加工了9件试样并测取了胶接强度数据。表5.3就是团队得到的试验数据表。

表5.3 单向分类设计材料强度数据表 (单位:MPa)

牌号15	牌号18	牌号21	牌号15	牌号18	牌号21	牌号15	牌号18	牌号21
18	22	20	17	24	20	18	21	20
19	19	21	20	25	22	18	23	22
21	20	21	19	22	22	16	20	24

本试验是单因子试验,团队只调查了"材料"这个因子的影响,它取3个水平,即3种不同的材料。每个材料加工了9个试样并测取了结果,这就是"试验的重复"。在安排试验时,采用了随机排序的方法,将试验材料的加工顺序做了"随机化处理"。这就是单向分类设计。针对这样的试验数据,可以用箱线图展示试验结果,如图5.3所示。

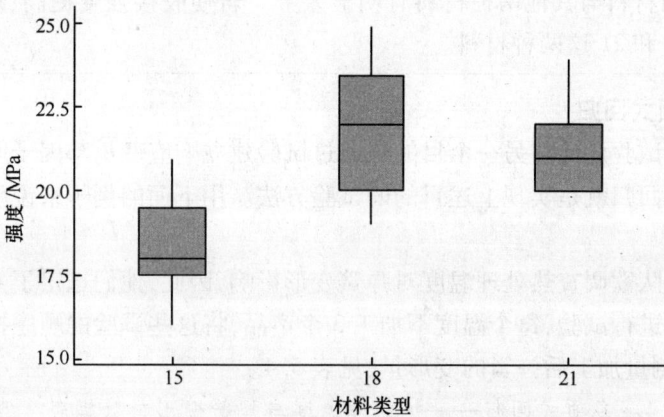

图5.3 强度的箱线图

结果解读:

不同材料对胶接强度的影响有比较大的差别,其中,用牌号18和牌号21的材料加工的试样,强度明显高于牌号15的材料。

123

还可以对上述数据做量化分析,其分析思路与前面谈到的方差分析是一样的。图 5.4 是用 Minitab 软件处理得到的方差分析的结果。

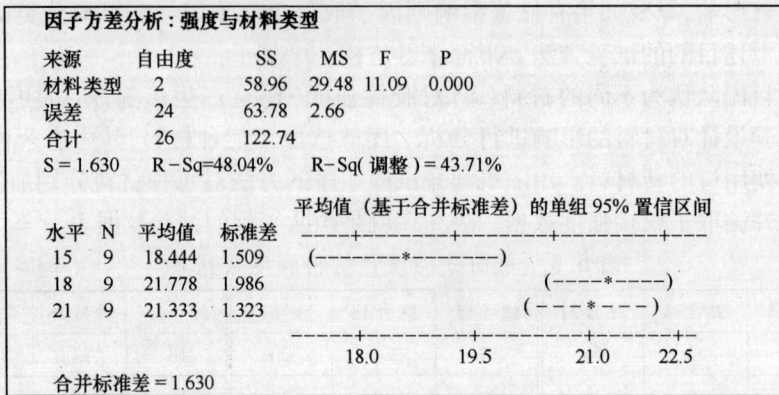

```
因子方差分析:强度与材料类型

来源        自由度    SS      MS    F      P
材料类型      2      58.96   29.48  11.09  0.000
误差         24     63.78   2.66
合计         26     122.74
S = 1.630    R-Sq=48.04%    R-Sq(调整) = 43.71%

                        平均值(基于合并标准差)的单组 95% 置信区间
水平  N    平均值    标准差    ----+--------+--------+--------+---
15    9    18.444   1.509    (-------*-------)
18    9    21.778   1.986                      (----*----)
21    9    21.333   1.323                   (---*---)
                            ----+--------+--------+--------+---
                            18.0     19.5      21.0    22.5

合并标准差 = 1.630
```

图 5.4　强度与材料型号的方差分析结果

结果解读:

　　由 $p = 0.000 < 0.05$,说明因子"材料"的影响是显著的。$R-Sq$(调整)$= 43.71\%$,说明材料型号对强度的影响占到 43.71%。3 种材料加工的胶接强度存在明显差异,其中牌号为 18 和 21 两种材料之间没有明显差异,而牌号为 15 的材料与其他两种材料有明显差异。若使胶接强度提高,应考虑选用牌号 18 和 21 这两种材料。

2. 多项式回归

单因子试验设计的另一个目的是通过试验建立响应变量与因子间的回归关系。多项式回归就是实现上述目的的试验方法。用下面的例子来说明多项式回归方法:

项目团队欲调查热处理温度对弹簧变形影响,因此,他们选定了 4 个不同的热处理温度进行试验,每个温度下加工 3 个产品,将这些试验的顺序按完全随机化打乱,并测量加工后弹簧的变形量,见表 5.4。

表 5.4　多项式回归——热处理温度与弹簧变形量数据表　(单位:μm)

温度/℃	800	820	840	860
1	203	210	216	214
2	204	215	219	209
3	206	212	213	212

这个试验也是单因子试验,团队只调查了一个因子即"热处理温度"对响应变量"弹簧变形量"的影响。该因子有 4 个水平,每个水平下共加工了 3 个产品,即该试验重复了 3 次。试验顺序是按完全随机的方式安排的。

首先,要通过试验数据的分析,确定"热处理温度"对"弹簧变形"是否存在显著影响。可以用箱线图展示试验数据,如图 5.5 所示。从箱线图上可以看出,不同温度下的弹簧变形量确实有明显的差异。

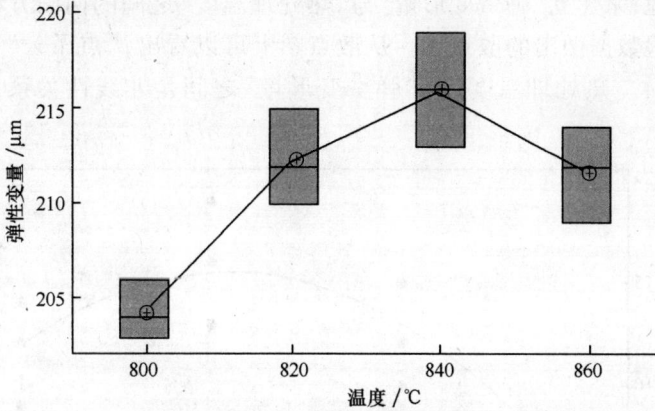

图 5.5 弹性变量的箱线图

再由方差分析,得到图 5.6 的分析结果。

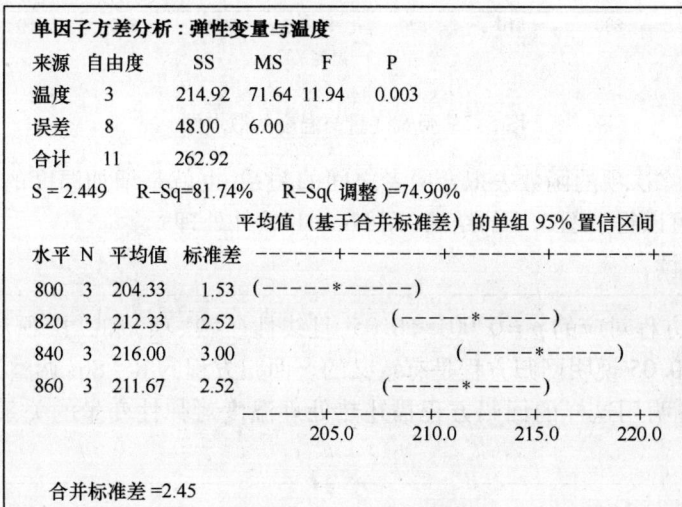

图 5.6 弹簧变量与温度的量化分析结果

125

结果解读：

> $p = 0.003 < 0.05$，说明温度对弹簧变量的影响是显著的。$R-Sq(调整)=74.90\%$，说明温度对弹簧变量的影响大小占到了74.90%，是非常关键的影响因素。从置信区间的分布可以比较不同温度对弹簧变量引起的变化和差异。

进一步地，来建立"弹簧变形量"与"热处理温度"之间的回归方程。图5.7是用上述试验数据做出的散点图。从散点图上可以看出，"点子云"是弯曲的。由此可以判断，"热处理温度"与"弹簧变形量"之间是非线性关系，且存在二次项。

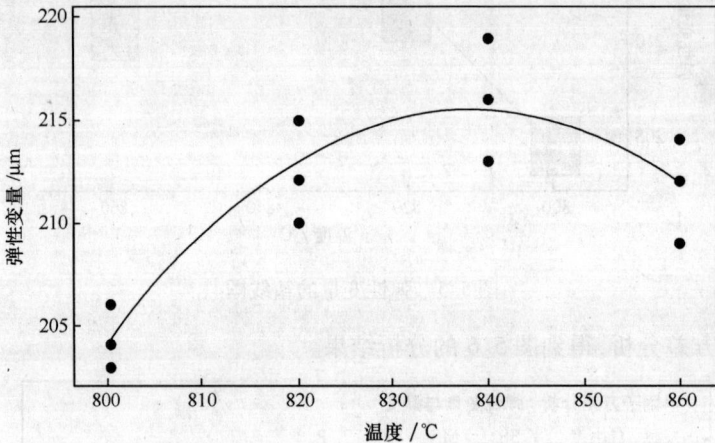

图5.7　弹簧变量与温度的散点图

用带有二次项的函数去拟合两者之间的关系，也就是增加温度的平方项来构建方程，可以得到图5.8的结果(用 Minitab 软件处理)。

结果解读：

> 回归方程对应的 $p = 0.001 < 0.05$，且线性(一次项)和二次项对应的 p 值均小于0.05说明回归方程是有意义的。回归方程的 $R-Sq(调整)$ 达到了76.7%，说明用这样的回归方程描述热处理温度对弹性变量的关系较为准确。

【应用方法】

可按下述步骤进行单因子试验设计并得到分析结果：

(1)确定试验的响应变量(因变量)和欲通过试验研究的因子(自变量)，确

126

多项式回归分析：弹性变量与温度　　弹性变量 $=-5202+12.92$ 温度 -0.007708 温度^2

回归方程为
弹性变量 $=-5202+12.92$ 温度 -0.007708 温度^2

$S=2.35742$　$R\text{-}Sq=81.0\%$　$R\text{-}Sq($调整$)=76.7\%$
方差分析
来源　自由度　SS　　　MS　　　F　　P
回归　2　　212.900 106.450 19.15 0.001
误差　9　　50.017　5.557
合计　11　262.917
方差的序贯分析
来源　自由度　SS　　F　　　P
线性　1　　98.817　6.02　0.034
二次　1　　114.083 20.53 0.001

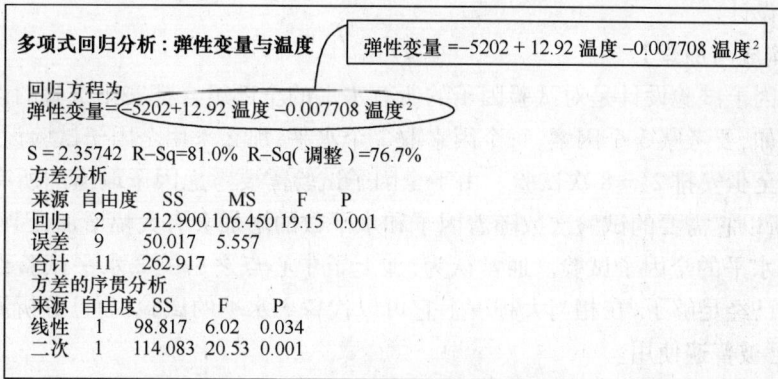

图 5.8　弹簧变量回归分析量化分析结果

定因子和各个水平。

（2）确定试验重复方案，并按随机化或区组化安排试验顺序，并编制试验计划。

（3）按试验计划完成试验并记录试验数据。

（4）使用图形工具展示因子对响应变量的影响，并通过方差分析确定因子影响的显著性。

（5）如果试验是按单向分类试验安排的，则应在因子影响显著时，进一步判断最佳试验水平并得到结果。

（6）如果试验是按多项式回归安排的，则应在因子影响显著时，进一步用回归方程（包括多项式回归方程）拟合，得到因子对响应变量的回归关系。用得到的回归方程可以更深入地研究因子的影响，以及最佳结果的取值。

【应用示例】
关于单因子试验设计的应用已由前面的例子说明，这里不再赘述。

5.4　全因子试验设计

【什么是全因子试验设计】
全因子试验设计是所有因子的所有水平的所有组合都至少要进行一次试验的设计。

【应用目的】
在六西格玛项目的改进阶段，团队研究的试验因子可能有多个。而全因子试验设计的优点在于可以全面考察因素的主效应以及交互效应的影响。所以在试验因素不太多，而且需要较为全面的考察因素之间的交互效应时，常采用全因子试验设计。

【构成与原理】

全因子试验设计是对试验因子的所有水平的全部组合都安排试验的设计方法。例如,要考察 3 个因素,每个因素取 2 个水平,那么采用全因子试验设计时,就需要至少安排 $2^3 = 8$ 次试验。由于全因子试验需要考虑因子取值的所有组合情况,所以它需要的试验次数随着因子和水平数的增加会有大幅增加,因而通常只作 2 水平的全因子试验。通常认为,加上了中心点之后的 2 水平试验设计在实践中已经足够了,在相当大程度上它可以代替 3 水平的试验,而且分析简明易行,现已被普遍使用。

将包含 k 个因素的 2 水平全因子试验记做 2^k 试验。当试验因子不多于 5 个的时候,可以使用全因子试验进行因子主效应和交互效应的全面分析。全因子试验的概念很好理解,就是将因素不同水平的组合安排试验。表 5.5 就是 3 因子 2 水平标准试验计划表。

表 5.5　3 因子 2 水平标准试验计划表

标准序号	A	B	C
1	−1	−1	−1
2	+1	−1	−1
3	−1	+1	−1
4	+1	+1	−1
5	−1	−1	+1
6	+1	−1	+1
7	−1	+1	+1
8	+1	+1	+1

表 5.5 中,−1 代表因子的 1 水平、+1 代表因子的 2 水平。但在实际实施过程中仍需要满足试验设计的三个基本原则:重复试验、随机试验和区组试验。对于重复试验,在实施中遇到最大问题是试验次数的增加,如 3 因子 2 水平的 2^3 全因子试验。如果对所有试验组合进行重复,则所需的试验次数就达到了 16 次。为了降低试验成本,在实际操作中一般不采用完全重复试验,而是采取“中心点”重复试验。简单来说,“中心点”就是各因素取其高水平和低水平的平均值。但如果因素是非连续数据(如材料类型等),一般选取某个水平来作为中心点。同样,如果因素中既有连续数据又有非连续数据,一般是对连续 X 取其高低水平的平均值,对于非连续 X 取其某个水平,将该组合作为“中心点”。例如,考察的因素为温度和压力,温度的两个水平为 100℃ 和 200℃,压力为 1MPa 和

4MPa,那么对应的中心点是温度为150℃和压力为2.5MP的试验组合。确定中心点并安排中心点重复试验的好处是:首先,在相同试验条件进行重复试验可以帮助我们估计出试验误差;其次,使用中心点的概念可以帮助我们判断因素和过程输出 Y 之间是否存在曲线关系。而这点是简单的完全重复试验所无法实现的。

在考虑了中心点重复和随机化后,可得到下面的全因子试验计划表,见表5.6。

表5.6　3因子2水平全因子试验计划表(考虑中心点重复和随机化)

标准序	运行序	中心点	区组	A	B	C	Y
2	1	1	1	1	−1	−1	
10	2	0	1	0	0	0	
4	3	1	1	1	1	−1	
3	4	1	1	−1	1	−1	
1	5	1	1	−1	−1	−1	
11	6	0	1	0	0	0	
9	7	0	1	0	0	0	
7	8	1	1	−1	1	1	
6	9	1	1	1	−1	1	
8	10	1	1	1	1	1	
5	11	1	1	−1	−1	1	

然后,就可以按这个试验计划表来安排试验了。

【应用方法】

可按下述步骤进行单因子试验设计并得到分析结果:

(1)确定试验的响应变量(因变量)和欲通过试验研究的因子(自变量),确定因子和各个水平,并编制因子水平表;

(2)按中心点重复并随机化等安排全因子试验计划;

(3)按试验计划完成试验并记录试验数据;

(4)使用图形工具展示因子对响应变量的影响,包括因子的主效应和交互效应等;

(5)通过方差分析和回归分析确定因子影响的显著性和贡献率;

(6)进行残差诊断,判断拟合模型是否需要改进;

(7)利用得到的回归方程选择最佳方案;

(8)用最佳方案进行验证试验,判断试验目标是否达到。

【应用示例】

某项目团队要提高金属材料热处理后的强度,项目团队准备通过试验的方法寻找新的工艺方法和工艺参数使材料强度得到提高。团队经充分的讨论后选择了4个试验因子,即恒温时间、热处理温度、升温时间以及处理时间。团队决定采用4因子2水平的全因子试验来进行分析。

(1)确定响应变量、试验因子和因子的水平,编制因子水平表,见表5.7。

表5.7　试验因子水平表

因子	水平	
	−1	+1
A(恒温时间)/min	50	60
B(热处理温度)/(°)	820	860
C(升温时间)/min	2	3
D(处理时间)/h	1.4	1.6

(2)按4因子2水平的全因子试验编制试验计划表(考虑中心点重复和随机化)得到下述试验计划(采用 Minitab 软件),见表5.8。

表5.8　4因子2水平全因子试验计划表(考虑中心点重复和随机化)

标准序	运行序	中心点	区组	热处理温度/℃	升温时间/min	处理时间/h	恒温时间/min	强度/MPa
17	1	0	1	840	2.5	1.5	55	535.3
11	2	1	1	820	3.0	1.4	60	549.0
8	3	1	1	860	3.0	1.6	50	553.0
9	4	1	1	820	2.0	1.4	60	518.3
14	5	1	1	860	2.0	1.6	60	548.3
5	6	1	1	820	2.0	1.6	50	528.3
10	7	1	1	860	2.0	1.4	60	549.1
19	8	0	1	840	2.5	1.5	55	544.8
16	9	1	1	860	3.0	1.6	60	574.5
3	10	1	1	820	3.0	1.4	50	526.8
1	11	1	1	820	2.0	1.4	50	522.5
6	12	1	1	860	2.0	1.6	50	536.2
12	13	1	1	860	3.0	1.4	60	561.8
4	14	1	1	860	3.0	1.4	50	551.3
7	15	1	1	820	3.0	1.6	50	531.5

130

标准序	运行序	中心点	区组	热处理温度/℃	升温时间/min	处理时间/h	恒温时间/min	强度/MPa
15	16	1	1	820	3.0	1.6	60	550.2
13	17	1	1	820	2.0	1.6	60	523.8
18	18	0	1	840	2.5	1.5	55	549.8
2	19	1	1	860	2.0	1.4	50	536.5

（3）按试验计划表完成试验并将获得试验数据填如表5.8中。

（4）利用 Minitab 软件，对试验结果做因子主效应图、交互效应图和立方图，如图5.9(a)、(b)、(c)所示。

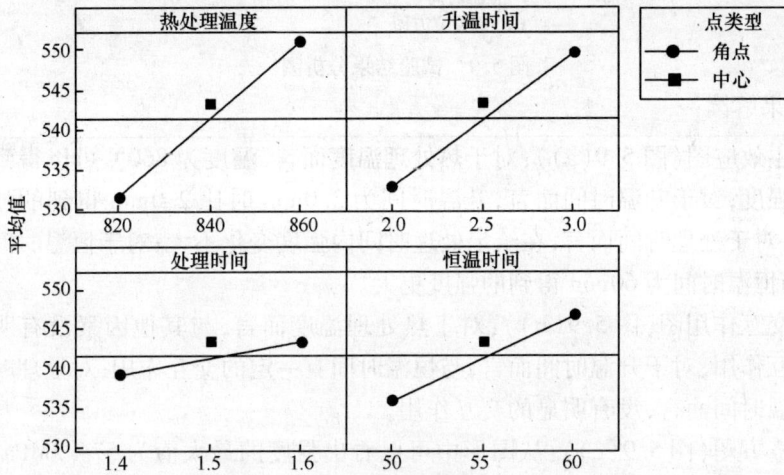

（a）强度主效应图

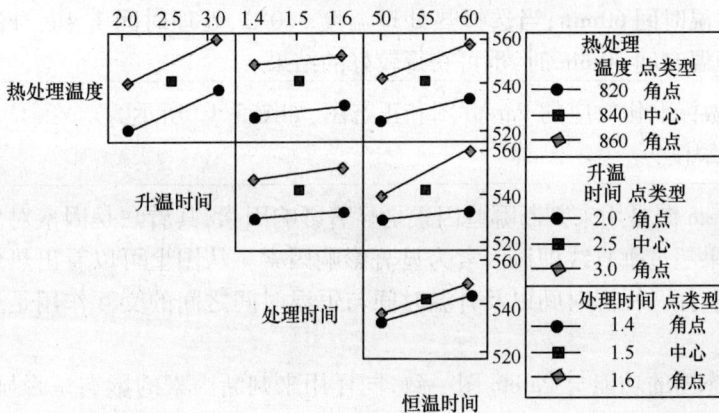

（b）强度交互作用图

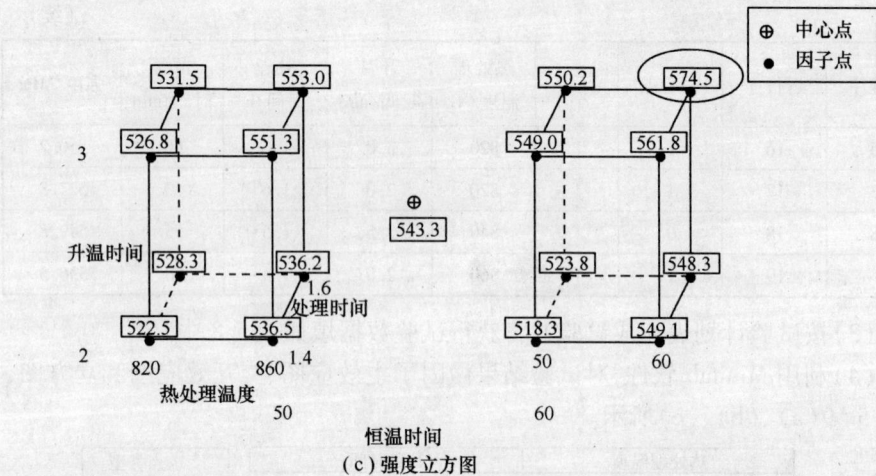

（c）强度立方图

图 5.9 试验结果分析图

结果解读：

> 主效应图（图 5.9（a））：对于热处理温度而言，温度为 860℃ 可以得到更高的强度；对于升温时间而言，升温时间为 3.0min 时比 2.0min 得到的强度更大；对于处理时间而言，在给定处理时间内强度变化不大；对于恒温时间而言，当恒温时间为 60min 得到的强度更大。
>
> 交互作用图（图 5.9（b））：对于热处理温度而言，与其他因素没有明显的交互作用；对于升温时间而言，与恒温时间有一定的交互作用；对处理时间与恒温时间而言，没有明显的交互作用。
>
> 立方图（图 5.9（c））：从图形中可以看出强度的最大值为 574.5MPa，它对应的各因素水平分别是热处理温度 860℃、处理时间 1.6h、升温时间 3min、恒温时间 60min；当选择热处理温度 860℃、处理时间 1.4h、升温时间 3min、恒温时间 60min 时，也可获得较好的结果。

（5）做标准化效应的 Pareto 图和正态图，如图 5.10 所示。

结果解读：

> Pareto 图是用来判断哪些因素是显著影响因素，其看法是因素对应的矩形条如果超过垂直线即该因素为显著影响因素。从图上可以看出热处理时间、升温时间、恒温时间以及升温时间与恒温时间之间的交互作用是显著影响因素。
>
> 正态图的功能与 Pareto 图一致，同样用来判断因素的影响是否显著，其看法是图中方形点代表的因素即为显著影响因素，结论与前面一致。

132

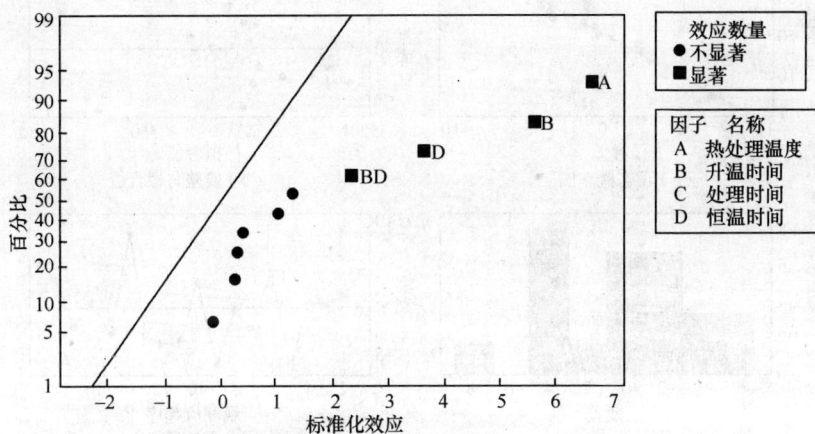

（a）标准化效应的正态图

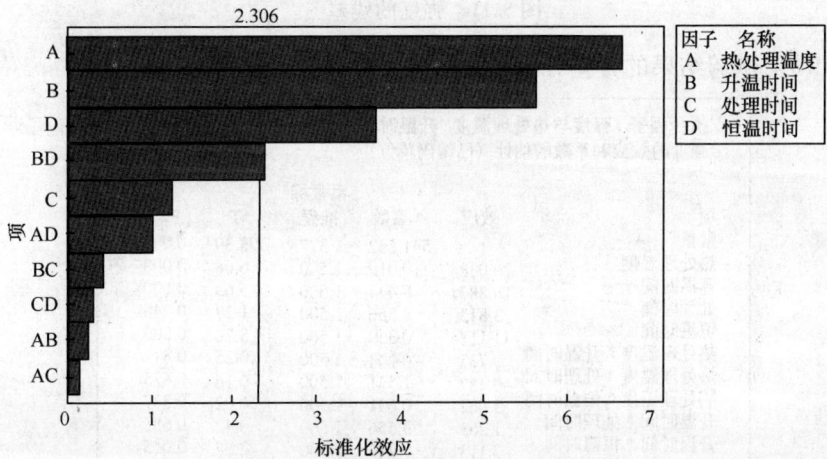

（b）标准化效应的 Pareto 图

图 5.10　标准化效应的 Pareto 图和正态图

（6）做残差图，如图 5.11 所示。

结果解读：

> 残差图是用来判断数学模型与数据的拟合情况，如果拟合情况良好，则残差图应满足正态分布和随机波动的要求。从强度试验的残差图来看，没有出现异常的现象。

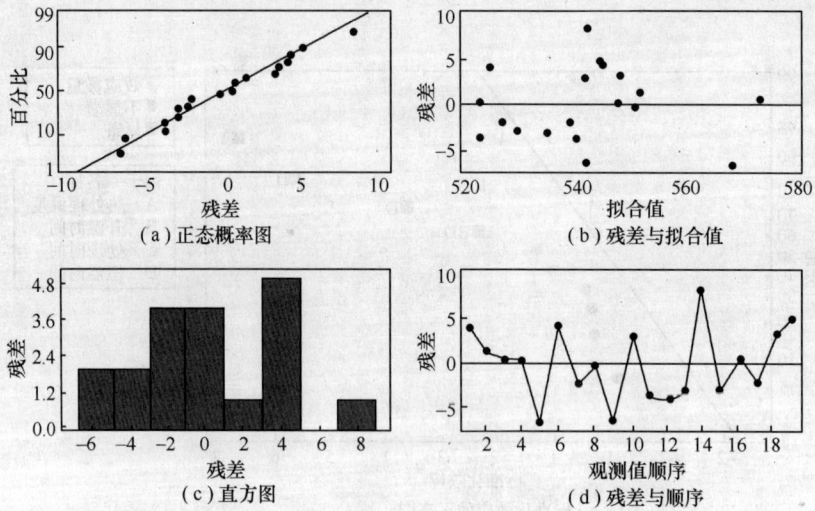

图 5.11　强度的残差图

(a) 正态概率图　(b) 残差与拟合值　(c) 直方图　(d) 残差与顺序

(7)对试验结果的方差分析和回归分析,结果如图 5.12 所示。

拟合因子:强度与热处理温度　升温时间　处理时间　恒温时间
强度的效应和系数的估计(已编码单位)

项	效应	系数	系数标准误	T	P
常量		541.632	1.377	393.39	0.000
热处理温度	20.038	10.019	1.500	6.68	0.000
升温时间	16.887	8.444	1.500	5.63	0.000
处理时间	3.813	5.556	1.500	1.27	0.240
恒温时间	11.112	0.369	1.500	3.70	0.006
热处理温度 * 升温时间	0.737	−0.244	1.500	0.25	0.812
热处理温度 * 处理时间	−0.487	1.531	1.500	−0.16	0.875
热处理温度 * 恒温时间	3.062	0.631	1.500	1.02	0.337
升温时间 * 处理时间	1.263	3.556	1.500	0.42	0.685
升温时间 * 恒温时间	7.113	0.419	1.500	2.37	0.045
处理时间 * 恒温时间	0.837			0.28	0.787

S = 6.00146　　PRESS = 1778.45
R−Sq = 92.49%　　R−Sq(预测)=53.68%　　R−Sq(调整)=83.11%

图 5.12　强度的量化分析结果

结果解读:

　　在 4 个因素中,热处理温度、升温时间、恒温时间以及升温时间与恒温时间之间的交互效应是显著影响因素。R − Sq(调整) = 83.11% 。说明 4 个因素及其交互效应对强度的影响达到了 83.11% 。

(8)对试验结果的强度方差分析,如图5.13所示。

对于 强度 方差分析（已编码单位）						
来源	自由度	Seq SS	Adj SS	Adj MS	F	P
主效应	4	3298.85	3298.85	824.712	22.90	0.000
2 因子交互作用	6	252.17	252.17	42.029	1.17	0.408
残差误差	8	288.14	288.14	36.017		
弯曲	1	9.92	9.92	9.917	0.25	0.633
失拟	5	169.72	169.72	33.945	0.63	0.709
纯误差	2	108.50	108.50	54.250		
合计	18	3839.16				

图5.13　强度的方差分析

结果解读:

主效应的 $p = 0.000 < 0.05$ 说明对于强度影响显著的主要因素是主效应。同时残差中的弯曲和失拟对应的 p 值都大于 0.05 说明数据没有出现弯曲,即对于强度和因素之间的回归方程,使用直线方程就可以了。

(9)判断模型是否需要修订。通过前面的分析,已经从四个试验因素中找出了影响显著的因素是热处理时间、升温时间、恒温时间以及升温时间与恒温时间之间的交互效应,其他因素的影响较小。所以接下来需要对原有的回归方程进行修订,将影响较小的因素从方程中删除。其分析步骤与前面的分析没有差异,修订后的结果如图5.14所示。

结果解读:

$R - Sq($ 调整 $) = 86.73\%$,说明热处理温度、升温时间、恒温时间对强度的影响占到 86.73% 。将次要因素从方程中删除后,影响程度由原来的 83.11% 提高到 86.73% ,说明回归方程的准确性提高了。

(10)对修订后回归方程再做残差诊断,残差图如图5.15所示。

结果解读:

从残差图上并没有发现异常,说明回归方程与数据拟合良好。

(11)用修订后的回归方程找出因子的最佳搭配方案。图5.16 的是用 Minitab 得到的响应优化结果。

结果解读:

当热处理温度为 860℃ ,升温时间为 3min ,恒温时间为 60min 时加工的产品强度最大且为 569.2066MPa 。

135

拟合因子：强度与热处理温度 升温时间 恒温时间

强度的效应和系数的估计（已编码单位）

项	效应	系数	系数标准误	T	P
常量		541.632	1.220	443.85	0.000
热处理温度	20.038	10.019	1.330	7.53	0.000
升温时间	16.887	8.444	1.330	6.35	0.000
处理时间					
恒温时间	11.112	5.556	1.330	4.18	0.001
升温时间 * 恒温时间	7.113	3.556	1.330	2.67	0.018

S = 5.31913   PRESS = 704.408

R-Sq = 89.68%   R-Sq(预测)=81.65%   R-Sq(调整)=86.73%

对于 强度 方差分析（已编码单位）

来源	自由度	Seq SS	Adj SS	Adj MS	F	P
主效应	3	3240.71	3240.71	1080.24	38.18	0.000
2 因子交互作用	1	202.35	202.35	202.35	7.15	0.018
残差误差	14	396.10	396.10	28.29		
弯曲	1	9.92	9.92	9.92	0.33	0.573
失拟	3	151.52	151.52	50.51	2.15	0.157
纯误差	10	234.67	234.67	23.47		
合计	18	3839.16				

强度的系数估计，使用未编码单位的数据

项	系数
常量	213.100
热处理温度	0.500938
升温时间	−61.3500
恒温时间	−2.44500
升温时间 * 恒温时间	1.42250

> 修订后的方程是：
> 强度 =213.1+0.500938× 热处理温度 − 61.35× 升温时间 −2.445× 恒温时间 +1.4225× 升温时间 × 恒温时间

图 5.14　修订后的量化分析结果

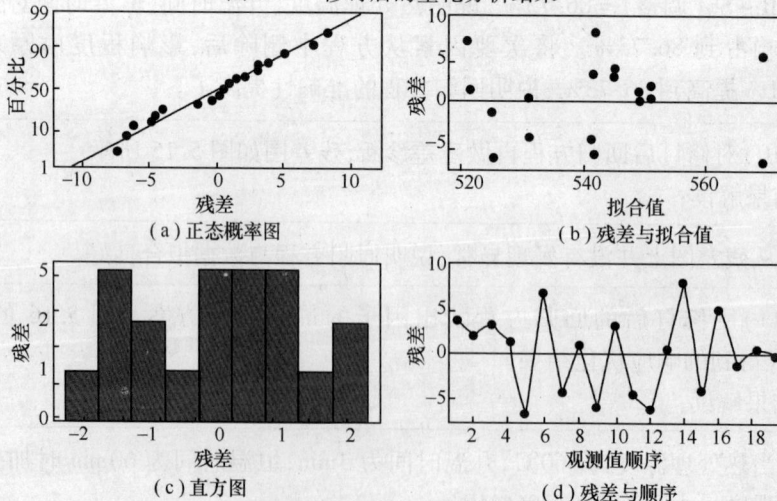

（a）正态概率图

（b）残差与拟合值

（c）直方图

（d）残差与顺序

图 5.15　修订后的残差图

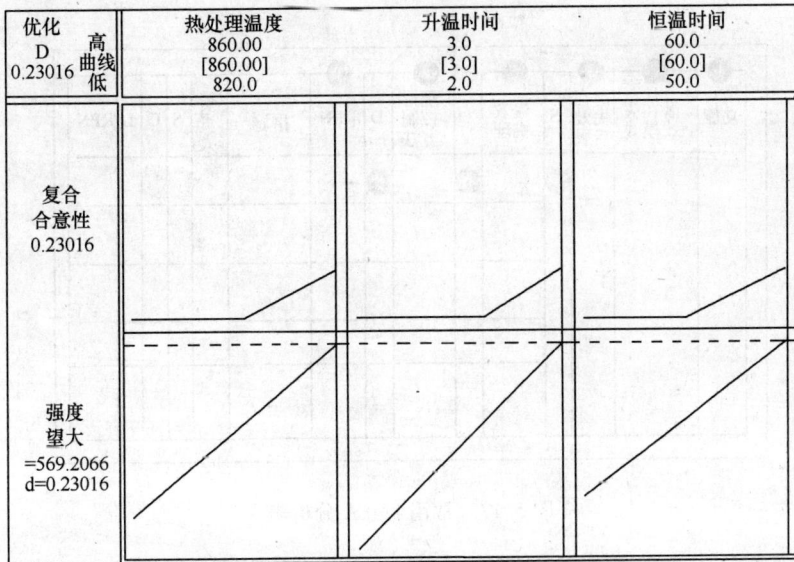

图 5.16　修订后的响应优化结果

5.5　失效模式与影响分析

【什么是失效模式与影响分析】

失效模式与影响分析(Failure Mode and Effect Analysis,FMEA)是分析产品和过程由于功能失效导致风险的方法,是用于风险管理的重要工具。FMEA 最初用来对设计方案进行风险评估,现已广泛地用于设计开发和过程控制之中。

【应用目的】

应用 FMEA 可以及早识别过程失效而导致不能满足质量特性要求的风险,从而有效地规避风险。FMEA 一般可以分为设计 FMEA、系统 FMEA、产品 FMEA 和过程 FMEA。在六西格玛项目的改进阶段,FMEA 主要用于对改进方案的风险分析。团队通过试验等找到了最佳改进方案后,团队应考虑改进方案在消除或改善了原有的问题后是否会带来新的问题或隐患。而对于这些问题的分析和思考就需要使用 FMEA。同时 FMEA 分析的结果也为随后开展的控制阶段的工作打下基础,它是制订控制计划的重要依据。

【构成与原理】

FMEA 分析主要通过 FMEA 分析表来完成,常用的 FMEA 分析表如图 5.17 所示。

功能 ①	潜在失效模式 ②	潜在失效后果 ③	S ④	失效机理 ⑤	O ⑥	现行控制方法 ⑦	D ⑧	RPN ⑨	措施	负责人	S	O	D	RPN

图 5.17 常用 FMEA 分析表

FMEA 分析表中各列的内容如下：

(1)功能栏。简要说明分析对象的名称以及功能。在改进阶段这里需要说明改进方案的简要内容，一张 FMEA 分析表对应一个改进方案。

(2)潜在失效模式栏。被分析项的功能未达到预期要求所表现的失效形式，在改进阶段需要说明新的方案存在哪些可能的失效形式。

(3)潜在失效后果栏。失效模式对系统、过程、顾客的影响。分析失效后果，不仅要考虑对本系统的影响，还需要考虑对后序过程、整体的影响。

(4)严重度(S)栏。失效模式对系统、过程、顾客影响程度的评价。严重度是针对失效后果而言的，如果改进方案的严重度评分较高，则需要重新选择改进方案。严重度评分标准参见表 5.9。

(5)潜在失效原因栏。导致该失效模式发生的原因、失效机理。

(6)频度栏(O)。失效原因发生可能性的评价指标。如果失效原因发生的频度数评分较高，则需要重新选择改进方案。频度评分标准参见表 5.10。

(7)现行控制方法栏。现有的用以防止或探测失效模式或失效原因/机理的措施。

(8)不可探测度栏(D)。用现行控制方法发现失效原因可能性的评价指标。降低不可探测度数，需要改进控制方法。不可探测度评分标准参见表 5.11。

(9)风险顺序数(RPN)栏。对风险的量化评估，是严重度数、频度数、不可探测度数三者的乘积。当 RPN≥120 时，需要对改进方案进行重新设计，使更改后方案的 RPN＜120。

表 5.9 严重度评分表

后果	评价准则	严重度
无警告的严重后果	发生前没有任何预兆,并影响了顾客安全,违反有关规定	10
有警告的严重后果	发生前有预兆,影响力顾客安全,违反了规定	9
后果严重	产品无法使用,丧失基本功能	8
后果较严重	产品勉强可以使用,顾客不满意	7
后果中等	产品可以使用,但性能下降,顾客有抱怨	6
后果较低	产品性能下降,顾客有些抱怨	5
后果很低	产品配合、外观有问题,顾客会有不适	4
后果轻微	产品配合、外观有问题,顾客有轻微不适	3
后果很轻微	产品配合、外观有问题,顾客不易发现	2
无	没有影响	1

表 5.10 频度评分表

失效发生的可能性	可能的失效率	频度
很高:几乎不可避免	≥1/2	10
	1/3	9
高:反复发生	1/8	8
	1/20	7
中度:偶尔发生	1/80	6
	1/400	5
低:很少发生	1/2000	4
	1/15000	3
很低:失效不太可能发生	1/150000	2
	≤1/1500000	1

【应用方法】

可按下述步骤完成改进方案的 FMEA 分析:

(1)绘制实现改进方案的过程流程图,识别过程的所有步骤;

(2)列出每一步骤的所有功能:

(3)对每一步骤的每一功能,列出所有可能的功能失效方式,即失效模式,并分析该失效模式产生的后果,评价后果的严重度(S);

(4)对每一失效模式,列出所有可能的原因,评价失效原因的频度(O);

表 5.11　不可探测度评分表

探测效果	评估标准	D
几乎不可能	现行方法无法找出潜在原因,或根本没有现行控制方法	10
极少	现行方法只有极少的概率可以找出潜在原因	9
非常少	现行方法只有非常小的概率可以找出潜在原因	8
很少	现行方法只有很少的机会可以找出潜在原因	7
少	现行方法只有较少的机会可以找出潜在原因	6
中等	现行方法有中等的机会可以找出潜在原因	5
中上	现行方法有中上的机会可以找出潜在原因	4
高	现行方法有较多的机会可以找出潜在原因	3
很高	现行方法有很高的机会可以找出潜在原因	2
几乎肯定	现行方法几乎肯定可以找出潜在原因	1

(5)对每一可能的失效原因,列出现行的控制方案,评价控制方案的不可探测度(D);

(6)计算风险顺序数 RPN;

(7)对 RPN≥120 的,确定拟采取的措施,以及负责的人员等;

(8)重新计算 RPN,以确认 RPN<120,即改进方案风险是可接受的。

【应用示例】

某项目团队解决的问题是某牌号的液氮瓶试制的过程中,液氮溢出导致瓶底出现裂纹,影响了产品的密封性能。通过项目分析和改进阶段的工作,团队产生了改进方案,即控制液氮灌装过程使其不出现溢出。项目团队使用 FMEA 对该改进方案进行了风险评估。FMEA 分析的结果如图 5.18 所示。

过程	潜在失效模式	失效后果	S	失效机理	O	控制方法	D	RPN	措施	负责人	S	O	D	RPN
控制液氮灌装	液氮溢出	可能引起报废	8	液氮灌装速度过快	8	控制灌装速度	6	384	[防错措施]改变装夹具,增加吸收棉垫,使接缝处不接触液氮	黄国炳	8	8	1	64
				灌装高度过满	8	控制灌装高度	6	384			8	8	1	64
				操作员高度控制失误	1	无	10	80						
	液氮灌装高度不够	保持时间	8						当 RPN 超过 120 时,必须对改进方案重新设计					

图 5.18　FMEA 风险评估示例

140

结果解读：

按团队提出的改进方案控制灌装过程出现溢出的风险仍较大，RPN 达到了 384。因此，团队需要采取措施修订或采取新的改进方案。经团队讨论后，决定采用防错设计消除液氮溢出的可能性。按新方案重新评估风险，RPN 降到了 64。说明新方案的风险较低，因此团队决定采用防错设计的方案。

本 章 小 结

本章重点介绍了六西格玛 DMAIC 方法中 I 阶段——改进阶段的主要工作内容，以及支持本阶段工作的主要工具方法。改进阶段的主要工作是在分析阶段的基础上，寻找针对关键影响因素 X 的最佳改进方案。在改进阶段，可以突破过程现有的状态，尝试用新的方案来改进过程。因此，改进阶段具有"主动"收集数据并有计划地开展方案分析的特点。因此，试验设计（DOE）以及风险分析工具 FMEA 的运用就显得非常必要。本章主要内容包括：①试验设计的基本概念，以及常用的单因子试验设计和全因子试验设计方法；②失效模式与影响分析（FMEA）在识别改进方案风险方面的应用。在六西格玛项目实施中，找到改进关键影响因素 X 的方案并验证其有效，是改进阶段结束的标志。

定义阶段案例：

你的改进方案是针对"根本原因"的吗？

在六西格玛的世界里，产品、服务或工作的结果都被视为流程的输出，记为 Y；它受到一系列影响因素 X_i 的作用，记为 $Y = f(X_1, X_2, X_3, \cdots, X_n)$；然而事实上，只有少数 X 对 Y 产生关键影响作用，称为"关键的 Xs"。这些"关键的 Xs"可能是技术上的，如设计、工艺、设施、技术装备、原材料、人员的技艺水平等，也可能是政策上的和管理上的因素。但是，由于对流程认知上的限制，很多时候并不能从根本上了解或把握这些"关键的 Xs"，因此出现了过程的输出 Y 与顾客要求之间产生较大差异或者出现缺陷的情况。也许有人会说，"我们已经在这个行当里干了这么多年了，难道还不了解我们的流程吗？"其实，事实和人们想象的并不完全一样。

【案例四】

这是一个缩短生产周期的六西格玛项目,在 DMA 阶段的项目工作中,团队经过测量分析,找到了影响周期的 3 个关键因素,其中的一个是某工序的操作时间,需要将其缩短到 3min 之内。这样,可以使整个流程的生产节拍提高,从而满足顾客定货的要求。对于这个分析结果,存在两种改进意见:一种认为,我们已经找到了关键的 Xs 了,下一步是对该工序的操作人员进行培训,通过提高他们的技能,来缩短该工序的操作时间;另一种则认为,影响人员操作时间的,还有更深一步的原因,需要追踪其"根本原因",原因追踪得越深入,则问题会解决得越彻底。而六西格玛 DMAIC 方法正是帮助我们逐步深化对"根本原因"的分析、改进和控制的科学方法。

对这个问题,六西格玛项目团队是这样处理的:团队进一步对影响操作时间的原因进行了分析,他们认为改变下列因素可能会缩短该工序操作时间,这些因素包括:改变操作方法,改进工具以及改变作业单元的布局。但是这些因素是否对操作时间有影响以及影响的大小如何,在现有的流程中已经没有可以利用的分析数据了。因此,他们通过试验设计,安排了试验和数据采集方案。他们是这样做的:

表 I.1 是团队选择的试验因素水平表,试验指标为操作时间。

表 I.1 2^3 试验因素水平表

因素	水平	
	水平(−1)	水平(+1)
作业单元布局	原布局	新布局
操作方法	原方法	新方法
工具	原工具	新工具

通过 2^3 全因子试验设计,他们得到了下述试验方案。按照这个方案,他们安排了试验并得到了试验结果,见表 I.2。

表 I.2 2^3 全因子试验方案及结果

标准序	运行序	中心点	区组	A(布局)	B(方法)	C(工具)	操作时间/min
2	1	1	1	新布局	原方法	原工具	3.18
14	2	1	1	新布局	原方法	新工具	2.97
4	3	1	1	新布局	新方法	原工具	3.58
3	4	1	1	原布局	新方法	原工具	2.80
1	5	1	1	原布局	原方法	原工具	2.68

142

标准序	运行序	中心点	区组	A（布局）	B（方法）	C（工具）	操作时间/min
16	6	1	1	新布局	新方法	新工具	3.60
11	7	1	1	原布局	新方法	原工具	2.89
7	8	1	1	原布局	新方法	新工具	2.94
6	9	1	1	新布局	原方法	新工具	3.21
8	10	1	1	新布局	新方法	新工具	3.70
5	11	1	1	原布局	原方法	新工具	2.49
9	12	1	1	原布局	原方法	原工具	2.59
12	13	1	1	新布局	新方法	原工具	3.86
10	14	1	1	新布局	原方法	原工具	3.31
15	15	1	1	原布局	新方法	新工具	2.68
13	16	1	1	原布局	原方法	新工具	2.59

　　有了这样的试验数据，团队进行了相应的统计分析。图 I.1 是因子的主效应、交互作用图和立方图，从图上可以看出，在团队考虑到的 3 个因素中，作业单元的布局对操作时间的影响最大，其次是操作方法，工具的影响最小。它们之间有一定的交互作用。

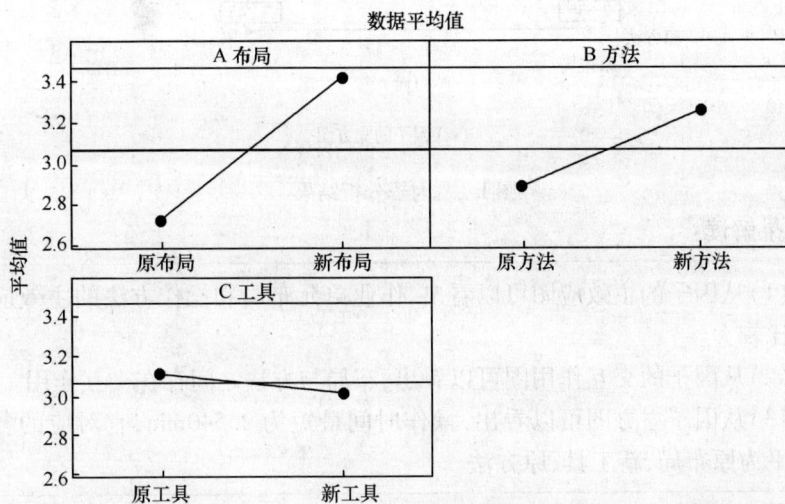

（a）因子的主效应图

数据平均值

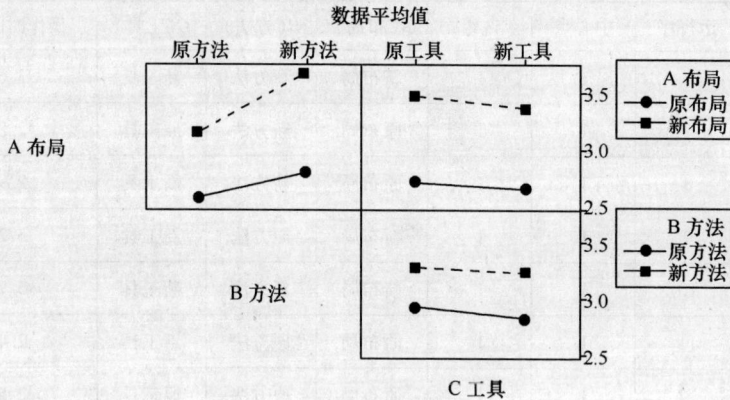

（b）因子的交互作用图

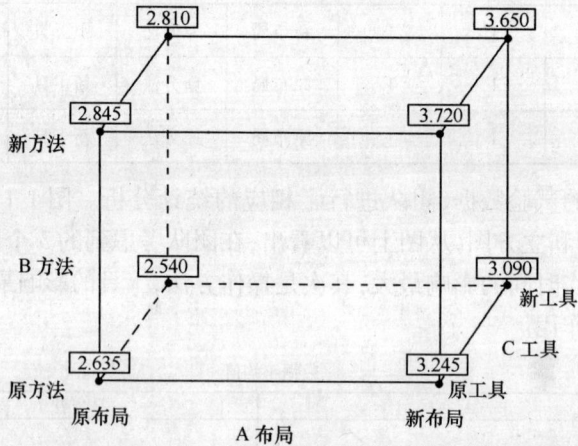

（c）因子的立方图

图 I.1　因子分析结果

结果解读：

（1）从因子的主效应图可以看出，作业单元布局和操作方法的主效应的影响比较大。

（2）从因子的交互作用图可以看出，布局与方法之间存在交互作用。

（3）从因子立方图可以看出，操作时间最短为 2.540min，它对应的各因素水平为原布局、新工具、原方法。

图 I.2 是对试验结果的量化分析。

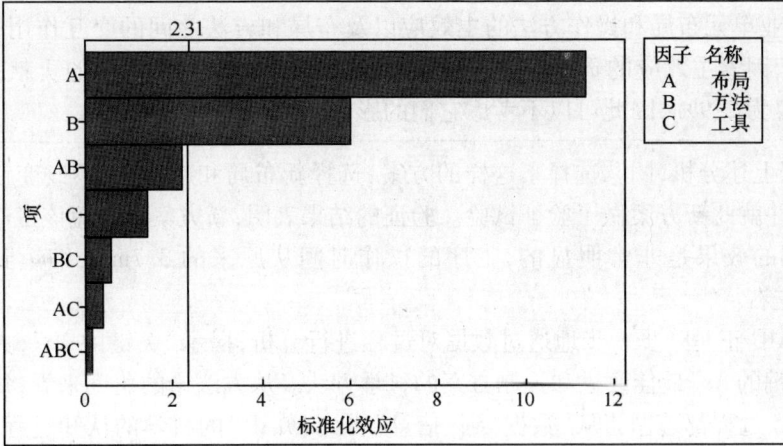

（a）试验结果的标准化效应图

拟合因子：操作时间与 A 布局，B 方法，C 工具
操作时间的效应和系数的估计（已编码单位）

项	效应	系数	系数标准误	T	P
常量		3.06688	0.03167	96.85	0.000
A 布局	0.71875	0.35937	0.03167	11.35	0.000
B 方法	0.37875	0.18937	0.03167	5.98	0.000
C 工具	−0.08875	−0.04437	0.03167	−1.40	0.199
A 布局 *B 方法	0.13875	0.06937	0.03167	2.19	0.060
A 布局 *C 工具	−0.02375	−0.01187	0.03167	−0.38	0.717
A 布局 *B 方法	0.03625	0.01813	0.03167	0.57	0.583
A 布局 *B 方法 *C 工具	0.00625	0.00313	0.03167	0.10	0.924

P 值 < 0.05，说明布局和操作方法对操作时间的影响显著

S = 0.126664   PRESS = 0.5134

R−Sq = 95.55%   R−Sq（预测）=82.20%   R−Sq（调整）=91.66%

因素的贡献率 R−Sq（调整）=91.66%

对于操作时间方差分析（已编码单位）

来源	自由度	Seq SS	Adj SS	Adj MS	F	P
主效应	3	2.67172	2.67172	0.890573	55.51	0.000
2 因子交互作用	3	0.08452	0.08452	0.028173	1.76	0.233
3 因子交互作用	1	0.00016	0.00016	0.000156	0.01	0.924
残差误差	8	0.12835	0.12835	0.016044		
纯误差	8	0.12835	0.12835	0.016044		
合计	15	2.88474				

（b）试验结果的量化分析

图 I.2　因子量化分析

结果解读：

作业单元布局和操作方法的主效应以及布局和方法之间的交互作用是显著的,因素主效应的贡献率达到了 91.66% ,而 2 阶交互作用项的贡献率较小,仅为 2.9% ,因此可以不考虑它们的影响。

根据上述分析,团队选择了这样的方案:选择新布局和新方法,不改变使用的工具,并就此新方案做了验证试验。验证的结果表明,新方案对缩短该工序的操作时间的效果是非常明显的,工序的操作时间从原来的 3.7min ,缩短到了 2.6min 左右。

DMAIC 正是一步一步地通过数据对过程进行分析,揭示"关键的 Xs",并寻求对"关键的 Xs"最佳改进和控制方案的科学方法。从方法论的角度来看,每一个 DMAIC 过程都遵循了从"数据"到"信息"再到"知识"的科学的认知过程,是识别过程的改进空间,把握过程的改进机会,并最终实现改进效果的系统化的解决问题的方法。

第6章 DMAIC方法—控制阶段

> **控制阶段(Control Phase)的主要工作是:** 使改进后的过程程序化并通过有效的监测方法保持过程改进的成果。

控制阶段是DMAIC方法的最后一个阶段,也是不可缺少的一个阶段。所有改进活动必须要考虑其持续有效,因此,在有效的改进方案形成后,必须要考虑对其进行有效控制的问题。控制阶段为形成有效的控制方法提供了方法和工具。例如,需要在风险分析的基础上编制控制计划,有针对性地对控制项提出测量和控制方法,需要将对流程的改进和控制标准化纳入程序文件之中。在控制阶段,六西格玛方法也提出了一些控制方案的建议,例如:对控制对象首先应考虑是否能用"防错"方法进行控制,尽量采用"防错"技术,使控制易实现和保持。再则,应考虑SPC控制图的有效应用。因为,SPC控制图可以利用统计信号实现对流程最经济和有效的控制。特别是在识别出过程关键输入X的基础上,可以将对过程输出Y的控制,转为对关键过程输入X的控制上,而SPC控制图则可以有效地用于对输入X的监控,使对流程的控制推向上游和源头。控制阶段使用的主要工具见表6.1。

表6.1 DMAIC方法C阶段主要支持工具

阶 段	常用工具和技术	
C控制阶段	(1)控制计划	(2)控制图(SPC)
	(3)防错方法	(4)标准操作(SOP)

6.1 控制计划的制定

【什么是控制计划】

控制计划是系统性地定义和描述过程控制的对象和方法的文件,用以保证过程的输出持续地产生期望的结果。

【应用目的】

在改进阶段,团队确定了针对关键影响因素X的改进方案。但如何使改进方案持续有效地实施,则是控制阶段团队主要解决的问题。控制计划就是帮助团队在全面分析过程失控风险的基础上,对改进后的过程做出系统性的控制规划的工具。制定控制计划是控制阶段的六西格玛项目团队的重要工作。

【结构与原理】

控制计划通常是表格式的文件,一般包括以下内容:

(1)控制对象。改进方案所涉及的那些过程的关键输入、关键步骤和过程的输出结果 Y。

(2)控制特性和测量方法。包括监控特性的描述和用什么方法获得其测量结果,以及如何抽样。

(3)控制方法。包括对控制对象采取什么样的控制方法,例如:用 SPC 控制图进行监控;控制信号是什么,即出现什么样的情况时需要采用纠正措施,如 SPC 控制图上出现失控点;纠正措施是什么,即出现控制信号后须采取的行动;以及由谁负责纠正措施的实施等。

【应用方法】

团队在制订控制计划时,可以按下述步骤进行:

(1)根据改进阶段对该方案所做的 FMEA 的分析结果,应将那些 RPN 较高且通过控制降低风险的过程失效原因或机理,作为控制对象,纳入控制计划中。

(2)对所有控制对象,要确定相应的控制方法。在选择控制方法时,应首先考虑采用防错措施;其次考虑使用 SPC 控制图对控制对象的波动或变化进行监控;在与人员操作有关并且不易或无法使用上面两种方法进行监控时,应考虑采用操作检查单作为控制方法。

(3)根据所采取的控制方法,确定抽样方案(如何抽检、频次、数量等),设定检查内容,确定检查结果评判标准等以及相应的控制信号。例如,对于采用 SPC 控制图作为控制方法的,应定义控制图的失控模式,以便出现该模式时,采取纠正措施。

(4)具体描述失控模式发生后需要采取的措施:针对每一个控制对象的每一种可能出现的控制信号,都有必要设计处理预案,其中包括应采取什么行动、由谁执行或落实等。

(5)流程恢复正常后如何退出失控处理流程,处理记录如何分析、保管等。

【应用示例】

在提高焊接表面质量的六西格玛项目中,团队的改进方案是将焊接温度控制在 650℃ ~680℃,同时保证零件表面清洁度达到要求。为了获得持续的改进效果,项目团队在风险分析的基础上,制订了下述控制计划。团队明确了利用 SPC 控制图监控"关键的 Xs"之一的焊接温度,并用作业指导书规范清洗过程来保证表面清洗质量。团队做出的控制计划见表6.2。

表6.2 控制计划表（样例）

过程/操作描述	设备工装夹具	控制对象		控制特性/监控方法		样本		控制方法		
		产品	过程	特性	测量	容量	频率	信号	措施	负责人
××零件真空焊	QB-Z MK-10 10	T123连接支臂		焊接面是否分层（Y）	超声波检测	1	每件	按QB-123判别有分层	产品MRB/纠正措施	×××
			真空焊接过程	焊接温度（X）650℃~680℃	热电偶/用SPC控制图监测温度	1	每10min	SPC控制图失控信号	调整温度	×××
			零件清洗过程	零件表面清洁度（X）	目视/与标准样件对比	1	每件	对比结果不通过	纠正清洗过程	×××

6.2 防错措施与应用

【什么是防错】

防错（Poka-yoke）是以使错误几乎不可能发生的方式预防过程缺陷产生的方法。

【应用目的】

防错措施可以大大减少过程控制的工作量，且不需要对操作者进行培训，由于采取防错措施后，过程是以错误几乎不可能发生的方式运行，因此可以取消或减少相关的检验环节，提高工作效率。因此，防错措施应是团队首选的过程控制方法。

【构成与原理】

"错误"（Error）与"缺陷"（Defect）是两个不同的概念，"缺陷"是"错误"的结果，"错误"是"缺陷"的原因。例如：电源线绝缘损坏（错误）造成短路（缺陷），焊接温度超过规定温度（错误）造成产品焊接裂纹（缺陷），定单数量填错（错误）造成发货数量不足（缺陷）。因此，"防错"就是在缺陷产生的源头遏止其发生。

通常，错误产生的原因包括：程序不正确，过程过于复杂以致易出错，设计上使不同的事物不易区分出来，不正确的测量，缺乏标准化等。而"人为错误"也常常是由于遗忘、错误的理解、错误的标示、缺乏训练、疲劳、忽视规则、判断迟缓、缺乏标准(文字/直观的)、误操作等造成。"防错"就是从根本上防止这些错误的产生,包括从根本上消除"人为错误"。

防错措施可以分为以下三个等级,见表6.3。应尽可能地使防错措施达到等级一的水平。这确实需要发挥团队的智慧去创造和创新。

表6.3　防错措施可以分为以下三个等级

等　级	内　容	例　子
等级一	从根本上避免错误发生	只能按照正确的方式进行操作,例如:在产品或工装夹具设计上将容易出错的操作通过不对称形状加以区分
等级二	在发生错误时发现	一旦出现操作错误能够及时发现,例如:当零件放置不正确时机器能够发现并停止工作
等级三	防止缺陷进入下一步	前一错误所导致的缺陷不会流入下一步骤,例如:在下一步骤前使用防错装置对零件进行100%检查,以防止缺陷向下传递

在生产和管理活动中,必须要有"防错"的意识,这是非常重要的。因为,错误或差错是过程的固有组成部分,不能忽视它的存在,也不能以它为借口为缺陷的出现寻求解脱。错误或差错是可以控制的,"零缺陷"不是口号,它是可以通过"防错"实现的。重要的是要用团队的智慧,去寻求防止错误出现的最佳方法。

【应用方法】

在设计防错措施时,团队可遵从以下步骤:

(1)分析并确定"缺陷"在流程的什么地方被发现;

(2)分析引起"缺陷"的"错误"是什么,"错误"产生的条件是什么,以及通过"5Why"(问5次为什么)寻找"错误"产生的根源;

(3)"集思广益"地产生防错措施的设想与方案;

(4)评价防错方案以及属何等级,讨论是否有更好的防错措施;

(5)试用选出的防错措施,评价效果并调整修正,使其达到最佳防错效果。

【应用示例】

六西格玛项目团队找到的关键影响因素是:某种液体灌装的速度和在容器中的高度导致液体溢出流至容器根部产生缺陷,团队考虑的第一方案是控制灌装速度和高度,但现场不易控制且无法有效地监控,经过团队进一步讨论设计出防错措施:在灌装工装上加装吸收棉垫,使得液体即使溢出也不会流至根部导致缺陷发生,此方案大大简化了控制计划,只需定期检查吸收棉垫的完好情况,即可保证由此导致的缺陷不再发生。

6.3 SPC 控制图

【什么是 SPC 控制图】

SPC(Statistical Process Control,统计过程控制)控制图是及时反映和区分正常波动和异常波动的统计学图表,利用该图表可以及时发现过程中出现的异常因素,并在其对过程产生较大影响之前及时纠正。因此,控制图是过程控制的一种有效方法。

【应用目的】

控制图优势在于,可以及时发现过程发生的改变,即使此时并没有缺陷产生。当过程出现异常时,通过控制图可以提示过程操作者或管理者及时采取处理预案,由此防止缺陷的产生。同时,可以利用控制图对团队识别出的关键影响因素 X 进行控制,由此达到通过稳定过程影响因素 X 实现稳定过程输出 Y 的目的。因此,对团队识别出的控制对象,在无法采用防错措施时(如过程参数波动的控制等),应考虑采用控制图进行监控。

【构成与原理】

控制图理论认为存在两种过程波动源。一种为随机波动,即由"偶然原因"(又称为"一般原因")造成。过程随时随地地受这种波动的影响,因此,表现出某种固有波动特性。另一种则是过程产生了异常改变。这种改变可归因于某些可识别的、非过程所固有的、可加以控制或消除的原因。这些可识别的原因称为"可查明原因"或"特殊原因"。当过程只受随机因素影响时,称为统计受控状态;当过程受到异常因素影响时,称为非受控状态。对第一种波动源的分析和改进,恰恰是六西格玛项目分析和改进阶段的主要工作。而对第二种波动源,则需要通过持续的过程控制,识别并控制其影响。而控制图就是依据"两种不同波动"的理论而设计的。

控制图的构成原理如图 6.1 所示。它是由中心线 CL、上控制线 UCL、下控制线 LCL 以及按时间顺序排列的由对被控制对象的测量所获得的相关统计量的数据点组成。中心线和上下控制线是依据"正态分布"的特性得到的。正态分布有这样的分布规律:随机变量落在 $[\mu - 3\sigma, \mu + 3\sigma]$ 范围内的概率为 99.73% ,而落在大于 $\mu + 3\sigma$ 一侧或者小于 $\mu - 3\sigma$ 一侧的概率为 0.27% / 2 = 0.135% ≈ 0.1 % 。因此,控制图中的上控制限 UCL 与 $\mu + 3\sigma$ 对应,下控制限 LCL 与 $\mu - 3\sigma$ 对应,中心线即为分布的中心或均值。当过程处于统计受控状态时,控制图上的点子应随机排列,此时点子超出上下控制线的可能性很小,为"小概率事件";一旦有点子超出了上下控制线就可以认为过程可能出现了异

151

常,同时根据点子不随机情况(失控模式)的出现也可以判断流程的输入或流程本身可能已经发生了改变,提示过程操作者或管理者及时采取措施。

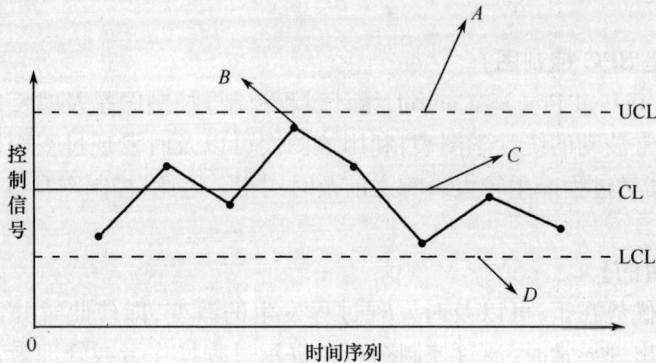

图 6.1　SPC 控制图图形示例

在图 6.1 中:

A——上控制限,即在中心线上的 3 个标准差;

B——观测值;

C——中心线,即所有观测值的平均值;

D——下控制限,即在中心线下的 3 个标准差。

在实际应用中,通常按以下准则判断过程出现了异常或过程处于受控状态。

1. 失控判别规则

当控制图上的点子出现下列任何一种情况时,则判断过程出现失控情况:

准则一　1 点或多点落在控制限外。

准则二　连续 9 点或更多点出现在中心线的同一侧。

准则三　连续 6 点或更多点连续上升或下降。

准则四　连续 14 点中相邻点交替上下。

准则五　连续 3 点中有 2 点超出 2σ 警戒限。

准则六　连续 5 点中有 4 点落在中心线同一侧的 1σ 以外。

准则七　连续 15 点均落在中心线 $\pm1\sigma$ 区内。

准则八　连续 8 点落在中心线两侧且无一落在 $\pm1\sigma$ 区内。

2. 控制图判稳规则

在点子随机排列的情况下,出现下列情况之一,则可判断过程处于稳态:

(1)连续 25 个点,落在控制界限外的点数为 0 。

(2)连续 35 个点,落在控制界限外的点数小于等于 1 。

(3)连续 100 个点,落在控制界限外的点数小于等于 2 。

152

控制图的种类很多,按用途和被控制对象的数据性质进行分类,则有以下几种:

(1)按用途分类。按控制图的用途可分为分析用控制图和控制用控制图两大类。分析用控制图用于对过程进行分析,确认其是否达到统计受控状态。控制用控制图则是由过程受控且过程能力达到预期要求时的分析用控制图转化而来,即将分析用控制图的控制界限延长,依据这样的控制图对过程实施日常监控。

(2)按被控制对象的数据性质进行分类。按被控制对象的数据性质可分为计量值控制图和计数值控制图。计量值控制图适用于控制对象为连续型测量数据的。常用的计量值控制图有均值—极差控制图($\bar{X} - R$ 图)、均值—标准差图($\bar{X} - S$ 图)、中位数—极差图($\tilde{X} - R$ 图)、单值—移动极差图($I - Rs$ 图)。计数值控制图是用于控制非连续型数据的(如不合格品数、不合格品率、缺陷数等)的控制图。常用的计数值控制图有不合格品率图(p 图)、不合格品数图(np 图)、缺陷数图(c 图)、单位缺陷数图(u 图)。

表 6.4 和表 6.5 分别给出了常用的计量值控制图和记数值控制图参数(中心线 CL 和上下控制限 UCL/LCL)的计算公式。

表 6.4　常用的计量值控制图参数计算公式

控制图类型		中心线	控制界限	打点值	样本容量
均值—极差 ($\bar{X} - R$) 控制图	$\bar{X}$ 控制图	$CL = \bar{\bar{X}}$	$UCL = \bar{\bar{X}} + A_2\bar{R}$ $LCL = \bar{\bar{X}} - A_2\bar{R}$	$\bar{X}_i$	$1 < n < 10$, 以 3~5 为宜
	R 控制图	$CL = \bar{R}$	$UCL = D_4\bar{R}$ $LCL = D_3\bar{R}$	R_i	
均值—标准差 ($\bar{X} - S$) 控制图	$\bar{X}$ 控制图	$CL = \bar{\bar{X}}$	$UCL = \bar{\bar{X}} + A_3\bar{S}$ $LCL = \bar{\bar{X}} - A_3\bar{S}$	$\bar{X}_i$	$n > 1$, 以 $n > 5$ 为宜
	S 控制图	$CL = \bar{S}$	$UCL = B_4\bar{S}$ $LCL = B_3\bar{S}$	S_i	
中位数—极差 ($\tilde{X} - R$) 控制图	$\tilde{X}$ 控制图	$CL = \bar{\bar{X}}$	$UCL = \bar{\bar{X}} + m_3A_2\bar{R}$ $LCL = \bar{\bar{X}} - m_3A_2\bar{R}$	$\tilde{X}_i$	$1 < n < 10$, 以 3~5 为宜
	R 控制图	$CL = \bar{R}$	$UCL = D_4\bar{R}$ $LCL = D_3\bar{R}$	R_i	
单值—移动 极差 ($X - R_s$) 控制图	X 控制图	$CL = \bar{X}$	$UCL = \bar{X} + 2.660\bar{R}_s$ $LCL = \bar{X} - 2.660\bar{R}_s$	X_i	$n = 1$
	R_s 控制图	$CL = \bar{R}_s$	$UCL = 3.267\bar{R}_s$ $LCL = 0$	R_{si}	

表 6.5　常用的计数值控制图参数计算公式

控制图	控制限	中心线	打点值	样本容量	质量特性
p 图	$UCL = \bar{p} + 3\sqrt{\dfrac{\bar{p}(1-\bar{p})}{n_i}}$ $LCL = \bar{p} - 3\sqrt{\dfrac{\bar{p}(1-\bar{p})}{n_i}}$	$CL = \bar{p}$	p_i	可以变化	可以用合格/不合格、通过/不通过等来描述的质量特性
np 图	$UCL = \bar{d} + 3\sqrt{\bar{d}(1-\bar{d}/n)}$ $LCL = \bar{d} - 3\sqrt{\bar{d}(1-\bar{d}/n)}$	$CL = \bar{d}$	d_i	固定不变	
u 图	$UCL = \bar{u} + 3\sqrt{\dfrac{\bar{u}}{n_i}}$ $LCL = \bar{u} - 3\sqrt{\dfrac{\bar{u}}{n_i}}$	$CL = \bar{u}$	u_i	可以变化	可以用缺陷数来描述的质量特性
c 图	$UCL = \bar{c} + 3\sqrt{\bar{c}}$ $LCL = \bar{c} - 3\sqrt{\bar{c}}$	$CL = \bar{c}$	c_i	固定不变	

相对来说,计量值控制图对测量的要求较高,可能需要较高的投入,但对过程波动的敏感性强,便于及时发现和纠正异常波动。而计数值控制图虽然对测量的要求低于计量值控制图,但此类控制图一般需要较大的样本量。

可依据下面的流程选择适当的控制图,如图 6.2 所示。

【应用方法】

在采用控制图作为控制方法时,一般应按下述步骤进行:

(1)当确定了控制对象和控制方法后,对于需要用 SPC 控制图进行控制的 Y 和/或 X,要进一步确定其测量数据为何种类型,据此选取合适的控制图。

(2)收集样本数据。收集改进后流程在 5M1E(管理流程为 4P)相对稳定的状态下的样本数据。一般需要抽取 25 个左右的样本,抽样方案可根据加工批量大小和收集数据的难易程度确定。

(3)作"分析用控制图"。计算样本数据的均值、极差、中心线及上下控制界限,作图、打点。通常可使用计算机软件(如 Minitab)辅助做图。

(4)运用判异准则判断过程是否处于统计受控状态。对于连续型数据,首先对 R(或 S)图判稳,观察样本组内的波动是否过大。如果出现失控模式,需要对过程进行分析,查找根本原因,消除异常因素影响后,重新收集数据。再绘制分析用控制图,直到控制图上无失控模式。

(5)计算过程能力。判断过程能力能否满足要求;如果过程能力不足需要继续改进,然后再收集数据做分析用控制图,直到过程能力满足要求且过程统计受控。

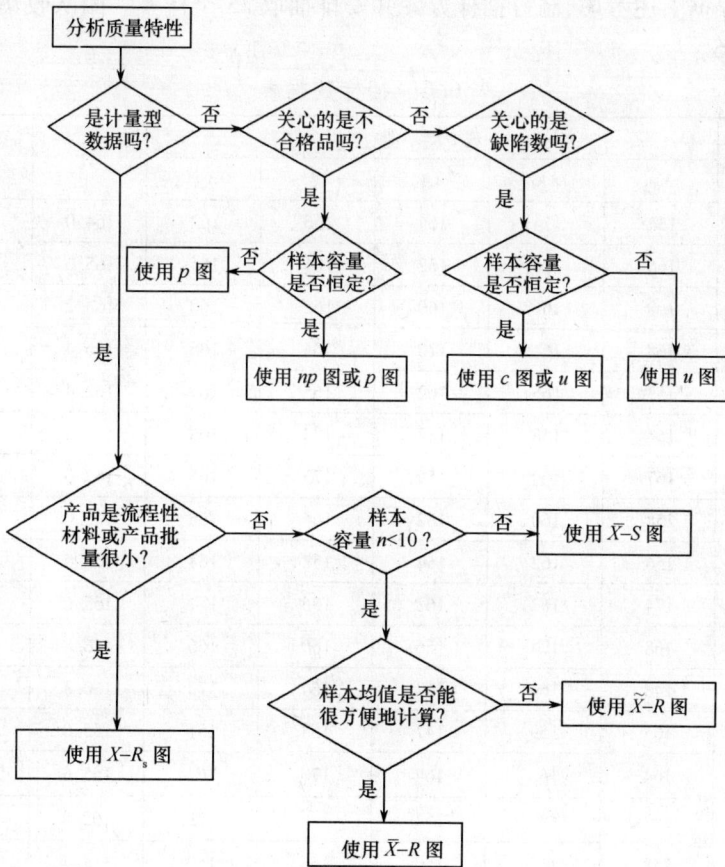

图 6.2　控制图选用流程图

(6)将中心线 CL、上下控制限 UCL/LCL 固定,绘制成"控制用控制图",放在过程监控现场,对过程进行实时的监控。

(7)定期检查控制图表,使过程始终处于统计受控状态。

【应用示例】

项目团队确定用 SPC 控制图监控热处理过程的温度。每 10min 测量一个温度数据,每炉工作 50min,可记录 5 个数据。过程控制要求每炉的温度波动不能太大,炉批之间的波动也应满足要求。

团队作 SPC 控制图的过程如下:

(1)根据过程控制的需要,确定监控对象为过程关键影响因素之一的热处理炉温。该测量值是连续型数据,且以每炉的 5 个测量值构成一个样本,故采用均值—极差控制图进行监控。

（2）根据上述考虑，制订抽样方案并安排抽取25个样本。团队收集到的数据见表6.6。

表6.6　抽样数据表

序　号	观　测　值					$\overline{X_{i*}}$	R
	X_{i1}	X_{i2}	X_{i3}	X_{i4}	X_{i5}		
1	154	174	164	166	162	164.0	20
2	166	170	162	166	164	165.6	8
3	168	166	160	162	160	163.2	8
4	168	164	170	164	166	166.4	6
5	153	165	162	165	167	162.4	14
6	164	158	162	172	168	164.8	14
7	167	169	159	175	165	167.0	16
8	158	160	162	164	166	162.0	8
9	156	162	164	152	164	159.6	12
10	174	162	162	156	174	165.6	18
11	168	174	166	160	166	166.8	14
12	148	160	162	164	170	160.8	22
13	165	159	147	153	151	155.0	18
14	164	166	164	170	164	165.6	6
15	162	158	154	168	172	162.8	18
16	158	162	156	164	152	158.4	12
17	151	158	154	181	168	162.4	30
18	166	166	172	164	162	166.0	10
19	170	170	166	160	160	165.2	10
20	168	160	162	154	160	160.8	14
21	162	164	165	169	153	162.6	16
22	166	160	170	172	158	165.2	14
23	172	164	159	165	160	164.0	13
24	174	164	166	157	162	164.6	17
25	151	160	164	158	170	160.6	19

（3）用收集到的数据绘制分析用控制图。借助 Minitab 软件，得到的分析用控制图如图6.3所示。

156

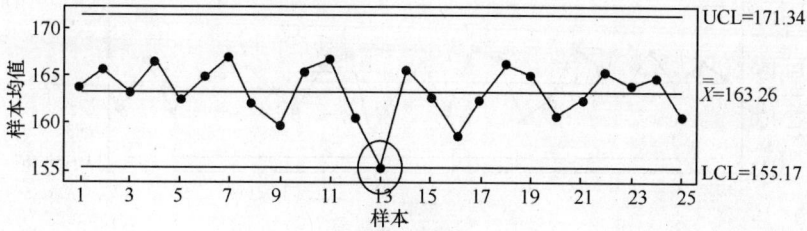

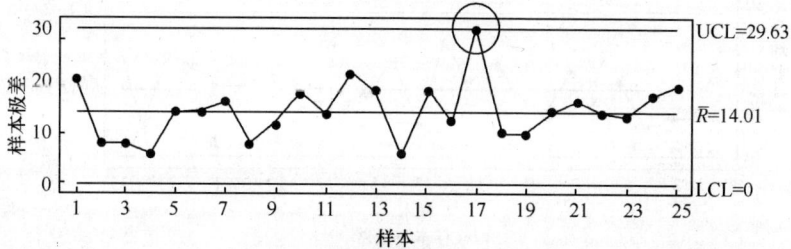

图 6.3　SPC 分析用控制图示例

结果解读:

> 　　该控制图均值图第 13 样本点和极差图第 17 样本点出现了第一种失控模式,过程处于非受控状态。因此,团队针对第 13 样本点和第 17 样本点的失控情况进行了调查,并消除失控原因。

　　(4)随后,团队又补充收集了 2 个样本数据,继续做分析用控制图,如图 6.4所示。

结果解读:

> 　　从控制图上看不论是均值控制图还是极差控制,均无失控模式,所以过程处于受控状态。

　　(5)用此时过程的数据,计算过程能力。注:炉温的控制要求是 160℃ ±30℃。过程能力分析的结果如图 6.5 所示。

结果解读:

> 　　过程能力 C_{pk} = 1.58,因此,此时该过程受控且有能力,可将此时的控制图的上下控制线固定,作控制用控制图。

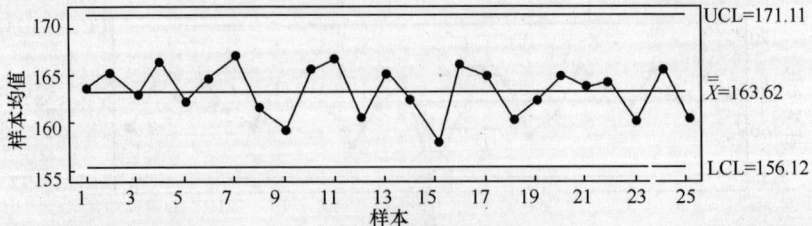

(a) 样本—均值

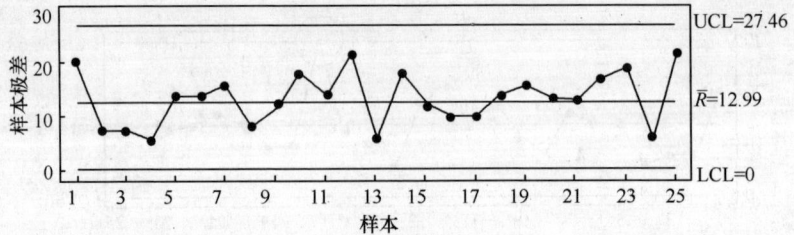

(b) 样本—极差

图 6.4　新的样本数据的分析用控制图

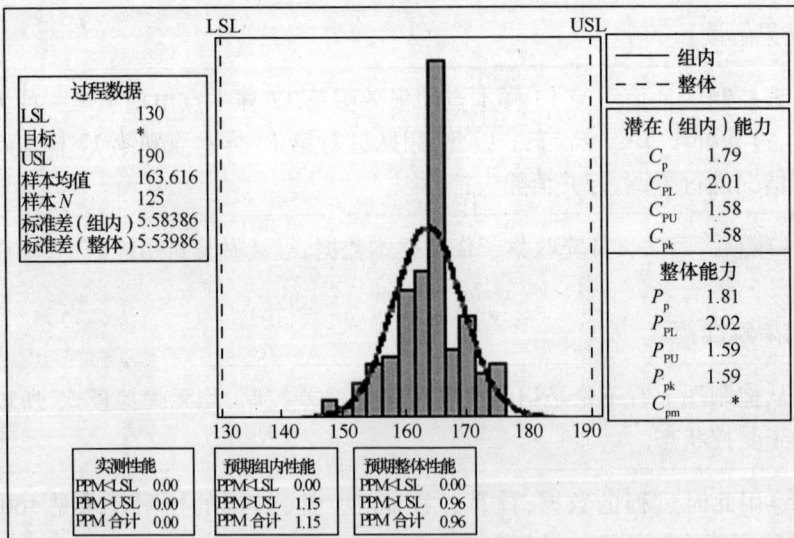

图 6.5　新的样本数据的过程能力

（6）将该控制用控制图置于生产现场，用每炉测量的 5 个温度值计算均值和极差，并在控制图上描点，根据点子排列，判断过程是否出现异常。

6.4 作业检查单

【什么是作业检查单】

作业检查单是以表格形式列出正确完成过程操作的关键步骤与活动,以提示操作人员按其执行的管理工具,可用于验证关键操作步骤是否完成。

【应用目的】

当控制对象无法采用防错措施和 SPC 控制图对流程进行监控时,可以选择使用"作业检查单"来规范流程的操作,避免操作者忽略关键的流程步骤,减少遗漏和错误,且便于管理者监控流程步骤的执行情况。特别适用于那些依靠人工操作保证作业结果的过程的管理。

【构成与原理】

操作检查单包括以下信息:

(1)过程信息。名称、操作者、作业检查者、操作日期等。

(2)作业序号。按照操作流程编排的作业顺序号。

(3)作业内容。对每个操作步骤的简明扼要的描述,并说明该步骤的关键要求或应获得的操作结果。

(4)作业结果。记录该步骤的实际完成情况,可以是具体的操作结果的测量值,也可以是是否已操作的标识。

(5)备注。记录需要说明的情况或过程发生的异常。

【应用方法】

项目团队可按下述步骤编制作业检查单:

(1)确定关键操作步骤,并按作业顺序列出这些关键步骤;

(2)使用简洁、清晰,不易引起歧义的词语描述各个步骤的操作内容和要求;

(3)制定操作结果记录方式,根据现场记录条件和控制管理要求,尽量简化记录方式;

(4)与作业检查单的使用者一起,共同验证其是否步骤完整、表达清晰、使用方便;

(5)定期检查作业检查单的使用情况,完善其使用。

【应用示例】

某项目团队识别出的过程关键影响因素是零件胶结前的清洁程度并相应地改进了零件清洗过程。同时,团队也将该清洗过程列入控制计划,作为过程控制的对象。团队决定用作业检查单作为控制方法。经过团队讨论和使用验证,形

159

成了该过程的作业检查单,见表6.7。

表6.7　作业检查单样例

过程名称:×××零件清洗		作业编号:001082	
作业日期:　　年　　月　　日			
作业顺序号	作业内容	操作者	检查者
1	检查零件外观无缺损和划痕	☐	☐
2	在零件 A 和 B 区涂防护层	☐	☐
3	检查防护层区域覆盖完好无遗漏	☐	☐
4	用 03 号清洗液擦拭零件背面	☐	☐
5	用 02 号清洗液擦拭零件正面	☐	☐
6	清洗后的正面达到标准样板的要求	☐	☐
7	将零件放入周转箱并填写随箱表单	☐	☐
审核:　　　　　(签章)　日期:　　年　　月　　日			

本 章 小 结

本章重点介绍了六西格玛 DMAIC 方法中 C 阶段——控制阶段的主要工作内容,以及支持本阶段工作的主要工具方法。控制阶段的主要工作是在改进阶段的基础上,针对改进后的过程制订控制计划和控制方法,以使改进方案能够持续有效地实施。本章内容包括:控制计划的编制方法,以及防错措施、SPC 控制图和作业检查单等三种主要的过程控制工具。对识别出的控制对象而言,团队应首先考虑使用防错措施,其次是使用 SPC 控制图。对以操作过程为控制对象的,则可以考虑使用作业检查单。在六西格玛项目实施中,制订了有效的过程控制计划和控制方法,并经过实际过程的实施验证,证明控制方法有效且项目最终达到了预期目标,则是控制阶段结束的标志。

控制阶段案例:

让你的改进持续有效

控制阶段是 DMAIC 方法的最后一个阶段,也是不可缺少的一个阶段。所有改进活动必须要持续有效,因此,在有效的改进方案形成后,必须要考虑对其进行有效控制的问题。很多情况下,人们把注意力更多地放在改进方案上,而对如何对改进后的过程形成有效的控制给予的关注不足。很多改进最终由于控制不到位而前功尽弃。

【案例五】

某项目团队在识别出影响 Y 的关键 X 之后,运用 DOE 等方法得到了最佳改进方案,并在对改进方案运用 FMEA 方法进行了风险分析后,识别出了需要控制的关键项,即控制对象。他们将这些控制对象列入了控制计划,并且制定了相应的控制方法。表 C.1 就是团队制定的控制计划表。

表 C.1　控制计划表(样例)

控制计划表								
特性	过程能力	测量	R&R	控制	信号	措施	职责	备注
安装方向				防错			SC/QC	
加压时间	$Z=3.9$	设备自动采集	13%	SPC IX–Rs 图	失控点	调整	GY	
按装辅料		将材料要求纳入作业指导书		来料检验	不符合规范	拒收	IC/QC	
……	……			……				
……								

按照这个控制计划,团队对在操作中可能出现的"工件安装方向错误"等风险进行了防错设计,从而从根本上消除了错误发生的可能性。

针对"加压压力不足"引起工件加工质量缺陷的风险,他们选择了使用 SPC 控制图在线监控加压压力的波动,以便及时发现过程的异常情况。由于团队识别出的控制图的控制对象是过程影响因素 X,且这个 X 在每一次作业中只有一个测量值,这个测量值可以用连续型数据来表达。因此,团队选用单值—移动极差图。为了得到控制图的参数,他们跟踪过程的实施,收集了 25 个作业的压力的数据,并用这些数据绘制了分析用控制图,如图 C.1 所示。

从分析用控制图上,团队发现加压过程并不稳定。监测的加压压力,在控制图上出现了失控模式,有 6 个控制图上的数据点出现了连续下降的趋势。针对这样的失控问题,团队展开了调查,发现是压力阀密封橡胶垫圈失效所至。团队采取了纠正措施,并将压力阀密封胶圈的操作检查纳入作业指导书中。随后,团队继续收集了 25 个作业压力的数据,重新绘制了分析用控制图,如图 C.2 所示。

新的分析用控制图表明过程处于统计受控状态。根据压力控制的要求,团队测算了该过程的过程能力。该过程的 Z 值达到了 3.9。因此,可以将上述控制图转为控制用控制图。

这些控制措施的应用,保证了从源头上防止流程出现失控,有效地保证了改进效果的保持和长期有效。

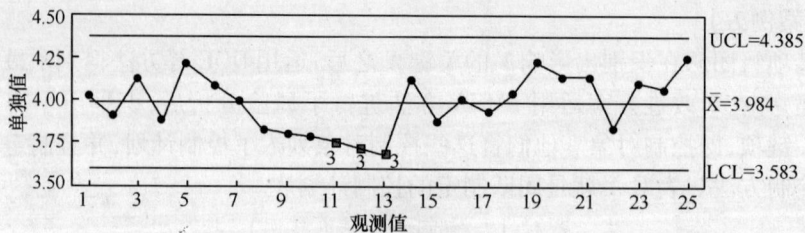
（a）观测值—单独值

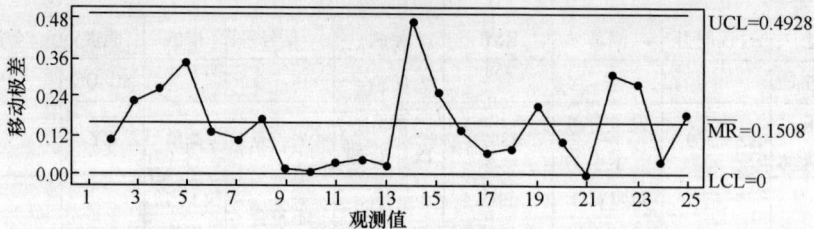
（b）观测值—移动极差

图 C.1　改进前的压力控制图

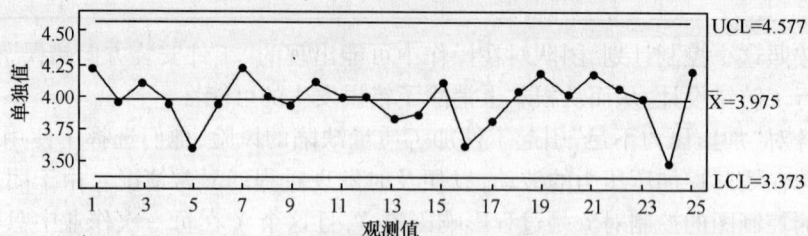
（a）观测值—单独值

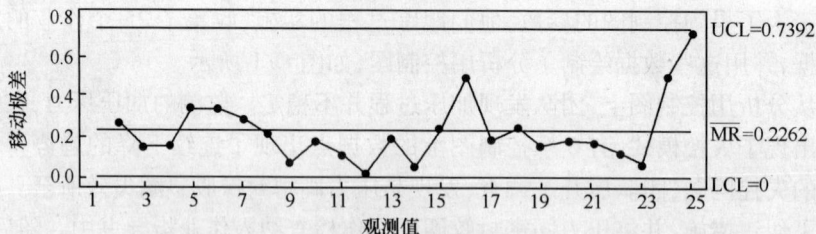
（b）观测值—移动极差

图 C.2　改进后的压力控制图

从这个例子中可以看出，一个有效的改进和控制方案必须深入地追踪影响结果的"根本原因"，并有针对性地制定控制方案，从而保证改进结果持续有效，而六西格玛方法论给我们提供了这样的一个工作框架和工具。

第7章 问题与回答

由于六西格玛管理涉及的面比较广,既涉及了关于企业经营战略的问题,又涉及许多工具方法的应用,人们对六西格玛管理的实施自然也会有许多疑问。我们将常问的关于六西格玛的问题以及我们对问题的回答收录在这里,供读者参考。

1. 六西格玛与全面质量管理(TQM)有何区别?

这是人们问得比较多而且争论也比较多的一个问题。也有一些人用六西格玛来否定TQM,我们认为这是不可取的。从六西格玛的起源来看,它正是诞生在TQM蓬勃发展的年代,同TQM一样,它也是从质量入手来提高企业的竞争力的。六西格玛与TQM的管理原则有许多共同之处。例如,它们都强调:

(1)面向顾客,以顾客为关注焦点;

(2)过程的观点,视任何工作均为流程;

(3)持续改进的思想;

(4)基于数据决策;

(5)广泛地应用统计工具等。

但是应该看到,经过十几年的发展,特别是经过在通用电气这样的世界级企业的实践,六西格玛与TQM相比,确实有了许多变化。最重要的变化是,六西格玛的推进有着明显的战略意义,是组织最高管理者推动的实现企业经营战略的手段。在与企业发展战略的结合上,六西格玛比TQM有着明显的结合点和策略。这一点,在那些成功企业的实践中,可以明显地看到。而不是像在一些组织中,TQM的实践与领导们关心的重点是分离的。让领导们对他们不关心的问题作出承诺,显然是不可能的。

六西格玛管理总结了TQM的实践经验并在此基础上进一步发展。以DMAIC流程来说,它的基本框架就是质量改进的PDCA循环。但是与PDCA循环比,它的模式更加清晰,工具方法与所解决的问题联系更加紧密,所用支持数据决策的手段也更加明晰,同时变革管理与这个流程紧密联系,从"硬"和"软"两个方面,使改进成功的把握大大提升。所以,DMAIC帮助企业解决了许多发展中的难题。

另外,六西格玛还以黑带、绿带等形式为其实施部署了关键的人才,并且它强调要构建完善的支持基础,包括企业经营过程管理的架构,量化业绩测量体系的建立,从上之下的战略改进目标与项目选择、实施、跟踪、审核的结合,以及文化变革的促进等,来支持六西格玛的实施。这使得六西格玛更具生命力。

六西格玛管理要求产生经营业绩的突破,要求量化结果,包括明确的财务结果,这个结果要"流入"企业的经营底线和顶线。六西格玛要求为顾客和股东同时创造价值,这一明显的特征使它更加容易为顾客、股东、经营者等所有相关方所接受。

六西格玛管理是一个开放的体系,任何关于绩效改进的努力和成功经验都是可以整合到这个体系中的,而并不是要用六西格玛来推翻组织原来成功的经验和做法。应该看到,在这个变化越来越快、竞争越来越激烈的时代,任何组织都需要提升它的业绩改进能力,而六西格玛管理正是这样一个提升组织经营业绩的管理战略。

2. 六西格玛与 QCC 有什么不同?

虽然,六西格玛项目和 QCC 都是关于质量改进的,而且支持 DMAIC 活动的方法和工具没有新发明的,它们在质量管理活动中已有几十年的应用历史了,有许多工具在 QC 小组活动中大量地使用。如果仅仅从工具方法的使用上来谈六西格玛和 QCC 的区别,是不正确的。六西格玛和 QCC 的最大区别在于,它们是针对企业不同层面的不同问题而开展的不同的管理活动。

从六西格玛管理关注的主题来看,六西格玛项目所要解决的问题是从顾客端追溯分解而来的,是从组织发展战略与目标追溯分解而来的。每一个六西格玛项目都应支持顾客满意程度的改善,支持组织的战略目标的实现。这样的项目往往需要跨职能合作,处理的问题也常常是比较深入和具有较复杂的交互关系的管理和技术难题。如果不强调依据事实和数据决策,不强调以业务流程管理的形式组织企业的资源,不以强有力的项目管理架构支持,是很难实现其目的的。而六西格玛管理恰恰给了我们很好的模式和工具。

一些组织已经将六西格玛管理作为其实现业务流程管理(Business Process Management, BPM)的重要手段。从这些方面来,六西格玛应当成为管理者手中不可缺少的工具。

将六西格玛管理与 QCC 对立起来,是不可取的。而事实上,它们之间是互补的,是相辅相成的。

3. 六西格玛管理与 ISO9000 的关系?

六西格玛与 ISO9000 的目的是不一样的。ISO9000 是关于质量体系建设的基本要求,它告诉组织在建设质量体系时,应该考虑的要素和基本方面。许多组织已经通过了 ISO9000 标准的认证,这个认证向人们表明,组织的质量体系达到了 ISO9000 标准的基本要求。而六西格玛是关于组织经营业绩改进的科学方法论和管理模式,乃至发展战略。在组织中,它所覆盖的领域和关注的改进点,比 ISO9000 要广泛得多。

但是,两者在一个组织中是完全可以很好地融合的。对一个已经建立了 ISO9000 标准质量体系的组织来说,可以通过六西格玛的实施,来提升这个管理体系的有效性和实施效果。因为,提升质量管理的水平,几乎是所有已经取得了 ISO9000 质量体系认证的企业的需求。而六西格玛可以帮助企业在质量管理体系、管理职责、资源管理、产品实现和测量、分析和改进等领域产生很好的管理效果。例如,在测量、分析和改进方面,ISO9000 标准中只提出了这个持续改进过程的一般框架和要求,并没有提出具体的实施模式。每个企业都会有自己的过程方法和体系。而在这方面,六西格玛为组织提供了一套优秀的过程改进模式。六西格玛的 DMAIC 流程,以及流程中提供的工具和方法,对组织实现 ISO9000 的要求提供了很好的解决办法。

从另一方面来说,ISO9000 质量体系也为六西格玛的实施提供了有价值的支持。ISO9000 是将管理过程规范化得非常好的手段。它的应用在很大程度上促进了流程的规范管理,对管理体系的运行起到了很好的保持作用。而在实施六西格玛的过程中,也非常需要有这样一个保持体系。特别是在六西格玛项目结束之后,它需要不断保持其效果,才能持续地产生收益。在这方面,需要 ISO9000 这样的体系给予支持。

4. 六西格玛在制造业以外如何应用?

成功的经验表明,六西格玛同样能很好地适用于非制造业。特别是在通用电气公司,许多成功的经验来自于非制造领域。如果将六西格玛的实施仅限制在制造领域,那么即便对一个制造企业来说,也会失去 70% 左右的在非制造业务领域改进的机会。那么,为什么会给人们这样的印象,认为六西格玛是只适合于制造领域或产品质量改进的方法呢? 大概是由于:

(1)制造领域是最容易应用六西格玛方法的地方。在制造领域中最易于识别流程,只要跟随生产线就能看到它。但是,人们很难在记账、采购、发货、招聘、审计等非制造领域的工作中“看到”流程。而且,在这些领域中,人们还不习惯于用过程方法来考察工作的结果。

(2)制造领域具有较好的测量系统,对过程结果的测量比较明确。好的测量系统在两方面使六西格玛易于实施。首先,浪费和返工等在制造领域中可以非常容易地识别出来,损失也比较容易计算,因此改进的影响可以非常直观地展现在管理者面前。例如,某项报废产生了 50 万元的成本损失,那么将这项报废降低 70% ,将获得 35 万元的收益。其效果非常直观。其次,一旦六西格玛项目开始,分析需要的数据在制造领域中随手可得。

事实上,如果在非制造领域能够很好地识别流程并建立相应的测量,六西格玛的方法是完全可以用于非制造类领域的。关于非制造领域流程的测量,可以包括下述方面:

(1)准确性。是表明过程符合要求的程度的度量,如财务数据的准确性、信息的完整性、数据的错误率等。

(2)周期。是指过程运行占用的时间,如付账时间、入库时间、交付时间等。

(3)成本。这里是指过程运行所消耗的内部成本。在很多情况下,成本很大程度由过程的准确性和周期决定。如果它消耗的周期越长,需要更正的错误越多,成本就越高。

(4)顾客满意度。是对那些输出无法用效益来评判的过程的测量,例如:对客户服务过程,通常用顾客调查来测量。这恐怕是所有度量指标中最重要的度量指标了。

这些方面是非制造领域流程业绩的主要度量方面,可以根据具体问题,选择出适当的测量方法并获得测量数据。

5. 如何选择黑带和绿带?

黑带和绿带是组织实施六西格玛的关键角色,他们是关键的"场上队员",需要"真刀真枪"地为组织解决实际问题,而且这些问题很多是长期得不到解决的难题。黑带和绿带需要接受六西格玛方法的完整培训,具有比较扎实的方法和工具的基本功,有实战经验,对六西格玛方法的应用有较深的体验,他们还必须具备领导特质,善于领导和协调,有带领团队工作的经验,更重要的是,他们认同六西格玛的管理理念,热情、执着和不怕困难。这些人确实是组织的宝贵人才。

在选择黑带和绿带时,建议组织做以下考虑。黑带和绿带的人选应:

(1)清楚地了解组织的经营目标;

(2)具有很强的过程思考意识;

(3)具有较强分析技能和思维能力;

(4)有较强的协调能力;

(5)有较强的沟通能力;

(6)具有一定的领导能力和经验;

(7)具有开放性的思维,愿意接受新知识;

(8)乐观、坚韧、执着、不惧怕困难;

(9)受到人们的尊敬。

对于首轮黑带和绿带人选,最好能考虑他们的技术能力和对改进对象的熟悉程度及专业经验。这也就是为什么我们建议,先确定项目,再来选择黑带和绿带。这样可以保证项目团队中的"主要选手"具有对问题的基本经验和专业知识。有些人强调,黑带和绿带人选要具备一定的概率统计知识。依我们的经验,这些知识对黑带学习会有帮助,但不是必须的。学员在学习中会有机会来掌握这些知识。总之,组织应当从"硬"技能和"软"技能两个方面来考虑,选出合适的黑带和绿带人选。

6. 一个组织需要多少黑带和绿带?

对这个问题没有统一的答案。这与组织推进六西格玛的需求和力度有关,也与组织的推进速度有关。加大推进力度和速度的最好方式之一,就是加大这些关键角色的部署力度。通过培训,快速地形成黑带和绿带这一关键群体。以此来推进六西格玛项目的实施并较快地获得回报。

组织可以根据预期完成的项目数量和期望产生的回报,估计出需要部署的大黑带和黑带的数量。当然,也可以参照其他企业的比例。这里有一个一般化的建议,它们是:

(1)绿带占员工比例达到30%以上;

(2)每50位~100位员工中至少有1位黑带;

(3)每10位~15位黑带中有1位资深黑带。

当然,这只是一般的考虑。杜邦、卡特比勒和陶氏化工已明确表示,这样的力度不能满足他们的推进要求,他们的黑带和资深黑带的比例已达到占员工总数的3%以上。这里还有另一组数据,是关于通用电气的黑带和绿带数量的,可以作为水平对比的数据标杆:

(1)推进六西格玛管理的第一年,黑带人数已达到占员工总数的1%;

(2)第三年,黑带比例超过3%,现已接近4%;

(3)第三年,绿带的比例超过了60%,现已超过90%;

(4)第五年,有黑带经历的人,在高级管理人员中达到15%以上,目前一些部门已经有40%以上的高级经理有黑带经历。

这些数据可供组织在考虑黑带和绿带的部署时参考。

7. 如何设计一个好的六西格玛培训体系?

六西格玛培训在推进工作中扮演了非常重要的角色,它是组织推进六西格玛的重要手段之一。一般组织在刚开始导入六西格玛时,会使用外部资源来帮助组织开展六西格玛培训工作。随着六西格玛的不断深入,组织需要建立自己的培训体系,来支持推进工作的需要。

建立组织的培训体系要根据组织的推进工作需求,要考虑到不同角色的需要。例如,黑带和绿带培训,六西格玛项目团队的培训,以及组织全体员工的培训,以及随后对黑带和绿带的知识更新等。在建立六西格玛培训体系中,还需要考虑以下问题:

(1)谁教课? 怎样认证和评价教师?

(2)怎样得到每个课程的教材,谁来保持和更新它们?

(3)谁应上课? 学员应具备什么样的条件?

(4)需要进行教学测验码? 如果要,如何出题和评判?

(5)如何追踪培训效果?

(6)谁将处理日常安排?

(7)如何获得和维护培训场地和设施?

组织可以考虑由有经验的六西格玛咨询培训机构协助组织建立这样的培训体系。有外部资源的经验,再加上组织在六西格玛中已经取得的成果,可以使组织获得一个针对本组织需求的好的培训体系。

8. 如何避免选择不好的六西格玛项目?

项目选择是六西格玛项目实施中的一个关键环节,将影响到项目的效果以及为企业带来的回报。关于什么是一个好的六西格玛项目,已在本书中进行了阐述。在项目选择过程中,确实会经常出现一些问题和错误。这里,将它们的特征归纳出来,以避免选择不好的项目:

(1)项目欲解决的问题与企业发展重点和关键顾客要求没有联系,因此无法得到管理层的支持和承诺。

(2)项目欲解决的问题不清晰,不具体,目标不明确,或看不到其对企业经营业绩改善的意义。

(3)要达到的目标太低。一般说来,项目是可以实现 50% 以上的改进目标的,其中大多数项目可以实现 70% ~80% 的改进目标(如将缺陷率从 15% 降低到 5% 以下)。

(4)项目范围太宽,或目标太多,很难在 4 个 ~6 个月的时间框架内完成。一般这样的项目还需进一步的分解。特别是在有经验的黑带领导下,在企业能提供的资源范围内,将其分解为适当的"项目群"来完成。

(5)经济效益不明,或项目预期收益太低,企业得不到适当的回报。造成这种情况的原因可能是,项目选择不合理,没有将真正有价值的项目选出;或者,项目收益计算方法不准确,没有把实际能够产生的收益合理地计算出来,为了避免这种情况,需要财务人员参与到项目选择过程中来。

(6)将已经有明确解决方案的问题列为六西格玛项目。应当说明的是,并不是所有改进项目都是六西格玛项目。六西格玛项目适合解决那些问题产生的原因不明,需要通过项目工作找到问题产生的根本原因;或者问题产生的原因明确,但解决问题的方案不明确的问题。其实,企业会有许多改进项目存在,如新设施的筹建、新的技术改造或投资项目等。对已有明确方案的项目,只要按项目管理的方式进行即可,不必再生搬硬套六西格玛项目过程。

还是那句话,好的开头是成功的一半,组织需要花些精力来避免选择不好的项目。

9. 组织需要哪些六西格玛项目评审?

管理者对六西格玛项目进行定期评审和检查是保证项目成功的一个关键因素,也是管理者体现他们对六西格玛的承诺并展示他们对黑带和绿带支持的机会,又是与项目相关方直接沟通的重要机会。有两种项目评审的方式,即由领航员对项目的阶段性评审检查和由经营单位或部门领导参加的项目评审。也有一些单位将这两种形式的评审合二为一。

领航员对他所负责的项目进行的阶段性评审主要关注的主题有:

(1)本阶段项目的进展;

(2)本阶段项目的成就;

(3)项目实施是否符合要求;

(4)工作建议;

(5)需要的帮助;

(6)下一阶段项目工作计划。

通过这样的沟通,领航员们可以及时掌握项目的进展情况,扫清项目实施的障碍,提供需要的协调和帮助等。这样做还有督促项目工作按计划进行的作用,这确实像助阵的“鼓点”,督促项目不断向前推进。

经营单位领导或部门领导参加项目评审和检查的目的是保证项目按进度要求执行并产生阶段结果,这个评审是管理层参与六西格玛的一种很好的方式,他们能够直接获得信息,并及时消除问题和阻碍因素。这个评审关注如下主题:

(1)项目目标以及相对目标的进展;

(2)从上次评审至今所取得的成就;

(3)项目实施存在的问题以及需要的管理支持;

(4)今后的计划;

(5)得到的主要经验和教训。

随着六西格玛工作的成长,项目数量会有很大的增加,评审要花的时间也会增加。在这种情况下,组织可将项目分类,并将评审重点放在那些重要且需要帮助的项目上,这样可以节约时间,同时也保证了项目评审要求的实现。

10. 如何计算六西格玛项目的财务收益？

概括起来说,需要财务部门的人员参与到项目收益的计算工作中来,一方面,组织负责六西格玛推进工作的人员和财务人员要共同确定收益计算准则,表明项目收益应该怎样计算,什么样的收益为"硬"收益,什么样的是可以计算的"软"收益。

一般说来,"硬"收益是可以直接在财务上反映出来的收益。如某个项目将报废降低了70%,降低的废品损失就是"硬"收益。还有返修率的降低,可节约返修材料费、人工费、机器设备的机时和能耗等,这些都是可以计算出来的"硬"收益。

当然,组织还需要计算"软"收益,也就是无法在财务上直接反映出来的收益,这部分收益需要审慎考虑。因为,一些改善虽然无法直接在财务上反映出来,对组织仍然有非常大的影响。如员工满意度和顾客满意度等。

所以,组织一定要组织财务人员与六西格玛推进人员一起,对六西格玛项目的财务收益计算做出切实规定。

11. 如何保持六西格玛项目的收益？

这确实是一个非常重要的问题。六西格玛项目结束时并不是所有收益都得到了,项目要通过持续地保持其结果,才能源源不断地为企业带来收益,所以,保持是非常重要的环节。这也就是为什么在六西格玛 DMAIC 流程的最后一步——控制阶段,专门确定怎样保持改进方案的效果的问题。

对保持六西格玛项目的效果来说,有两个重要措施,称为两条"防线"。

第一条"防线"是,在项目结束前要有一个经过认可的控制计划。这个计划就是关于保持措施的。控制计划上要详细地规定在保持上的5W1H。

第二条"防线"是,在项目结束后进行的项目审核。项目结束后第一年,要以较高频率进行这个审核。一些组织要求,每 3 个月要对新结束的项目审核一次。一年后,可以降低审核频率。这个审核的目的就是要检查项目的保持情况,核实项目收益。而这时的收益是组织真正得到的。如果在项目审核中发现没有保持住项目的结果,要重新审视项目改进和控制方案,以便获得保持结果。

这两条"防线"都很重要,特别是项目审核工作,需要组织很好地策划和落实。

12. 如何形成高效团队？

团队是否成功很大程度上决定了六西格玛项目是否成功。正像前面介绍的那样,失败的项目中大约有 60% 是因为团队问题造成的。所以,建立高效的项目团队是非常重要的。

关于团队需要由哪些人构成,不同的组织会有不同的考虑。一般来说,六西格玛黑带和绿带掌握了解决问题的方法,但对将要解决的问题,还需要其他相关人员的知识和对问题的了解来补充。例如,一个制造过程的项目团队将由技术人员、管理人员、操作人员以及财务人员等构成。

一般来说,项目团队的核心成员将由4人~6人构成。团队成员至少投入25%的精力在项目工作上。当然,也可以请那些对项目有帮助,但由于各种原因不能投入到项目团队工作中来的人,担当临时技术顾问,但他们不是团队成员。

关于如何发挥团队作用的问题,也可参考其他相关材料。

结 束 语

本书介绍了六西格玛管理方法的重要组成部分——DMAIC方法以及支持这一方法实施的工具。DMAIC五步法集中体现了六西格玛管理的重要理念,也就是"顾客"、"过程"、"依据数据决策"。许多实施了六西格玛管理的企业,将DMAIC作为一种工作素养,通过六西格玛倡导者/领航员、黑带和绿带以及各级的努力,将这种理念和工作素养传递到整个组织之中。

学习六西格玛方法不是一朝一夕的事,也不是只要熟读了它的工具方法就可以"赢遍天下"的。六西格玛DMAIC的功力,需要不断实践、在实践中不断体会、在体会中不断提升的。

需要指出的是,六西格玛方法是一个开放系统,随着最优实践的不断产生,它也在不断完善和成长。可以相信,随着越来越多的企业和越来越多的人不断地实践它,一定会创造出更多更好的经验来。

衷心希望,本书的介绍能为大家的学习提供一些参考借鉴。

附　表

A.1　西格玛水平与缺陷率的对应关系表

（含 ±1.5 偏移）

西格玛水平(σ)	DPMO	西格玛水平(σ)	DPMO	西格玛水平(σ)	DPMO
0.00	933193	1.10	655422	2.20	241964
0.05	926471	1.15	636831	2.25	226627
0.10	919243	1.20	617911	2.30	211856
0.15	911492	1.25	598706	2.35	197663
0.20	903199	1.30	579260	2.40	184060
0.25	894350	1.35	559618	2.45	171056
0.30	884930	1.40	539828	2.50	158655
0.35	874928	1.45	519939	2.55	146859
0.40	864334	1.50	500000	2.60	135666
0.45	853141	1.55	480061	2.65	125072
0.50	841345	1.60	460172	2.70	115070
0.55	828944	1.65	440382	2.75	105650
0.60	815940	1.70	420740	2.80	96800
0.65	802338	1.75	401294	2.85	88508
0.70	788145	1.80	382088	2.90	80757
0.75	773373	1.85	363169	2.95	73529
0.80	758036	1.90	344578	3.00	66807
0.85	742154	1.95	326355	3.05	60571
0.90	725747	2.00	308537	3.10	54799
0.95	708840	2.05	291160	3.15	49471
1.00	691462	2.10	274253	3.20	44565
1.05	673645	2.15	257846	3.25	40059

西格玛 水平(σ)	DPMO	西格玛 水平(σ)	DPMO	西格玛 水平(σ)	DPMO
3.30	35930	4.25	2980	5.20	108
3.35	32157	4.30	2555	5.25	89
3.40	28717	4.35	2186	5.30	72
3.45	25588	4.40	1866	5.35	59
3.50	22750	4.45	1589	5.40	48
3.55	20182	4.50	1350	5.45	39
3.60	17865	4.55	1144	5.50	32
3.65	15778	4.60	968	5.55	26
3.70	13904	4.65	816	5.60	21
3.75	12225	4.70	687	5.65	17
3.80	10724	4.75	577	5.70	13
3.85	9387	4.80	483	5.75	11
3.90	8198	4.85	404	5.80	9
3.95	7143	4.90	337	5.85	7
4.00	6210	4.95	280	5.90	5
4.05	5386	5.00	233	5.95	4
4.10	4661	5.05	193	6.00	3.4
4.15	4024	5.10	159		
4.20	3467	5.15	131		

A.2 正态分布(以 $p(d)$ 表示)

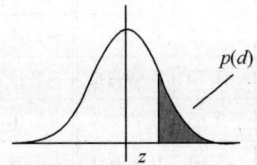

Z	$p(d)$	Z	$p(d)$	Z	$p(d)$	Z	$p(d)$	Z	$p(d)$
-6.25	1.000000	-5.95	1.000000	-5.65	1.000000	-5.35	1.000000	-5.05	1.000000
-6.20	1.000000	-5.90	1.000000	-5.60	1.000000	-5.30	1.000000	-5.00	1.000000
-6.15	1.000000	-5.85	1.000000	-5.55	1.000000	-5.25	1.000000	-4.95	1.000000
-6.10	1.000000	-5.80	1.000000	-5.50	1.000000	-5.20	1.000000	-4.90	1.000000
-6.05	1.000000	-5.75	1.000000	-5.45	1.000000	-5.15	1.000000	-4.85	0.999999
-6.00	1.000000	-5.70	1.000000	-5.40	1.000000	-5.10	1.000000	-4.80	0.999999

Z	p(d)	Z	p(d)	Z	p(d)	Z	p(d)	Z	p(d)
-4.75	0.999999	-3.20	0.999313	-1.65	0.950529	-0.10	0.539828	1.45	0.073529
-4.70	0.999999	-3.15	0.999184	-1.60	0.945201	-0.05	0.519939	1.50	0.066807
-4.65	0.999998	-3.10	0.999032	-1.55	0.939429	0.00	0.500000	1.55	0.060571
-4.60	0.999998	-3.05	0.998856	-1.50	0.933193	0.05	0.480061	1.60	0.054799
-4.55	0.999997	-3.00	0.998650	-1.45	0.926471	0.10	0.460172	1.65	0.049471
-4.50	0.999997	-2.95	0.998411	-1.40	0.919243	0.15	0.440382	1.70	0.044565
-4.45	0.999996	-2.90	0.998134	-1.35	0.911492	0.20	0.420740	1.75	0.040059
-4.40	0.999995	-2.85	0.997814	-1.30	0.903199	0.25	0.401294	1.80	0.035930
-4.35	0.999993	-2.80	0.997445	-1.25	0.894350	0.30	0.382089	1.85	0.032157
-4.30	0.999991	-2.75	0.997020	-1.20	0.884930	0.35	0.363169	1.90	0.028716
-4.25	0.999989	-2.70	0.996533	-1.15	0.874928	0.40	0.344578	1.95	0.025588
-4.20	0.999987	-2.65	0.995975	-1.10	0.864334	0.45	0.326355	2.00	0.022750
-4.15	0.999983	-2.60	0.995339	-1.05	0.853141	0.50	0.308538	2.05	0.020182
-4.10	0.999979	-2.55	0.994614	-1.00	0.841345	0.55	0.291160	2.10	0.017864
-4.05	0.999974	-2.50	0.993790	-0.95	0.828944	0.60	0.274253	2.15	0.015778
-4.00	0.999968	-2.45	0.992857	-0.90	0.815940	0.65	0.257846	2.20	0.013903
-3.95	0.999961	-2.40	0.991802	-0.85	0.802338	0.70	0.241964	2.25	0.012224
-3.90	0.999952	-2.35	0.990613	-0.80	0.788145	0.75	0.226627	2.30	0.010724
-3.85	0.999941	-2.30	0.989276	-0.75	0.773373	0.80	0.211855	2.35	0.009387
-3.80	0.999928	-2.25	0.987776	-0.70	0.758036	0.85	0.197662	2.40	0.008198
-3.75	0.999912	-2.20	0.986097	-0.65	0.742154	0.90	0.184060	2.45	0.007143
-3.70	0.999892	-2.15	0.984222	-0.60	0.725747	0.95	0.171056	2.50	0.006210
-3.65	0.999869	-2.10	0.982136	-0.55	0.708840	1.00	0.158655	2.55	0.005386
-3.60	0.999841	-2.05	0.979818	-0.50	0.691462	1.05	0.146859	2.60	0.004661
-3.55	0.999807	-2.00	0.977250	-0.45	0.673645	1.10	0.135666	2.65	0.004025
-3.50	0.999767	-1.95	0.974412	-0.40	0.655422	1.15	0.125072	2.70	0.003467
-3.45	0.999720	-1.90	0.971284	-0.35	0.636831	1.20	0.115070	2.75	0.002980
-3.40	0.999663	-1.85	0.967843	-0.30	0.617911	1.25	0.105650	2.80	0.002555
-3.35	0.999596	-1.80	0.964070	-0.25	0.598706	1.30	0.096801	2.85	0.002186
-3.30	0.999517	-1.75	0.959941	-0.20	0.579260	1.35	0.088508	2.90	0.001866
-3.25	0.999423	-1.70	0.955435	-0.15	0.559618	1.40	0.080757	2.95	0.001589

174

Z	p(d)	Z	p(d)	Z	p(d)	Z	p(d)	Z	p(d)
3.00	0.001350	3.65	0.000131	4.30	0.0000085	4.95	0.0000004	5.60	0.0000000
3.05	0.001144	3.70	0.000108	4.35	0.0000068	5.00	0.0000003	5.65	0.0000000
3.10	0.000968	3.75	0.0000884	4.40	0.0000054	5.05	0.0000002	5.70	0.0000000
3.15	0.000816	3.80	0.0000724	4.45	0.0000043	5.10	0.0000002	5.75	0.0000000
3.20	0.000687	3.85	0.0000591	4.50	0.0000034	5.15	0.0000001	5.80	0.0000000
3.25	0.000577	3.90	0.0000481	4.55	0.0000027	5.20	0.0000001	5.85	0.0000000
3.30	0.000483	3.95	0.0000391	4.60	0.0000021	5.25	0.0000001	5.90	0.0000000
3.35	0.000404	4.00	0.0000317	4.65	0.0000017	5.30	0.0000001	5.95	0.0000000
3.40	0.000337	4.05	0.0000256	4.70	0.0000013	5.35	0.0000000	6.00	0.0000000
3.45	0.000280	4.10	0.0000207	4.75	0.0000010	5.40	0.0000000	6.05	0.0000000
3.50	0.000233	4.15	0.0000166	4.80	0.0000008	5.45	0.0000000	6.10	0.0000000
3.55	0.000193	4.20	0.0000134	4.85	0.0000006	5.50	0.0000000	6.15	0.0000000
3.60	0.000159	4.25	0.0000107	4.90	0.0000005	5.55	0.0000000	6.20	0.0000000

A.3　累积二项分布表

$$——\sum_{x=0}^{c} C_n^x p^x (1-p)^{n-x} \text{ 值表}$$

n	c	p												
		0.001	0.002	0.003	0.005	0.01	0.02	0.03	0.05	0.10	0.15	0.20	0.25	0.30
2	0	0.9980	0.9960	0.9940	0.9900	0.9801	0.9604	0.9409	0.9025	0.8100	0.7225	0.6400	0.5625	0.4900
	1	1.0000	1.0000	1.0000	1.0000	0.9999	0.9996	0.9991	0.9975	0.9900	0.9775	0.9600	0.9375	0.9100
3	0	0.9970	0.9940	0.9910	0.9851	0.9703	0.9412	0.9127	0.8574	0.7290	0.6141	0.5120	0.4219	0.3430
	1	1.0000	1.0000	1.0000	0.9999	0.9997	0.9988	0.9974	0.9928	0.9720	0.9392	0.8960	0.8438	0.7840
	2				1.0000	1.0000	1.0000	1.0000	0.9999	0.9990	0.9966	0.9920	0.9844	0.9730
4	0				0.9881	0.9801	0.9606	0.9224	0.8853	0.8145	0.6561	0.5220	0.4096	0.3164	0.2401
	1	0.9960	0.9920		0.9999	0.9999	0.9994	0.9977	0.9948	0.9860	0.9477	0.8905	0.8192	0.7383	0.6517
	2	1.0000	1.0000		1.0000	1.0000	1.0000	1.0000	0.9999	0.9995	0.9963	0.9880	0.9728	0.9492	0.9163
	3								1.0000	1.0000	0.9999	0.9995	0.9984	0.9961	0.9991
5	0							0.9039	0.8587	0.7738	0.5905	0.4437	0.3277	0.2373	0.1681
	1	0.9950	0.9900		0.9851	0.9752	0.9510	0.9962	0.9915	0.9774	0.9185	0.8352	0.7373	0.6328	0.5282
	2	0.9999			0.9999	0.9998	0.9990	0.9999	0.9997	0.9988	0.9914	0.9734	0.9421	0.8965	0.8369
	3	1.0000	1.0000		1.0000	1.0000	1.0000	1.0000	1.0000	1.0000	0.9995	0.9978	0.9933	0.9844	0.9692
	4										1.0000	0.9999	0.9997	0.9990	0.9976

n	c	p												
		0.001	0.002	0.003	0.005	0.01	0.02	0.03	0.05	0.10	0.15	0.20	0.25	0.30
6	0								0.7351	0.5314	0.3771	0.2621	0.1780	0.1176
	1								0.9672	0.8857	0.7765	0.6553	0.5339	0.4202
	2	0.9940	0.9881	0.9821	0.9704	0.9415	0.8858	0.8330	0.9978	0.9842	0.9527	0.9011	0.8306	0.7443
	3	1.0000	0.9999	0.9999	0.9996	0.9985	0.9943	0.9875	0.9999	0.9987	0.9941	0.9830	0.9624	0.9295
	4		1.0000	1.0000	1.0000	1.0000	0.9998	0.9995	1.0000	0.9999	0.9996	0.9984	0.9954	0.9891
	5						1.0000	1.0000		1.0000	1.0000	0.9999	0.9998	0.9993
7	0								0.6983	0.4783	0.3206	0.2097	0.1335	0.0824
	1								0.9556	0.8503	0.7166	0.5767	0.4449	0.3294
	2	0.9930	0.9861	0.9792	0.9655	0.9321	0.8681	0.8080	0.9962	0.9743	0.9262	0.8520	0.7564	0.6471
	3	1.0000	0.9999	0.9998	0.9995	0.9980	0.9921	0.9829	0.9998	0.9973	0.9879	0.9667	0.9294	0.8740
	4		1.0000	1.0000	1.0000	1.0000	0.9997	0.9991	1.0000	0.9998	0.9988	0.9953	0.9871	0.9712
	5						1.0000	1.0000		1.0000	0.9999	0.9996	0.9987	0.9962
	6										1.0000	1.0000	0.9999	0.9998
8	0								0.6634	0.4305	0.2725	0.1678	0.1001	0.0576
	1								0.9428	0.8131	0.6572	0.5033	0.3671	0.2553
	2	0.9920	0.9841	0.6397	0.9607	0.9227	0.8508	0.7837	0.9942	0.9619	0.8948	0.7969	0.6785	0.5518
	3	1.0000	0.9999	0.9998	0.9993	0.9973	0.9897	0.9777	0.9996	0.9950	0.9786	0.9437	0.8862	0.8059
	4		1.0000	1.0000	1.0000	0.9999	0.9996	0.9987	1.0000	0.9996	0.9971	0.9896	0.9727	0.9420
	5					1.0000	1.0000	0.9999		1.0000	0.9998	0.9988	0.9958	0.9887
	6							1.0000			1.0000	0.9999	0.9996	0.9987
	7											1.0000	1.0000	0.9999
9	0								0.6302	0.3874	0.2316	0.1342	0.0751	0.0404
	1								0.9288	0.7748	0.5995	0.4362	0.3003	0.1960
	2	0.9910	0.9821	0.9733	0.9559	0.9135	0.8337	0.7602	0.9916	0.9470	0.8591	0.7382	0.6007	0.4628
	3	1.0000	0.9999	0.9997	0.9991	0.9966	0.9869	0.9718	0.9994	0.9917	0.9661	0.9144	0.8343	0.7297
	4		1.0000	1.0000	1.0000	0.9999	0.9994	0.9980	1.0000	0.9991	0.9944	0.9804	0.9511	0.9012
	5					1.0000	1.0000	0.9999		0.9999	0.9994	0.9969	0.9900	0.9747
	6							1.0000		1.0000	1.0000	0.9997	0.9987	0.9957
	7											1.0000	0.9999	0.9996
	8												1.0000	1.0000
10	0	0.9900	0.9802	0.9704	0.9511	0.9044	0.8171	0.7374	0.5987	0.3487	0.1969	0.1074	0.0563	0.0282
	1	1.0000	0.9998	0.9996	0.9989	0.9957	0.9838	0.9655	0.9139	0.7361	0.5443	0.3758	0.2440	0.1493
	2		1.0000	1.0000	1.0000	0.9999	0.9991	0.9972	0.9885	0.9298	0.8202	0.6778	0.5256	0.3828
	3					1.0000	1.0000	0.9999	0.9990	0.9872	0.9500	0.8791	0.7759	0.6496
	4							1.0000	0.9999	0.9984	0.9901	0.9672	0.9219	0.8497
	5								1.0000	0.9999	0.9986	0.9936	0.9803	0.9527
	6									1.0000	0.9999	0.9991	0.9965	0.9894
	7										1.0000	0.9999	0.9996	0.9984
	8											1.0000	1.0000	0.9999
	9													1.0000

n	c	p												
		0.001	0.002	0.003	0.005	0.01	0.02	0.03	0.05	0.10	0.15	0.20	0.25	0.30
11	0	0.9891	0.9782	0.9675	0.9464	0.8953	0.8007	0.7153	0.5688	0.3138	0.1673	0.0859	0.0422	0.0198
	1	0.9999	0.9998	0.9995	0.9987	0.9948	0.9805	0.9587	0.8981	0.6974	0.4922	0.3221	0.1971	0.1130
	2	1.0000	1.0000	1.0000	1.0000	0.9998	0.9988	0.9963	0.9848	0.9104	0.7788	0.6174	0.4552	0.3127
	3					1.0000	1.0000	0.9998	0.9984	0.9815	0.9306	0.8389	0.7133	0.5696
	4							1.0000	0.9999	0.9972	0.9841	0.9496	0.8854	0.7897
	5								1.0000	0.9997	0.9973	0.9883	0.9657	0.9218
	6									1.0000	0.9997	0.9980	0.9924	0.9784
	7										1.0000	0.9998	0.9988	0.9957
	8											1.0000	0.9999	0.9994
	9												1.0000	1.0000
12	0	0.9881	0.9763	0.9646	0.9416	0.8864	0.7847	0.6938	0.5404	0.2824	0.1422	0.0687	0.0317	0.0138
	1	0.9999	0.9997	0.9994	0.9984	0.9938	0.9769	0.9514	0.8816	0.6590	0.4435	0.2749	0.1584	0.0850
	2	1.0000	1.0000	1.0000	1.0000	0.9998	0.9985	0.9952	0.9804	0.8891	0.7358	0.5583	0.3907	0.2528
	3					1.0000	0.9999	0.9997	0.9978	0.9744	0.9078	0.7946	0.6488	0.4925
	4						1.0000	1.0000	0.9998	0.9957	0.9761	0.9274	0.8424	0.7237
	5								1.0000	0.9995	0.9954	0.9806	0.9456	0.8822
	6									0.9999	0.9993	0.9961	0.9857	0.9614
	7									1.0000	0.9999	0.9994	0.9972	0.9905
	8										1.0000	0.9999	0.9996	0.9983
	9											1.0000	1.0000	0.9998
	10													1.0000
13	0	0.9871	0.9743	0.9617	0.9369	0.8775	0.7690	0.6730	0.5133	0.2542	0.1209	0.0550	0.0238	0.0097
	1	0.9999	0.9997	0.9993	0.9981	0.9928	0.9730	0.9436	0.8646	0.6213	0.3983	0.2336	0.1267	0.0637
	2	1.0000	1.0000	1.0000	1.0000	0.9997	0.9980	0.9938	0.9755	0.8661	0.7296	0.5017	0.3326	0.2025
	3					1.0000	0.9999	0.9995	0.9969	0.9658	0.9033	0.7473	0.5843	0.4206
	4						1.0000	1.0000	0.9997	0.9935	0.9740	0.9009	0.7940	0.6543
	5								1.0000	0.9991	0.9947	0.9700	0.9198	0.8346
	6									0.9999	0.9987	0.9930	0.9757	0.9376
	7									1.0000	0.9998	0.9988	0.9944	0.9818
	8										1.0000	0.9998	0.9990	0.9960
	9											1.0000	0.9999	0.9993
	10												1.0000	0.9999
	11													1.0000
14	0	0.9861	0.9724	0.9588	0.9322	0.8687	0.7536	0.6528	0.4877	0.2288	0.1028	0.0440	0.0178	0.0068
	1	0.9999	0.9996	0.9992	0.9978	0.9916	0.9690	0.9355	0.8470	0.5846	0.3567	0.1979	0.1010	0.0475
	2	1.0000	1.0000	1.0000	1.0000	0.9997	0.9975	0.9923	0.9699	0.8416	0.6479	0.4481	0.2811	0.1608
	3					1.0000	0.9999	0.9994	0.9958	0.9559	0.8535	0.6982	0.5213	0.3552
	4						1.0000	1.0000	0.9996	0.9908	0.9533	0.8702	0.7415	0.5842
	5								1.0000	0.9985	0.9885	0.9561	0.8883	0.7805
	6									0.9998	0.9978	0.9884	0.9617	0.9067
	7									1.0000	0.9997	0.9976	0.9897	0.9685
	8										1.0000	0.9996	0.9978	0.9917
	9											1.0000	0.9997	0.9983
	10												1.0000	0.9998
	11													1.0000

(续)

n	c	p												
		0.001	0.002	0.003	0.005	0.01	0.02	0.03	0.05	0.10	0.15	0.20	0.25	0.30
15	0	0.9851	0.9704	0.9559	0.9276	0.8601	0.7386	0.6333	0.4633	0.2059	0.0874	0.0352	0.0134	0.0047
	1	0.9999	0.9996	0.9991	0.9975	0.9904	0.9647	0.9270	0.8290	0.5490	0.3186	0.1671	0.0802	0.0353
	2	1.0000	1.0000	1.0000	0.9999	0.9996	0.9970	0.9906	0.9638	0.8159	0.6042	0.3980	0.2361	0.1268
	3				1.0000	1.0000	0.9999	0.9992	0.9945	0.9444	0.8227	0.6482	0.4613	0.2969
	4						1.0000	0.9999	0.9994	0.9873	0.9383	0.8358	0.6865	0.5155
	5							1.0000	0.9999	0.9978	0.9832	0.9389	0.8516	0.7216
	6								1.0000	0.9997	0.9964	0.9819	0.9434	0.8689
	7									1.0000	0.9994	0.9958	0.9827	0.9500
	8										0.9999	0.9992	0.9958	0.9848
	9										1.0000	0.9999	0.9992	0.9963
	10											1.0000	0.9999	0.9993
	11												1.0000	0.9999
	12													1.0000
16	0	0.9841	0.9685	0.9513	0.9229	0.8515	0.7238	0.6143	0.4401	0.1853	0.0743	0.0281	0.0100	0.0033
	1	0.9999	0.9995	0.9989	0.9971	0.9891	0.9601	0.9182	0.8108	0.5147	0.2839	0.1407	0.0635	0.0261
	2	1.0000	1.0000	1.0000	0.9999	0.9995	0.9963	0.9887	0.9571	0.7892	0.5614	0.3518	0.1971	0.0994
	3				1.0000	1.0000	0.9998	0.9989	0.9930	0.9316	0.7899	0.5981	0.4050	0.2459
	4						1.0000	0.9999	0.9991	0.9830	0.9209	0.7982	0.6302	0.4499
	5							1.0000	0.9999	0.9967	0.9765	0.9183	0.8103	0.6598
	6								1.0000	0.9995	0.9944	0.9733	0.9204	0.8247
	7									0.9999	0.9989	0.9930	0.9729	0.9256
	8									1.0000	0.9998	0.9985	0.9925	0.9743
	9										1.0000	0.9998	0.9984	0.9929
	10											1.0000	0.9997	0.9984
	11												1.0000	0.9997
	12													1.0000
17	0	0.9831	0.9665	0.9502	0.9183	0.8429	0.7093	0.5958	0.4181	0.1668	0.0631	0.0225	0.0075	0.0023
	1	0.9999	0.9995	0.9988	0.9968	0.9877	0.9554	0.9091	0.7922	0.4818	0.2525	0.1182	0.0501	0.0193
	2	1.0000	1.0000	1.0000	0.9999	0.9994	0.9956	0.9866	0.9497	0.7618	0.5198	0.3096	0.1637	0.0774
	3				1.0000	1.0000	0.9997	0.9986	0.9912	0.9174	0.7556	0.5489	0.3530	0.2019
	4						1.0000	0.9999	0.9988	0.9779	0.9013	0.7582	0.5739	0.3887
	5							1.0000	0.9999	0.9953	0.9681	0.8943	0.7653	0.5968
	6								1.0000	0.9992	0.9917	0.9623	0.8929	0.7752
	7									0.9999	0.9983	0.9891	0.9598	0.8954
	8									1.0000	0.9997	0.9974	0.9876	0.9597
	9										1.0000	0.9995	0.9969	0.9873
	10											0.9999	0.9994	0.9968
	11											1.0000	0.9999	0.9993
	12												1.0000	0.9999
	13													1.0000

178

n	c	p												
		0.001	0.002	0.003	0.005	0.01	0.02	0.03	0.05	0.10	0.15	0.20	0.25	0.30
18	0	0.9822	0.9646	0.9474	0.9137	0.8345	0.6951	0.5780	0.3972	0.1501	0.0536	0.0180	0.0056	0.0016
	1	0.9998	0.9994	0.9987	0.9964	0.9862	0.9505	0.8997	0.7735	0.4503	0.2241	0.0991	0.0395	0.0142
	2	1.0000	1.0000	1.0000	0.9999	0.9993	0.9948	0.9843	0.9419	0.7338	0.4797	0.2713	0.1353	0.0600
	3				1.0000	1.0000	0.9996	0.9982	0.9891	0.9018	0.7202	0.5010	0.3057	0.1646
	4						1.0000	0.9999	0.9985	0.9718	0.8794	0.7164	0.5187	0.3327
	5							1.0000	0.9998	0.9936	0.9581	0.8671	0.7175	0.5344
	6								1.0000	0.9988	0.9882	0.9487	0.8610	0.7217
	7									0.9998	0.9973	0.9837	0.9431	0.8593
	8									1.0000	0.9995	0.9957	0.9807	0.9404
	9										0.9999	0.9991	0.9946	0.9790
	10										1.0000	0.9998	0.9988	0.9939
	11											1.0000	0.9998	0.9986
	12												1.0000	0.9997
	13													1.0000
19	0	0.9812	0.9627	0.9445	0.9092	0.8262	0.6812	0.5606	0.3774	0.1351	0.0456	0.0144	0.0042	0.0011
	1	0.9998	0.9993	0.9985	0.9960	0.9847	0.9454	0.8900	0.7547	0.4203	0.1985	0.0829	0.0310	0.0104
	2	1.0000	1.0000	1.0000	0.9999	0.9991	0.9939	0.9817	0.9335	0.7054	0.4413	0.2369	0.1113	0.0462
	3				1.0000	1.0000	0.9995	0.9978	0.9868	0.8850	0.6841	0.4551	0.2631	0.1332
	4						1.0000	0.9998	0.9980	0.9648	0.8556	0.6733	0.4654	0.2822
	5							1.0000	0.9998	0.9914	0.9463	0.8369	0.6678	0.4739
	6								1.0000	0.9983	0.9837	0.9324	0.8251	0.6655
	7									0.9997	0.9959	0.9767	0.9225	0.8180
	8									1.0000	0.9992	0.9933	0.9713	0.9161
	9										0.9999	0.9984	0.9911	0.9674
	10										1.0000	0.9997	0.9977	0.9895
	11											1.0000	0.9998	0.9972
	12												0.9999	0.9994
	13												1.0000	0.9999
	14													1.0000
20	0	0.9802	0.9608	0.9417	0.9046	0.8179	0.6676	0.5438	0.3585	0.1216	0.0388	0.0115	0.0032	0.0008
	1	0.9998	0.9993	0.9984	0.9955	0.9831	0.9401	0.8802	0.7358	0.3917	0.1756	0.0692	0.0243	0.0076
	2	1.0000	1.0000	1.0000	0.9999	0.9990	0.9929	0.9790	0.9245	0.6769	0.4049	0.2061	0.0913	0.0355
	3				1.0000	1.0000	0.9994	0.9973	0.9841	0.8670	0.6477	0.4114	0.2251	0.1071
	4						1.0000	0.9997	0.9974	0.9568	0.8298	0.6296	0.4148	0.2375
	5							1.0000	0.9997	0.9887	0.9327	0.8042	0.6172	0.4164
	6								1.0000	0.9976	0.9781	0.9133	0.7858	0.6080
	7									0.9996	0.9941	0.9679	0.8982	0.7723
	8									0.9999	0.9987	0.9900	0.9591	0.8867
	9									1.0000	0.9998	0.9974	0.9861	0.9520
	10										1.0000	0.9994	0.9961	0.9829
	11											0.9999	0.9991	0.9949
	12											1.0000	0.9998	0.9987
	13												1.0000	0.9997
	14													1.0000

(续)

n	c	p												
		0.001	0.002	0.003	0.005	0.01	0.02	0.03	0.05	0.10	0.15	0.20	0.25	0.30
25	0	0.9753	0.9512	0.9276	0.8822	0.7778	0.6035	0.4670	0.2774	0.0718	0.0172	0.0038	0.0008	0.0001
	1	0.9997	0.9988	0.9974	0.9931	0.9742	0.9114	0.8280	0.6424	0.2712	0.0931	0.0274	0.0070	0.0016
	2	1.0000	1.0000	0.9999	0.9997	0.9980	0.9868	0.9620	0.8729	0.5371	0.2537	0.0982	0.0321	0.0090
	3			1.0000	1.0000	0.9999	0.9986	0.9938	0.9659	0.7636	0.4711	0.2340	0.0962	0.0332
	4					1.0000	0.9999	0.9992	0.9928	0.9020	0.6821	0.4207	0.2137	0.0905
	5						1.0000	0.9999	0.9988	0.9666	0.8385	0.6167	0.3783	0.1935
	6							1.0000	0.9998	0.9905	0.9305	0.7800	0.5611	0.3407
	7								1.0000	0.9977	0.9745	0.8909	0.7265	0.5118
	8									0.9995	0.9920	0.9532	0.8506	0.6769
	9									0.9999	0.9979	0.9827	0.9287	0.8106
	10									1.0000	0.9995	0.9944	0.9703	0.9022
	11										0.9999	0.9985	0.9893	0.9558
	12										1.0000	0.9996	0.9966	0.9825
	13											0.9999	0.9991	0.9940
	14											1.0000	0.9998	0.9982
	15												1.0000	0.9995
	16													0.9999
	17													1.0000
30	0	0.9704	0.9417	0.9138	0.8604	0.7397	0.5455	0.4010	0.2146	0.0424	0.0076	0.0012	0.0002	0.0000
	1	0.9996	0.9983	0.9963	0.9901	0.9639	0.8795	0.7731	0.5535	0.1837	0.0480	0.0105	0.0020	0.0003
	2	1.0000	1.0000	0.9999	0.9995	0.9967	0.9783	0.9399	0.8122	0.4114	0.1514	0.0442	0.0106	0.0021
	3			1.0000	1.0000	0.9998	0.9971	0.9881	0.9392	0.6474	0.3217	0.1227	0.0374	0.0093
	4					1.0000	0.9997	0.9982	0.9844	0.8245	0.5245	0.2552	0.0979	0.0302
	5						1.0000	0.9998	0.9967	0.9268	0.7106	0.4275	0.2026	0.0766
	6							1.0000	0.9994	0.9742	0.8474	0.6070	0.3481	0.1595
	7								0.9999	0.9922	0.9302	0.7608	0.5143	0.2814
	8								1.0000	0.9980	0.9722	0.8713	0.6736	0.4315
	9									0.9995	0.9903	0.9389	0.8034	0.5888
	10									0.9999	0.9971	0.9744	0.8943	0.7304
	11									1.0000	0.9992	0.9905	0.9493	0.8407
	12										0.9998	0.9969	0.9784	0.9155
	13										1.0000	0.9991	0.9918	0.9599
	14											0.9998	0.9973	0.9831
	15											0.9999	0.9992	0.9936
	16											1.0000	0.9998	0.9979
	17												0.9999	0.9994
	18												1.0000	0.9998
	19													1.0000

A.4 累积泊松分布表

$$—— F(x) = P(X \leqslant x) = \mathrm{e}^{-\lambda} \cdot \sum_{c=0}^{x} \frac{\lambda^c}{c!} \text{ 值表}$$

x	λ							
	0.01	0.05	0.10	0.20	0.30	0.40	0.50	0.60
0	0.990	0.951	0.904	0.818	0.740	0.670	0.606	0.548
1	0.999	0.998	0.995	0.982	0.963	0.938	0.909	0.878
2		0.999	0.999	0.998	0.996	0.992	0.985	0.976
3				0.999	0.999	0.999	0.998	0.996
4					0.999	0.999	0.999	0.999
5							0.999	0.999

x	0.70	0.80	0.90	1.00	1.10	1.20	1.30	1.40
0	0.496	0.449	0.406	0.367	0.332	0.301	0.272	0.246
1	0.844	0.808	0.772	0.735	0.699	0.662	0.626	0.591
2	0.965	0.952	0.937	0.919	0.900	0.879	0.857	0.833
3	0.994	0.990	0.986	0.981	0.974	0.966	0.956	0.946
4	0.999	0.998	0.997	0.996	0.994	0.992	0.989	0.985
5	0.999	0.999	0.999	0.999	0.999	0.998	0.997	0.996
6		0.999	0.999	0.999	0.999	0.999	0.999	0.999
6			0.999	0.999	0.999	0.999	0.999	0.999
8							0.999	0.999

x	1.50	1.60	1.70	1.80	1.90	2.00	2.10	2.20
0	0.223	0.201	0.182	0.165	0.149	0.135	0.122	0.110
1	0.557	0.524	0.493	0.462	0.433	0.406	0.379	0.354
2	0.808	0.783	0.757	0.730	0.703	0.676	0.649	0.622
3	0.934	0.921	0.906	0.891	0.874	0.857	0.838	0.819
4	0.981	0.976	0.970	0.963	0.955	0.947	0.937	0.927
5	0.995	0.993	0.992	0.989	0.986	0.983	0.979	0.975
6	0.999	0.998	0.998	0.997	0.996	0.995	0.994	0.992
7	0.999	0.999	0.999	0.999	0.999	0.998	0.998	0.998
8	0.999	0.999	0.999	0.999	0.999	0.999	0.999	0.999
9			0.999	0.999	0.999	0.999	0.999	0.999
10							0.999	0.999

x	λ							
	2.30	2.40	2.50	2.60	2.70	2.80	2.90	3.00
0	0.100	0.090	0.082	0.074	0.067	0.060	0.055	0.049
1	0.330	0.308	0.287	0.267	0.248	0.231	0.214	0.199
2	0.596	0.569	0.543	0.518	0.493	0.469	0.445	0.423
3	0.799	0.778	0.757	0.736	0.714	0.691	0.669	0.647
4	0.916	0.904	0.891	0.877	0.862	0.847	0.831	0.815
5	0.970	0.964	0.957	0.950	0.943	0.934	0.925	0.916
6	0.990	0.988	0.985	0.982	0.979	0.975	0.971	0.966
7	0.997	0.996	0.995	0.994	0.993	0.991	0.990	0.988
8	0.999	0.999	0.998	0.998	0.998	0.997	0.996	0.996
9	0.999	0.999	0.999	0.999	0.999	0.999	0.999	0.998
10	0.999	0.999	0.999	0.999	0.999	0.999	0.999	0.999
11			0.999	0.999	0.999	0.999	0.999	0.999
12							0.999	0.999

x	3.50	4.00	4.50	5.00	5.50	6.00	6.50	7.00
0	0.030	0.018	0.011	0.006	0.004	0.002	0.001	0.000
1	0.135	0.091	0.061	0.040	0.026	0.017	0.011	0.007
2	0.320	0.238	0.173	0.124	0.088	0.061	0.043	0.029
3	0.536	0.433	0.342	0.265	0.201	0.151	0.111	0.081
4	0.725	0.628	0.532	0.440	0.357	0.285	0.223	0.172
5	0.857	0.785	0.702	0.615	0.528	0.445	0.369	0.300
6	0.934	0.889	0.831	0.762	0.686	0.606	0.526	0.449
7	0.973	0.948	0.913	0.866	0.809	0.743	0.672	0.598
8	0.990	0.978	0.959	0.931	0.894	0.847	0.791	0.729
9	0.996	0.991	0.982	0.968	0.946	0.916	0.877	0.830
10	0.998	0.997	0.993	0.986	0.974	0.957	0.933	0.901
11	0.999	0.999	0.997	0.994	0.989	0.979	0.966	0.946
12	0.999	0.999	0.999	0.997	0.995	0.991	0.983	0.973
13	0.999	0.999	0.999	0.999	0.998	0.996	0.992	0.987
14		0.999	0.999	0.999	0.999	0.998	0.997	0.994
15			0.999	0.999	0.999	0.999	0.998	0.997
16				0.999	0.999	0.999	0.999	0.999
17				0.999	0.999	0.999	0.999	0.999
18					0.999	0.999	0.999	0.999
19							0.999	0.999
20								0.999

x	λ							
	7.50	8.00	8.50	9.00	9.50	10.0	15.0	20.0
0	0.000	0.000	0.000	0.000	0.000	0.000	0.000	0.000
1	0.004	0.003	0.001	0.001	0.000	0.000	0.000	0.000
2	0.020	0.013	0.009	0.006	0.004	0.002	0.000	0.000
3	0.059	0.042	0.030	0.021	0.014	0.010	0.000	0.000
4	0.132	0.099	0.074	0.054	0.040	0.029	0.000	0.000
5	0.241	0.191	0.149	0.115	0.088	0.067	0.002	0.000
6	0.378	0.313	0.256	0.206	0.164	0.130	0.007	0.000
7	0.524	0.452	0.385	0.323	0.268	0.220	0.018	0.000
8	0.661	0.592	0.523	0.455	0.391	0.332	0.037	0.002
9	0.776	0.716	0.652	0.521	0.587	0.457	0.069	0.005
10	0.862	0.815	0.763	0.705	0.645	0.583	0.118	0.010
11	0.920	0.888	0.848	0.803	0.751	0.696	0.184	0.021
12	0.957	0.936	0.909	0.875	0.836	0.791	0.267	0.039
13	0.978	0.965	0.948	0.926	0.898	0.864	0.363	0.066
14	0.989	0.982	0.972	0.958	0.940	0.916	0.465	0.104
15	0.995	0.991	0.986	0.977	0.982	0.951	0.568	0.156
16	0.998	0.996	0.993	0.988	0.991	0.972	0.664	0.221
17	0.999	0.998	0.997	0.994	0.995	0.985	0.748	0.297
18	0.999	0.999	0.998	0.997	0.998	0.992	0.819	0.381
19	0.999	0.999	0.999	0.998	0.999	0.996	0.875	0.470
20	0.999	0.999	0.999	0.999	0.999	0.998	0.917	0.559
21	0.999	0.999	0.999	0.999	0.999	0.999	0.946	0.643
22		0.999	0.999	0.999	0.999	0.999	0.967	0.720
23			0.999	0.999	0.999	0.999	0.980	0.787
24						0.999	0.988	0.843
25						0.999	0.993	0.887
26							0.996	0.922
27							0.998	0.947
28							0.999	0.965
29							0.999	0.978
30							0.999	0.986
31							0.999	0.991
32							0.999	0.995
33							0.999	0.997
34								0.998
35								0.999
36								0.999

注：在表中每列最末数字下面的空白位置可读为 1.000

A.5 标准正态分布表

$$\Phi(z) = \int_{-\infty}^{z} \frac{1}{\sqrt{2\pi}} e^{-\frac{x^2}{2}} dx$$

z	0.00	0.01	0.02	0.03	0.04	0.05	0.06	0.07	0.08	0.09
0.0	0.50000	0.50399	0.50798	0.51197	0.51595	0.51994	0.52392	0.52790	0.53188	0.53586
0.1	0.53983	0.54379	0.54776	0.55172	0.55567	0.55962	0.56356	0.56749	0.57142	0.57534
0.2	0.57926	0.58317	0.58706	0.59095	0.59183	0.59871	0.60257	0.60642	0.61026	0.61409
0.3	0.61791	0.62172	0.62551	0.62930	0.63307	0.63683	0.64058	0.64431	0.64803	0.65173
0.4	0.65542	0.65910	0.66276	0.66640	0.67003	0.67364	0.67724	0.68082	0.68438	0.68793
0.5	0.69146	0.69497	0.69847	0.70194	0.70540	0.70884	0.71226	0.71566	0.71904	0.72240
0.6	0.72575	0.72907	0.73237	0.73565	0.73891	0.74215	0.74537	0.74857	0.75175	0.75490
0.7	0.75803	0.76115	0.76424	0.76730	0.77035	0.77337	0.77637	0.77935	0.78230	0.78523
0.8	0.78814	0.79103	0.79389	0.79673	0.79954	0.80234	0.80510	0.80785	0.81057	0.81327
0.9	0.81594	0.81859	0.82121	0.82381	0.82639	0.82894	0.83147	0.83397	0.83646	0.83891
1.0	0.84134	0.84375	0.84613	0.84849	0.85083	0.85314	0.85543	0.85769	0.85993	0.86214
1.1	0.86433	0.86650	0.86864	0.87076	0.87285	0.87493	0.87697	0.87900	0.88100	0.88297
1.2	0.88493	0.88686	0.88877	0.89065	0.89251	0.89435	0.89616	0.89796	0.89973	0.90147
1.3	0.90320	0.90490	0.90658	0.90824	0.90988	0.91149	0.91308	0.91465	0.91621	0.91773
1.4	0.91924	0.92073	0.92219	0.92364	0.92506	0.92647	0.92785	0.92922	0.93056	0.93189
1.5	0.93319	0.93448	0.93574	0.93699	0.93822	0.93943	0.94062	0.94179	0.94295	0.94408
1.6	0.94520	0.94630	0.94738	0.94845	0.94950	0.95053	0.95154	0.95254	0.95352	0.95448
1.7	0.95543	0.95637	0.95728	0.95818	0.95907	0.95994	0.96080	0.96164	0.96246	0.96327
1.8	0.96407	0.96485	0.96562	0.96637	0.96711	0.96784	0.96856	0.96926	0.96995	0.97062
1.9	0.97128	0.97193	0.97257	0.97320	0.97381	0.97441	0.97500	0.97558	0.97615	0.97670
2.0	0.97725	0.97778	0.97831	0.97882	0.97932	0.97982	0.98030	0.98077	0.98124	0.98169
2.1	0.98214	0.98257	0.98300	0.98341	0.98382	0.98422	0.98461	0.98500	0.98537	0.98574
2.2	0.98610	0.98645	0.98679	0.98713	0.98745	0.98778	0.98809	0.98840	0.98870	0.98899
2.3	0.98928	0.98956	0.98983	0.99010	0.99036	0.99061	0.99086	0.99111	0.99134	0.99158
2.4	0.99180	0.99202	0.99224	0.99245	0.99266	0.99286	0.99305	0.99324	0.99343	0.99361
2.5	0.99379	0.99396	0.99413	0.99430	0.99446	0.99461	0.99477	0.99492	0.99506	0.99520
2.6	0.99534	0.99547	0.99560	0.99573	0.99585	0.99598	0.99609	0.99621	0.99632	0.99643
2.7	0.99653	0.99664	0.99674	0.99683	0.99693	0.99702	0.99711	0.99720	0.99728	0.99736
2.8	0.99744	0.99752	0.99760	0.99767	0.99774	0.99781	0.99788	0.99795	0.99801	0.99807
2.9	0.99813	0.99819	0.99825	0.99831	0.99836	0.99841	0.99846	0.99851	0.99856	0.99861

z	0.00	0.01	0.02	0.03	0.04	0.05	0.06	0.07	0.08	0.09
3.0	0.99865	0.99869	0.99874	0.99878	0.99882	0.99886	0.99889	0.99893	0.99897	0.99900
3.1	0.99903	0.99906	0.99910	0.99913	0.99916	0.99918	0.99921	0.99924	0.99926	0.99929
3.2	0.99931	0.99934	0.99936	0.99938	0.99940	0.99942	0.99944	0.99946	0.99948	0.99950
3.3	0.99952	0.99953	0.99955	0.99957	0.99958	0.99960	0.99961	0.99962	0.99964	0.99965
3.4	0.99966	0.99968	0.99969	0.99970	0.99971	0.99972	0.99973	0.99974	0.99975	0.99976
3.5	0.99977	0.99978	0.99978	0.99979	0.99980	0.99981	0.99981	0.99982	0.99983	0.99983
3.6	0.99984	0.99985	0.99985	0.99986	0.99986	0.99987	0.99987	0.99988	0.99988	0.99989
3.7	0.99989	0.99990	0.99990	0.99990	0.99991	0.99991	0.99992	0.99992	0.99992	0.99992
3.8	0.99993	0.99993	0.99993	0.99994	0.99994	0.99994	0.99994	0.99995	0.99995	0.99995
3.9	0.99995	0.99995	0.99996	0.99996	0.99996	0.99996	0.99996	0.99996	0.99997	0.99997